Decodificando o amor

ANDREW TREES

Decodificando o amor
A arte do encontro

Tradução
Júlio de Andrade Filho

Título original: *Decoding love*
Copyright © 2009 by Andrew Trees
Originalmente publicada e organizada pela Avery, uma divisão da Penguin Group (USA) Inc.

Todos os direitos reservados. Nenhuma parte desta obra pode ser reproduzida ou transmitida por qualquer forma ou meio eletrônico ou mecânico, inclusive fotocópia, gravação ou sistema de armazenagem e recuperação de informação, sem a permissão escrita do editor.

Direção editorial
Soraia Luana Reis

Editora
Luciana Paixão

Editora assistente
Deborah Quintal

Consultoria Técnica
Clene Salles

Assistência editorial
Elisa Martins

Preparação de texto
Denise Katchuian Dognini

Revisão
Gisele Gonçalves Bueno Quirino de Souza

Capa, criação e produção gráfica
Thiago Sousa

Assistente de criação
Juliana Ida

Imagem de capa: Radius Images/Radius Images/Latinstock

CIP-Brasil. Catalogação-na-fonte
Sindicato Nacional dos Editores de Livros, RJ

T72d   Trees, Andrews S., 1968-
        Decodificando o amor/ Andrew Trees; tradução Júlio de Andrade Filho. - São Paulo: Prumo, 2009.

        Inclui bibliografia
        ISBN 978-85-7927-033-8

        1. Encontro (Costumes sociais). 2. Sedução. I. Título.

09-4121.
    CDD: 306.73
    CDU: 392.4

Direitos de edição para o Brasil: Editora Prumo Ltda.
Rua Júlio Diniz, 56 – 5º andar – São Paulo/SP – CEP: 04547-090
Tel: (11) 3729-0244 – Fax: (11) 3045-4100
E-mail: contato@editoraprumo.com.br
Site: www.editoraprumo.com.br

Para Heesun,
por ter me salvado da obrigação de
ir a mais primeiros encontros.

SUMÁRIO

INTRODUÇÃO: OS ROMANCES E SEUS DESGOSTOS 9

CAPÍTULO 1
A MENTE QUE BUSCA O ENCONTRO 17
    O QUE APRENDI COM FREUD

CAPÍTULO 2
O ENCONTRO ANIMAL 41
    O QUE APRENDI COM DARWIN

CAPÍTULO 2 ½
O ENCONTRO ANIMAL – PARTE II 77
    COMO OS NAMOROS NOS TORNAM MAIS
        HUMANOS – REAVALIANDO DARWIN

    UM PEQUENO INTERVALO PARA
        REFLETIRMOS SOBRE MONOGAMIA 94

CAPÍTULO 3
A CULTURA DOS ENCONTROS 103
    O QUE APRENDI COM THORSTEIN VEBLEN

CAPÍTULO 3 ½
A CULTURA DOS ENCONTROS – PARTE II 117
    O QUE APRENDI COM SEX AND THE CITY

CAPÍTULO 4
O JOGO DOS ENCONTROS 137
    O QUE APRENDI COM ADAM SMITH

CAPÍTULO 5
A DANÇA DO NAMORO 177
    O QUE APRENDI COM MEUS AMIGOS

    CONSELHOS PRÁTICOS 212

CAPÍTULO 6
O FIM DO NAMORO 227
    O QUE APRENDI SOBRE CASAMENTO

EPÍLOGO 255

AGRADECIMENTOS 257

BIBLIOGRAFIA 259

ÍNDICE 269

INTRODUÇÃO
OS ROMANCES E SEUS DESGOSTOS

Os relacionamentos deveriam ser algo simples. Você encontra alguém. Então, se apaixona. E, se tudo correr bem, aquela pessoa se apaixona por você. E, como se diz nos contos de fadas, vocês dois vivem felizes para sempre. Mas raramente a realidade é tão simples. Meu objetivo é explorar por que as coisas são assim, propondo uma abordagem racional sobre aquela que é a mais irracional das buscas, a procura pelo amor. Imagine os romances de Jane Austen reescritos por gente como Charles Darwin e Adam Smith, e você terá uma ideia do teor deste livro. A premissa simples que há por trás de *Decodificando o amor* é que, apesar de nossas ideias preconcebidas, a fotma como procuramos pelo amor é profundamente defeituosa, e a ciência pode, na verdade, nos dar uma grande quantidade de percepções sobre nossa busca por romance. Assim, a partir de algo que pensamos conhecer bem – como encontrar o amor – o texto mostra que a maioria de nossas hipóteses está errada.

Nos últimos anos, os pesquisadores revelaram uma grande quantidade de descobertas chocantes. Por exemplo, você sabia que as mulheres geralmente tomam a iniciativa em um bar? E que os homens consideram mais atraentes as mulheres que estão em seu período de ovulação? Você sabia que o tamanho dos testículos humanos é uma indicação do grau de promiscuidade? Você sabia também que as palavras que diz quando gosta de alguém em geral não são uma representação acurada do por que você realmente gosta daquela pessoa? E que assustar uma pessoa pode despertar tanta atração quanto seduzi-la? E que você terá de beijar uma dúzia de sapos antes de encontrar seu príncipe ou princesa? E que as mulheres que usam fragrâncias florais são consideradas pelo menos cinco quilos mais magras do que realmente são? E que alguns homens possuem um gene que os torna mais promíscuos? Você sabia que os orgasmos da mulher têm pouco que ver com amor e tudo que ver com uma estranha medida corporal, conhecida como simetria? Até começar minhas pesquisas, eu não fazia ideia de nada disso.

Compreendo que esta abordagem científica não é algo natural para as pessoas que querem se apaixonar, mas acredito que seja importante porque somos vítimas de centenas de anos de histórias, romances, peças de teatro, poemas, filmes e programas de TV que tratam de certa versão do amor. Essas histórias nos incutiram uma consciência coletiva sobre o que significa estar apaixonado e o que fazer para descobrir esse amor – aquilo que eu denomino enredo romântico. E assim que você começa a pesquisar, percebe que ele está por toda a parte. Os piores pesadelos sobre controle da mente criados por George Orwell nunca criaram nada parecido com a força que esse enredo romântico exerce sobre todos nós. E isso não teria importância – afinal, todos nós carregamos inúmeras crenças equivocadas sobre a vida – exceto pelo fato de que essa concepção tornou-se uma fonte de tristeza para muitas pessoas solteiras e para um bocado de casais. Quando se sabe que o índice de divórcios paira em torno de 50%, você não precisa ser um gênio para perceber que algo está muito errado.

Se parece loucura usar a ciência para encontrar o amor, imagine quão insano nosso sistema atual pareceria para um antropólogo de Marte. Nosso marciano – vamos chamá-lo de Zog – logo perceberia que a procura por um parceiro é praticamente a coisa mais importante que a maioria de nós faz durante toda vida. Esbanjamos uma enorme quantidade de tempo, esforço e dinheiro nessa busca. Mas, apesar desses esforços, cerca de metade das pessoas terminou se divorciando daquela pessoa que encontrou depois de tanta luta. E aí, começaremos de novo a busca. O que Zog diria, a não ser que somos loucos por amor?

Se essa perspectiva extraterrestre é estranha demais, vamos fazer uma rápida comparação entre nosso modelo de escolha romântica e os casamentos arranjados – abordagem esta que contraria todos os aspectos do mencionado enredo romântico. Cerca de metade dos casamentos nos Estados Unidos acaba em divórcio; porém os índices de divórcio entre os casais arranjados é quase nulo. Esse é o contraste. Em nossa cultura, quando somos adolescentes, não permitimos que nossos pais nem mesmo escolham nossa roupa; imagine escolherem nosso parceiro. E dedicamos gigantescas quantidades de energia em busca do amor. E qual é a recompensa por todos esses esforços? Aparentemente nenhuma, a não ser dor de cabeça, frustração e casamentos falidos.

Claro, esta comparação não é entre maçãs e nem mesmo entre maçãs e laranjas. Existem, obviamente, inúmeros fatores que influenciam os índices de divórcio, e os americanos encaram o divórcio de uma forma mais tolerante do que os habitantes de muitos outros países. Mas isso nos diz coisas reveladoras sobre nosso romance com o romance. A pronta aceitação de o divórcio em si já é um sinal de o quanto o enredo romântico está profundamente embutido em nossa cultura porque ele depende de um dos mais arraigados mitos do amor romântico: a ideia da "pessoa única". Quando nosso casamento fica aquém de nossas idealizações, quase sempre interpretamos tal constatação como um sinal de que cometemos um engano, e de que nosso parceiro atual não é realmente a "pessoa única". E qual é a cura? É o divórcio e uma busca renovada pelo amor. Dirigidos pelas enormes expectativas de um enredo romântico, mergulhamos em sucessivos relacionamentos apenas para vê-los terminar em mais decepções. E quando isso acontece, raramente questionamos nossa abordagem. Simplesmente partimos para nova busca pelo amor.

A boa notícia é que isso não é totalmente nossa culpa (pelo menos não em âmbito pessoal); em vez disso, nossas dificuldades são advindas do próprio enredo romântico, que foi praticamente engrandecido como o único árbitro de qualquer relacionamento. Mas nem sempre foi assim. Um grupo de pesquisadores comparou diferentes pesquisas realizadas há mais de meio século para verificar como mudaram as prioridades nos relacionamentos. Não faz muito tempo, em 1939, os americanos colocavam o amor quase no fim da lista de prioridades. Para os homens, ele estava em quarto lugar; para as mulheres, em quinto lugar (a característica mais importante de um parceiro, naquela época, era a confiança, para os homens, e a maturidade emocional, para as mulheres – aparentemente elas ainda esperam alguém assim). Mas o amor vem galgando posições de forma regular desde então, atingindo o primeiro lugar para as mulheres em 1977 e para os homens, em 1984, posto no qual permanece até hoje. Durante esse mesmo período, as taxas de divórcio progrediram também de modo constante. Não estou sugerindo que haja uma relação de causa e efeito, mas esses dados informam que à medida que o amor ganhou importância, tornou-se cada vez mais difícil ser encontrado e mantido.

Chegou a hora de abandonar esse enredo romântico e armar um olhar frio e clínico sobre o amor e sua comitiva de complexidades. Menos romance e mais ciência. Enquanto continuamos a lutar por nossas vidas amorosas sem nenhum progresso perceptível, a ciência obteve avanços importantes. Por exemplo, diversos métodos podem hoje predizer, com mais de 90% de exatidão, se um casal irá ou não se divorciar. Em outras palavras, e por mais difícil que seja acreditar, quando você está sentado em uma mesa à luz de velas, olhando diretamente nos olhos do homem ou da mulher que você acredita ser a "pessoa única", a probabilidade de tomar a decisão correta de se casar com essa pessoa é menor do que alguém num laboratório não usando mais que um vídeo do encontro e em teste de múltipla escolha.

Decodificando o amor é a minha tentativa de conseguir para a ciência um lugar à mesa. Costumamos tratar do processo da descoberta do amor do mesmo jeito que pensamos em salsichas – não queremos saber exatamente do que é feito o recheio. Bem, este livro vai olhar esse processo bem de perto, e o que se verá nem sempre será uma história atraente. Na verdade, algumas das descobertas sobre os relacionamentos são realmente perturbadoras, especialmente se você é do tipo que se agarra a ideias puras e inocentes sobre a natureza humana. Minha missão não é contar verdades favoráveis sobre nós mesmos, mas tentar mostrar do modo mais exato possível quem somos, e por que fazemos o que fazemos.

Existe, entretanto, um enorme obstáculo, o qual você deve ultrapassar se pretende se abrir às informações de *Decodificando o amor* – você deve se dispor a deixar de lado o senso comum de suas suposições e avaliar de mente aberta a pesquisa que estou prestes a apresentar. Eu sei o quanto isso é difícil. Quando li o material para este livro, minha própria reação foi de ceticismo, e minha esposa serviu-me como um lembrete contínuo sobre quão difícil é descartar nossos preconceitos românticos. Sempre que me via diante de um estudo interessante, eu o compartilhava com ela. Ela então o avaliava em relação à sua própria experiência e decidia se concordava ou não com ele. Caso o estudo não se alinhasse com suas experiências, pior para ele. Existem inúmeras razões evolucionárias para isso, mas basta dizer que todos nós somos profundamente resistentes às informações impessoais, especialmente quando se opõem às nossas próprias experiências. E elas farão isso! Todas as pesquisas que estão neste livro focam a resposta de pessoas comuns. Parte do que nos torna tão fascinantes é que, como indivíduos, nos diferenciamos da média de muitas formas idiossincráticas. Assim, nem tudo que está aqui se aplicará a todo mundo, mas algumas das afirmações se aplicarão a cada um dos leitores.

Para não ser acusado de propaganda enganosa, devo informar que este livro não traz uma fórmula mágica para descobrir o amor. Gostaria que trouxesse. Seria ótimo se eu pudesse lhe dizer para deixar o livro de lado, fosse até o supermercado e esperasse por algum estranho misterioso que estivesse procurando lentilhas no corredor 5. Posso prometer que este livro é baseado nos mais avançados e recentes estudos em diversas áreas do conhecimento, na tentativa de compreender algo que já foi profundamente familiar e agora é um mistério: o relacionamento entre casais. Você pode achar difícil de acreditar em estudos que menciono aqui – eu mesmo achei difícil acreditar algumas vezes –, mas esteja certo de que não estou inventando coisas. Isto é mais importante do que você pode pensar. O que se revela é que mesmo muitos daqueles "especialistas" em relacionamentos improvisaram na maioria das vezes.

Na verdade, se eu realmente pretendo fazer uma propaganda verdadeira, devo dizer que este livro não foi concebido para ser um livro de aconselhamento. Mas não se preocupe. Existem algumas dicas pelo caminho. Porém, o interesse mais profundo para mim – e espero que também para você – é compreender os elementos ardilosos envolvidos no momento em que uma pessoa se sente atraída por outra, e usar essa compreensão como uma janela para nos tornar mais humanos. No final, espero que este livro lhe traga uma compreensão mais clara não apenas para a sua vida amorosa, mas também para a sua vida em geral.

Não espero me apresentar como um especialista infalível. Minha pesquisa tem apenas aprofundado minha sensação de que os relacionamentos são muito mais complexos do que se pensava, e que quando se trata de entender o amor, todos sabemos menos do que acreditamos saber. Tenho ficado perplexo inúmeras vezes com um simples pensamento: somos sofisticados e avançados de muitas maneiras e, ainda assim – quando se trata do amor –, parece que nem saímos do jardim da infância. *Decodificando o amor* é minha tentativa de, se não nos tirar do jardim da infância, pelo menos nos oferecer uma ideia das coisas estranhas que devem estar escondidas em nós. Depois de ler este livro, espero que você não volte a pensar sobre atração da mesma maneira.

Capítulo 1

A mente que busca o encontro

O QUE APRENDI COM FREUD

"O homem é um animal crédulo, e precisa acreditar em algo; na falta de boas razões para sua crença, ele ficará satisfeito com as más."

Bertrand Russell

Deixe-me apresentá-lo a um estranho que eu acho que você já conhece – você mesmo. É isso mesmo. Sei que você tem passado bastante tempo com essa pessoa. Talvez até já esteja cansado dele e, seguindo a grande tradição americana, você espera trocar seu velho e chato eu por outro inteiramente novo. Antes que faça isso, porém, avalie a possibilidade de que você mal se conhece.

Eu deveria ser um pouco mais preciso quando digo isso. Não quero dizer que você não está consciente daquilo de que gosta e não gosta. Quero dizer que sua consciência sabe sobre o que o motiva, muito menos que você pensa. Como estudos sucessivos revelaram, sua consciência em geral tenta alcançar aquilo que está, na verdade, acontecendo.

É mais ou menos como o curioso que aparece depois de um acidente e fica por ali, tentando explicar a todos o que aconteceu. A mente tenta apresentar explicações que façam sentido. Tais explicações vêm depois dos fatos e, infelizmente, são quase sempre erradas. Como você pode imaginar, isso pode causar uma profunda influência em sua vida, especialmente na vida amorosa.

SEXY DEMAIS

Considere o desejo sexual, algo que todos nós sentimos tantas vezes. Certamente nossos leitores podem explicar com segurança de que forma ele ocorre. Por exemplo, um homem vê uma mulher do outro lado da sala e a considera atraente. Seu desejo é estimulado e ele atravessa a sala para conversar com ela. Existem inúmeras variações desse evento, mas em cada uma delas poderíamos prever que o desejo precede a excitação – e nós estaríamos errados. Novas evidências revelam que a excitação vem antes do desejo, que "desejo" é apenas um rótulo consciente que colocamos em sensações físicas que começaram a ocorrer. Não está convencido? Em um dos estudos, imagens sexuais foram apresentadas tão rapidamente que não podiam ser vistas de forma consciente, mas ainda assim o corpo reagia fisicamente a elas, mesmo que a mente consciente as ignorasse. De uma forma mais simples, podemos dizer que não somos os "que decidem", como acreditávamos.

Os cientistas imaginaram uma forma de manipular nossas respostas utilizando o que alguns psicólogos chamam de pré-ativação. Em linguagem leiga, isso significa simplesmente usar certo estímulo para influenciar a reação das pessoas. A capacidade de pré-ativar os indivíduos tem sido demonstrada inúmeras vezes, em variados contextos. Você quer motivar as pessoas a serem mais competitivas quando na bolsa de valores?

Deixe-as sozinhas em uma sala com uma maleta preta. Você quer que elas sejam mais cooperativas? Ponha uma mochila na sala. Você quer que as pessoas organizem suas vidas? Encha a sala com o aroma de um produto de limpeza. Previsivelmente, a excitação sexual serve como um estímulo para as pessoas, e não apenas entre quatro paredes. Em um dos estudos, quando os homens tinham a opção de "trapacear", eles subitamente atribuíram um valor mais alto aos retornos imediatos em relação às consequências de longo prazo, mesmo que esses retornos envolvessem sexo, dinheiro ou simplesmente chocolate. E o que tudo isso tem que ver com a sua vida amorosa? Acontece que a atração em si é notadamente suscetível a esse tipo de ativação. Em um estudo recente, alunos receberam xícaras de café, umas frias, outras quentes. Alguém adivinha o quanto isso influenciou a percepção dos alunos sobre a pessoa que lhe ofereceu café? Se você acha que os alunos julgaram a pessoa sendo mais fria ou mais quente, dependendo do calor da bebida, você está começando a entender o quanto somos suscetíveis a esses estímulos. E se você quer um exemplo real, os estudos também mostram que colocar alguém em um local bonito, como um restaurante chique, aumenta a percepção das pessoas sobre o quanto essa pessoa é atraente.

Eu achava que isso era algo meio maluco até entrevistar uma mulher que tinha vivido uma experiência exatamente assim, com esse tipo de pré-estímulo. Ela foi a um encontro com um homem em um belo restaurante, passou momentos maravilhosos e ficou a semana inteira esperando pelo próximo encontro, que acabou sendo um pouco desapontador. Mas ela registrou essa segunda noite como algo atípico e saiu com ele novamente, apenas para desapontar-se mais uma vez. Depois de mais alguns encontros sem graça, ela terminou o relacionamento e não o viu mais. O engraçado é que ela nunca havia pensado que o restaurante pudesse tê-la estimulado até que comecei a discutir sobre minha pesquisa com ela. No momento em que lhe disse que o ambiente onde alguém está pode alterar o modo como essa pessoa é vista, ela subitamente me interrompeu; disse que tinha acabado de perceber que sua mudança de opinião não havia sido causada pelo homem, mas sim pelos *restaurantes*. O primeiro deles fora tão encantador que lançara um brilho romântico sobre todo o encontro, incluindo o homem em questão. Sem todo aquele cenário, entretanto, seus sentimentos por ele se provaram ser, no máximo, mornos. Em outras palavras, sua inconstância não se devia à natureza instável da atração, mas sim à natureza instável do pré-estímulo.

Se você deseja uma indicação surpreendente do quão facilmente uma atração romântica pode ser encorajada pelo estímulo correto, procure expor seu namorado ou namorada a um constrangimento extremo, ou então a uma pequena técnica de encontros a qual gosto de chamar de terapia de choque para o amor. Veja, nós não conseguimos distinguir muito bem a atração sexual de outros interesses despertados, relacionados a emoções diferentes, como o medo. Então uma das formas de pré-estimular o indivíduo para uma atração romântica é amedrontá-lo. Em um dos estudos, os estudantes masculinos foram levados a uma sala em que havia grande quantidade de equipamentos elétricos. Foi dito a eles que o estudo era sobre o efeito de choques elétricos no aprendizado, mas o propósito verdadeiro era estudar o efeito do medo na excitação. Havia dois graus de choques, um bastante doloroso, outro mais brando. Uma mulher atraente iria supostamente executar o teste, embora na verdade ela fizesse parte da experiência. O grau do choque elétrico era definido por sorte. A pessoa que conduziu a experiência disse então aos alunos que precisaria de mais informações sobre os sentimentos e sensações dos alunos antes de levar adiante o experimento, porque talvez isso pudesse influenciá-la. Por isso, o aluno então responderia a um questionário com perguntas como: quanto ele gostaria de beijar aquela mulher? Quanto ele desejaria convidá-la para sair? A possibilidade de enfrentar um doloroso choque elétrico era como estar sob a flecha de Cupido. Os alunos que esperavam receber o choque mais forte se mostravam muito mais atraídos pela mulher e tinham mais vontade de beijá-la e convidá-la para sair. Na verdade, você pode simplesmente imaginar que passará por uma experiência dolorosa e evocar uma reação parecida. Em outro estudo sobre a atração, os alunos masculinos fingiam que uma pesquisadora feminina os torturava ao colocar ácido em seus olhos (na verdade, ela estava usando água). Os alunos assumiram tão completamente os seus papéis – eles gritavam e tremiam de medo – que mais tarde relataram realmente ter sentido medo. O resultado? Eles se sentiram muito mais atraídos pela pesquisadora do que os outros alunos que simularam estar sendo interrogados de uma forma mais suave – uma guinada radical na ideia dos papéis desempenhados na relação sexual. Talvez a CIA possa sair de sua situação difícil em relação a seus novos métodos de interrogatório dizendo que eles são, na verdade, técnicas de conquista.

Você não precisa dar um choque elétrico na pessoa com quem está se encontrando apenas para estimular um romance. Tudo o que você precisa é algo ao menos levemente amedrontador. Em um estudo famoso, apresenta-se a seguinte situação: uma mulher jovem e atraente espera os homens que atravessam uma ponte suspensa no Canyon Capilano, em Vancouver. A ponte tem apenas alguns metros de largura, mais de 120 metros de comprimento e é feita de tábuas de madeira e cabos que balançam com o vento. Se você cair, vai enfrentar uma queda de mais de 70 metros sobre rochas e um curso de água bem raso, o tipo de coisa que faz o coração disparar. Assim que o homem atravessar a ponte, a mulher se aproximará e lhe dirá que está participando de um projeto que estuda paisagens atraentes. E ela então fará algumas perguntas. No fim, escreverá seu nome e telefone, dizendo ao homem que pode ligar se quiser conversar um pouco mais sobre aquela pesquisa. Uma experiência similar acontece em uma ponte próxima, muito mais segura, com o grupo de controle. A pergunta é: assim que os homens fossem pré-estimulados na excitação, cruzando a ponte suspensa, qual seria sua propensão de telefonar para aquela moça? Muito maior; na verdade, oito vezes maior. Portanto, quando ficamos alertas, seja por causa do medo, da raiva ou do desejo, essa excitação irá mudar a maneira como olhamos para alguém, de tal forma que uma pessoa a quem nunca demos atenção pode se tornar alguém por quem passamos a sentir forte atração.

Antes que você saia para as ruas e comece a tentar pré-estimular algum objeto de atração romântica, gostaria de preveni-lo. Todos esses efeitos foram produtos de ambientes controlados, nos quais os participantes não tinham nenhuma ideia de que estavam sendo manipulados. É muito mais difícil quando se tenta conscientemente manipular outra pessoa e o risco é grande – se a pessoa perceber a manipulação, não só a técnica deixará de funcionar, mas também tende a ser um tiro a sair pela culatra. E você não pode forçar alguém a sentir-se atraído por você apenas assustando. O pré-estímulo apenas intensificará os sentimentos já presentes. Assim, se alguém o acha pouco atraente, esse tipo de atitude o fará considerar-lhe ainda menos estimulante.

Tudo isso pode parecer improvável, mas minhas entrevistas revelaram inúmeras histórias sobre pontos idiossincráticos que também despertaram desejos românticos. Se quiser você, pode chamar isso de *modos pessoais de pré-estímulo*. Algo tão prosaico quanto a jardinagem pode ter esse efeito. Uma mulher viajou da Inglaterra para um congresso e se viu sentada ao lado de um homem durante o café da manhã. Ela não lhe dirigiu a palavra. Mas disse que simplesmente não conseguia tomar o café, embora o homem tenha reclamado que ela parecia não gostar dele e que lhe fazia cara feia o tempo todo. Mais tarde, eles se encontraram em um bar com algumas outras pessoas que participavam do mesmo evento. Lá, ela permaneceu totalmente indiferente a seus encantos – até que eles começaram a conversar sobre jardinagem. Aquilo foi, nas palavras dela, "como se um raio tivesse caído sobre sua cabeça". Mas por que jardinagem? Porque isso lhe trazia à lembrança algumas de suas recordações favoritas, do tempo em que era criança e brincava com a irmã no jardim. Mesmo os dois morando em países diferentes, e mesmo ela partindo no dia seguinte ao encontro, os dois se casaram dez meses depois. Outras pessoas relembravam experiências similares e que envolviam diferentes estímulos – beber uísque, descobrir que ambos frequentaram a mesma escola na infância, até mesmo sentir determinado perfume (embora o homem tenha percebido mais tarde que era o mesmo usado por sua mãe, levando-o a um desconfortável momento edipiano). A semelhança entre esses eventos é que todos nós temos esses gatilhos pessoais, mesmo que normalmente não tenhamos consciência deles. Todos nós também nos vemos estimulados pelo próprio enredo romântico, o que nos ensina a esperar que o amor aconteça de determinada maneira, embora essa maneira possa ser totalmente errada e seja construída de maneira enganosa. Por exemplo, tendemos a acreditar que um casal deve estar imediatamente apaixonado de corpo e alma, mesmo que essas pessoas sejam exatamente aquelas que têm grandes chances de acabar perante o juiz discutindo o divórcio (falo mais sobre isso no capítulo que discute o casamento).

OS PERIGOS DO PRAZER INDIVIDUAL

Não é apenas o pré-estímulo que dá iniciativa às pessoas. A forma como você se ajusta a determinada situação também exerce um efeito importante. Vamos ilustrar esta situação com um estudo relativamente simples com pessoas que fazem compras no mercado. Antes de elas começarem as compras, perguntou-se a um grupo de pessoas se elas sabiam o que havia em suas carteiras – na verdade, a pergunta não era sobre a quantidade de dinheiro, mas sim o que mais elas levavam, como cartões de crédito ou cupons de desconto. E perguntou-se a outro grupo sobre quanto dinheiro tinham no banco. Nenhuma dessas perguntas tinha a ver com o modo como nós geralmente fazemos compras. Não costumamos checar quanto dinheiro temos no banco (se tivermos a sorte de ter algum) antes de preparar nossa lista de compras, e também não nos preocupamos em saber se o cartão da biblioteca está na carteira ou não. Mas os pesquisadores descobriram que o simples fato de forçar os consumidores a se concentrar rapidamente sobre o conteúdo de suas carteiras ou sobre seu saldo bancário – "enquadrando" suas compras em diferentes contextos – afetou de maneira radical o montante dos gastos. Aqueles que refletiram sobre o conteúdo das carteiras gastaram em média 6,88 dólares, mas aqueles que pensaram na conta bancária gastaram 9,99 dólares, ou seja, um acréscimo de mais de 32%. Enquadrar-se é parecido com o pré-estímulo, mas enquanto este usa dicas específicas para influenciar o comportamento de alguém, o enquadramento altera esse comportamento ao alterar o contexto.

Assim como acontece no pré-estímulo, observou-se que os relacionamentos enquadrados podem exercer um profundo efeito na maneira como as pessoas se sentem em relação às outras nesses relacionamentos. De fato, você pode traiçoeiramente corroer uma relação apenas plantando certas ideias sobre o que é normal. Foi exatamente isso que fez Norbert Schwartz em um estudo conduzido com estudantes masculinos universitários. Schwartz selecionou alunos que já mantinham uma relação estável com uma parceira e fez uma série de perguntas sobre a sua vida sexual. Uma das questões era sobre a frequência com que eles se masturbavam. Porém, o pesquisador incluiu um truque ardiloso: usou duas escalas diferentes para a mesma pergunta. Um dos grupos de estudantes pesquisados recebeu uma escala que variava de *mais de uma vez ao dia* a *menos de uma vez por semana* (a escala de alta frequência). Outro grupo recebeu uma graduação que ia de *mais de uma vez por semana* a *nunca* (o grupo de baixa frequência ou, na linguagem de Seinfeld, "os mestres do território científico"). Não é preciso dizer que essas escalas manipuladas influenciaram a quantidade das masturbações relatadas pelos homens – aqueles da escala de alta frequência relataram pouco mais que nove episódios ao mês, enquanto os participantes do grupo de baixa frequência relataram pouco mais que sete episódios ao mês. Mas, mesmo com tal alteração, ambos os grupos caíam dentro da faixa típica, de acordo com numerosos estudos sobre comportamento sexual.

O aspecto realmente interessante nesse estudo foi como ele influenciou a percepção dos homens quanto aos seus relacionamentos. Dependendo da escala utilizada, as respostas apareciam em pontos diferentes do espectro, e mesmo assim, a quantidade de episódios de masturbação era similar. Para aqueles na escala de alta frequência, uma ou duas vezes por semana os colocava no ponto médio, o que fazia suas respostas parecerem normais e nem um pouco excepcionais. Para os grupos de baixa frequência, entretanto, uma ou duas vezes por semana os colocava no ponto mais alto da escala, o que alimentava a impressão de que eles estavam envolvidos em uma excessiva atividade de masturbação. Plantar aquela pequena semente de preocupação, enquadrando a pergunta de forma que fizesse os alunos pensarem que se masturbavam demais, não afetou apenas a opinião deles sobre a própria vida sexual. Afetou seus relacionamentos por inteiro. Nos questionários que se seguiram, Schwartz descobriu que os alunos estavam assolados por dúvidas e expressavam mais insatisfação com seus relacionamentos. E ele teve um resultado parecido quando manipulou as escalas de uma pergunta que tratava da frequência do sexo entre os homens e suas parceiras.

Todos os aspectos de nossas vidas podem enquadrar nossas experiências. Por exemplo, a forma como vivenciamos uma situação tem muito que ver com o tipo de experiências que já passamos. A mesma experiência pode parecer ótima se a vivência anterior tiver sido horrível, ou pode ser desapontadora caso as experiências anteriores foram fantásticas. E é difícil imaginar que isso não aconteça todas as vezes que você se envolve sentimentalmente. Se seus parceiros anteriores foram maravilhosos, é quase certo que você desvalorizará o parceiro atual. Por outro lado, se suas experiências foram horrorosas, é bem provável que você tenha uma visão excessivamente positiva da pessoa seguinte, mesmo que ela seja apenas um pouco menos ruim. Uma mulher admitiu uma questão congênita em relação a isso. Depois de ter vivido um romance idílico na faculdade, ela diz que seus namoros têm sido um desastre, em grande parte porque ninguém parece se equiparar às boas lembranças de seu namorado da faculdade.

Se você puder manipular os pontos de comparação de seu interesse sentimental, será capaz de fazer tudo isso trabalhar em seu favor – pelo menos é o que diz um recente artigo no *The Journal of Consumer Reseach*. Neste estudo, os alunos assistiram a trechos de *Rosencrantz and Guildenstern are dead* e avaliaram o filme. Mais tarde, puderam escolher entre quatro DVDs, um dos quais era esse filme. Mas havia um truque. Um grupo de alunos recebeu um monte de filmes horríveis (*The Light-House of Scotland*), o que deixava uma certeza quase absoluta de que eles iam escolher *Rosencrantz and Guildenstern are dead*. O outro grupo recebeu uma seleção de filmes mais interessantes, o que significava uma probabilidade menor de que escolhessem *Rosencrantz and Guildenstern are dead*. Então, foi pedido aos dois grupos que lembrassem a avaliação originalmente dada ao filme. Os estudantes que tiveram de escolher entre os filmes ruins mencionaram terem gostado 10,1% mais do que a avaliação inicial, enquanto os estudantes com bons filmes lembravam-se de gostarem dele 7% menos. Então, tudo o que você precisa fazer é garantir que os pontos de comparação de seu namorado, ou namorada, estejam no mesmo patamar de *The Light-House of Scotland*, e você estará em uma posição firme.

O QUANTO PENSAR DEMAIS É RUIM PARA SEU RELACIONAMENTO

Antes que você saia a campo, com a confiança de que evitará cair nas armadilhas do pré-estímulo ou do enquadramento trazendo uma racionalidade insensível a todas as suas decisões, preciso alertá-lo para que evite transformar seus relacionamentos em abordagens excessivamente cerebrais. Pensar conscientemente sobre suas tomadas de decisão talvez seja mais perigoso do que não pensar sobre isso. Provavelmente alguns de nós – e eu admito ser um deles –, quando confrontados com uma decisão difícil, decidem sentar-se e escrever uma lista de todos os prós e contras a fim de fazer uma escolha embasada. Bem, aqui estou eu para lhe dizer que esta é uma ideia ruim, desastrosa e que provavelmente conduzirá a decisões piores, especialmente se o assunto que estamos examinando for algo difícil de articular. Ou, como eu gosto de pensar sobre esse assunto, uma vida não investigada vale a pena viver!

Imagine que você possa escolher entre cinco pôsteres diferentes para decorar seu quarto. Um deles é de Van Gogh, outro de Monet. Os outros três são desenhos ou fotos de animais. Qual deles você escolhe? Os pesquisadores conduziram esse estudo com estudantes universitários e, como seria de esperar, a maioria preferiu os pôsteres de Monet e Van Gogh. Nenhuma surpresa aqui. Talvez não precisássemos desse tipo de pesquisa para descobrir que os alunos universitários em geral preferem Van Gogh ao desenho de um gatinho brincando com um novelo de lã.

Mas este não era o objetivo do estudo. Os pesquisadores estavam interessados no quanto a reflexão sobre uma decisão desse tipo poderia alterá-la, e então eles pediram à 50% das pessoas envolvidas que escrevessem uma breve redação, explicando o que elas gostavam ou não em relação aos cinco pôsteres. Depois, todos foram liberados para escolher um deles e levá-lo para casa.

E quando os alunos foram solicitados a escrever aquele pequeno ensaio, algo surpreendente aconteceu: depois de escrever, eles preferiram os pôsteres engraçados. Quando os pesquisadores conversaram com esses mesmos estudantes, algumas semanas mais tarde, verificaram que eles estavam menos satisfeitos com suas escolhas do que aqueles que não escreveram a redação. Então, o que havia de errado com essa história de redigir um pequeno ensaio que tanto modificou as escolhas dos alunos quanto os deixou insatisfeitos com elas? De acordo com os pesquisadores, aquilo que podemos encontrar palavras para descrever não é necessariamente o mais importante. Neste caso, descrever a nossa fascinação pelo trabalho de Van Gogh é muito mais difícil do que explicar por que consideramos um pôster mais divertido do que outro. Nós acreditamos descrever motivos legítimos de nossa preferência pelo pôster engraçadinho, mas o que estamos, na verdade, mostrando são algumas razões que conseguimos articular. A mente, entretanto, faz sua mágica sobre nossa decisão, e assim acreditamos transcrever nossas mais profundas convicções. Por esse motivo, os alunos que escreveram sobre suas preferências acabaram por levar para casa os pôsteres engraçados. Mas aqueles motivos escritos não traduziam seus sentimentos mais profundos. E, à medida que o tempo passou e aqueles alunos esqueceram suas respostas, as preferências não articuladas tiveram sua chance de emergir, o que explica por que aqueles alunos sentiram-se mais insatisfeitos.

Talvez você considere aqueles pôsteres abstratos demais, uma representação e não algo real. Bem, o que acontece é que mesmo algo tão concreto quanto o próprio paladar pode ser confundido quanto somos forçados a escrever sobre por que gostamos do sabor de alguma coisa. Dois cientistas reuniram um grupo de estudantes universitários e os fizeram experimentar cinco marcas diferentes de geleia de morango. Uma coisa que muitas pessoas podem afirmar sem dúvidas é que elas conhecem suas próprias preferências, então você poderia pensar que escolher sua geleia favorita talvez seja algo muito simples. Mas o estudo também tinha uma pegadinha. Um grupo de alunos foi orientado simplesmente a escolher qual das geleias mais gostava. O outro grupo, porém, foi orientado a analisar as razões de sua escolha. Quando as preferências dos dois grupos foram comparadas ao julgamento dos especialistas, o grupo que apenas escolheu chegou mais perto das preferências dos profissionais.

E a questão é: por quê? Será que um julgamento feito com cuidadosa reflexão não deveria ser mais exato? É triste dizer, mas a resposta é: NÃO. Nossa mente faz o pior quando a obrigamos a "pensar racionalmente". No caso do grupo que deveria explicar as razões de sua escolha, os alunos apresentaram seus motivos, só que esses motivos encobriram as reais escolhas que eles fizeram. Em outras palavras, eles não pensaram nas coisas na ordem em que achávamos que fariam. Você poderia pensar que eles iriam provar as geleias, selecionar a favorita e então tentar descobrir por que ela havia sido escolhida. Mas a maioria das pessoas não é especialista em degustação, e não é treinada a pensar na qualidade comparativa entre alimentos similares. Então, em vez de experimentar, escolher e analisar, os alunos encontraram motivos que fossem capazes de articular, e só então escolheram a geleia que poderia combinar com esses motivos. E isso não é simplesmente um problema com as geleias; aplica-se a uma ampla variedade de alimentos. Os mesmos resultados foram replicados em outro estudo que envolvia biscoitos de chocolate. Na realidade, isso se aplica a um amplo espectro de coisas. Sempre que pedimos às pessoas para descreverem verbalmente algo que em geral não é descrito em palavras, o processo de colocá-lo em palavras parece bagunçar o pensamento. Quando as pessoas são obrigadas a descrever em uma cor, mais tarde elas têm mais dificuldade de lembrá-la. Quando elas são forçadas a descrever um rosto que lhes foi mostrado, elas são menos capazes de reconhecê-lo posteriormente.

Naturalmente gostaríamos de acreditar que aqueles estudos sobre os pôsteres e geleias não têm nada a nos ensinar sobre nossas vidas amorosas. Ainda que possa ser difícil de expressar exatamente o que nos toca quando vemos uma grande obra de arte, certamente é muito mais simples descobrir do que gostamos ou desgostamos em alguém. E por mais que essa noção possa ser confortadora, ela está errada. Você só precisa avaliar um estudo similar que envolveu casais de estudantes universitários que tinham começado a namorar havia pouco tempo. Uma vez por semana, durante um mês, metade dos participantes tinha de se sentar por uma hora e pensar sobre seu relacionamento com os parceiros. A outra metade pensava sobre um assunto não relacionado a isso. E, no final de cada sessão, os dois grupos tinham de responder várias perguntas sobre seu relacionamento. Você pode esperar que, depois de saber sobre a pesquisa dos pôsteres, o fato de pensar sobre o relacionamento mudou a maneira como as pessoas se sentiam sobre isso. Depois da primeira sessão, o grupo que teve de pensar sobre seus relacionamentos mudou de atitude. Alguns ficaram mais positivos, outros mais negativos. Seria tentador destacar esse fato e dizer que, em contraste com a pesquisa sobre o pôster, a reflexão contribuiu para estimular o sentimento das pessoas sobre seus relacionamentos. Mas esse não é o caso. Os pesquisadores descobriram que as pessoas tiveram ideias sobre seus relacionamentos que não tinham nada que ver com seus sentimentos iniciais (conferidos antes do começo do estudo). Por acaso, eles questionaram essas ideias? *Não!* Eles alteraram seus sentimentos para que se encaixassem nas ideias declaradas. Embora isso levasse mais tempo, os outros 50% dos participantes também tiveram alteração em suas atitudes, simplesmente por responder a perguntas sobre seus relacionamentos. Seria interessante pensar que tais mudanças ocorressem porque os casais tinham começado a namorar fazia pouco tempo, e estariam compreensivelmente suscetíveis a mudanças de opinião. Mas outros estudos revelaram que essa explicação é altamente improvável. Mesmo com casais que namoraram por períodos maiores, convidados para a mesma pesquisa, os resultados foram iguais.

Outro estudo mostrou que as atitudes dos estudantes que não analisaram seus relacionamentos com os parceiros representavam o melhor prognóstico sobre se os casais ainda estariam namorando vários meses mais tarde, do que as atitudes dos estudantes que haviam analisado os seus relacionamentos. Uma vez mais, o estudo descobriu uma desconexão entre os sentimentos que as pessoas podiam articular e os que elas sentiam de verdade. Como numerosos estudos relataram, quando somos forçados a analisar nossas preferências sobre todas as coisas, do porquê gostamos de alguém ao tipo de comida que preferimos, os motivos declarados raramente têm que ver com as verdadeiras razões. Como alertou Alexander Pope, um pouco de conhecimento é uma coisa perigosa – um alerta que é especialmente relevante quando se trata de refletir sobre os relacionamentos, que são, por sua própria natureza, algo complexo e difícil de definir.

O que tudo isso deveria nos ensinar seria ter certa humildade quanto às nossas próprias explicações, principalmente se nós não somos especialistas em determinada área. Enquanto um estudioso das artes pode facilmente preparar um ensaio com sofisticados motivos da superioridade de Van Gogh em relação a Dilbert, nós, os não historiadores de arte, faríamos melhor se simplesmente confiássemos em nossa intuição. E o mesmo é verdade para os relacionamentos e os namoros. Ao contrário do que pensamos, a grande maioria das pessoas não deveria se considerar especialista em relacionamentos, não importa o quanto isso afete seu ego. Podemos cometer erros de todos os tipos. Se alguém se encaixa no perfil que consideramos ideal para amar, poderemos ignorar o que realmente sentimos. Se nossos sentimentos são conflitantes com nossas crenças profundas (eu jamais poderia amar uma fumante) ou entram em conflito com o que a cultura alimenta (o amor deveria ser como X), provavelmente iremos ignorar nossos sentimentos e nos aferrar à crença.

Tudo isso é especialmente verdadeiro para as mulheres, que são mais propensas a analisar seus relacionamentos do que os homens. Não, eu não estou sendo chauvinista – os estudos têm demonstrado que as mulheres apresentam tendência de analisar seus relacionamentos sentimentais muito mais do que a maioria dos homens. Uma mulher que entrevistei disse-me que quando ela decidiu seriamente encontrar alguém para casar, ela e uma amiga resolveram se encontrar em um almoço para analisar todos os candidatos. Embora os almoços se mostrassem agradáveis, não foram de nenhuma ajuda em relação aos seus relacionamentos. Forçada a declarar exatamente por que deveria ou não deveria continuar determinado relacionamento, a mulher acabou desenvolvendo critérios cada vez mais bizarros. E percebeu que ela estava perdendo o controle das coisas quando se viu rejeitando um homem porque suas orelhas ficavam em uma posição muito baixa, em relação ao rosto. Ela cancelou os almoços e agora procura refrear sua necessidade de falar sobre seus relacionamentos.

Não apenas fazemos um péssimo trabalho tentando descobrir o que é importante para nós em relação às outras pessoas, mas também não nos conhecemos tão profundamente quanto pensamos. Em outro estudo, foi pedido às pessoas que descrevessem como os outros as enxergavam. A correlação média entre como as pessoas pensavam ser vistas e como elas realmente eram vistas tinha um índice tão insignificante quanto 0,40 (1 significava correlação perfeita e 0 significava nenhuma correlação). Assim, por exemplo, sua visão pessoal do quão prestativo você é combina apenas de forma modesta com o que os seus amigos acham de você – e as chances são grandes de que eles estejam mais perto da verdade. Outros estudos já confirmaram que as pessoas à nossa volta normalmente têm um retrato mais exato de nossa personalidade do que nós, e elas também conseguem prever melhor o modo como nos comportaremos.

Isto não quer dizer que você deva confiar nesses amigos para que eles lhe digam se você deve ou não se relacionar com alguém (como acabamos de ver, há grandes ciladas nesse tipo de abordagem), mas talvez não fosse uma má ideia receber ajuda deles para esclarecer o que o faria feliz em um relacionamento. Você pode pensar que não dá muita importância a determinada qualidade, como o cuidado com o outro, mas seus amigos podem lembrá-lo a tremenda frustração que você sentiu com uma pessoa que não tinha essa qualidade. Você também pode pensar que algo é desesperadamente importante, enquanto seus amigos podem lembrá-lo de que seu último parceiro ou parceira tinha essa característica e isso não o deixou mais feliz. Uma mulher admitiu que estava decidida a terminar um relacionamento com um homem – com quem no final ela acabou casada –, até que uma de suas amigas brigou com ela por não dar importância a algumas das qualidades dele.

VOCÊ ESTAVA USANDO VERMELHO!
NÃO, EU USAVA AZUL.
AH, SIM, EU ME LEMBRO BEM DISSO...

Tendo tudo isso em mente, não é nenhuma grande surpresa o fato de que nossa memória não seja muito confiável, e nós sejamos propensos a relembrar eventos de tantas formas imprecisas a ponto de causar profundas implicações nos relacionamentos. O psicólogo Daniel Kahneman, ganhador de um prêmio Nobel por seu habilidoso trabalho nesses assuntos, descobriu que nós não nos lembramos de uma experiência com a mesma intensidade durante todo o evento. Temos a tendência de lembrar as partes mais intensas, assim como o final – o que ele chamou de regra do "pico final". Para demonstrar o quanto os cientistas estão desejosos de compreender esse fenômeno, eles fizeram um estudo com homens que passaram por colonoscopias. Não é preciso dizer que ter um tubo com uma câmera (agradeço a Deus pela miniaturização!) inserida em seu reto e depois ser cutucado e picado com esse tubo durante vários minutos não é uma experiência agradável. E esse desconforto em si já é significante – as pessoas procuram escapar desses exames regulares, apesar de seus benefícios para a saúde. Assim, se os médicos pudessem encontrar uma fórmula de deixar essa experiência menos desagradável, os pacientes poderiam estar mais dispostos a submeterem-se aos procedimentos. Os pesquisadores então decidiram tirar vantagem da regra de Kahneman. Um grupo recebeu a colonoscopia normal. O segundo grupo também fez a colonoscopia normal, mas distorcida. Depois que o exame estava terminado, o médico deixava o tubo no lugar por um período de pelo menos 20 segundos. Embora ainda não fosse algo prazeroso, esses momentos finais eram menos estressantes do que aqueles em que a câmera se movimentava para cima e para baixo. Mas como esse tempo adicional afetou os pacientes?

A teoria de Kahneman provou ser verdadeira: o segundo grupo lembrou-se da experiência com menos desagrado, e todos desse grupo ficaram mais propensos a concordar em submeter-se a futuras colonoscopias do que o primeiro grupo.

Espero que seus encontros sejam muito mais agradáveis do que uma colonoscopia, mas a regra de Kahneman nos oferece um conselho muito útil. Tente fazer seu encontro ter pelo menos um verdadeiro e intenso momento de felicidade. Este será o momento que seu parceiro ou parceira irá lembrar. E faça o que fizer, termine o encontro com uma "nota especial". Isto irá colorir a lembrança de toda a experiência.

CUIDADO COM AS EXPECTATIVAS

Nossa experiência não é apenas refém de nossa memória fluida, ela é também profundamente moldada pelas expectativas que trazemos conosco. Até algo tão trivial como a maneira como provamos a comida é notavelmente susceptível às manipulações baseadas em nossas expectativas. Você só precisa analisar o brilhante trabalho de Brian Wansink como diretor do laboratório de marcas e alimentos da Universidade Cornell. Ele fez uma série de inteligentes estudos no Spice Box, um laboratório disfarçado de restaurante. Em um dos experimentos, ele ofereceu aos clientes uma taça grátis de Cabernet Sauvignon, mas com uma pegadinha disfarçada. Embora todos os clientes tenham recebido uma taça de vinho conhecida como Two-Buck Chuck, foi dito a 50% deles que lhes estava sendo servido o vinho de uma nova marca da Califórnia; aos outros 50% foi informado que se tratava do melhor produto de Dakota do Norte. Embora eles estivessem bebendo o mesmo vinho, suas expectativas moldaram radicalmente a experiência. Não só aqueles clientes que pensavam estar bebendo um vinho de Dakota do Norte classificaram o gosto da bebida como horrível, mas também avaliaram sua comida de modo pior do que o outro grupo. Na verdade, isso alterou todo o jantar. Eles terminaram comendo menos e saindo mais cedo do restaurante.

O poder das expectativas é tão grande que parece ter uma capacidade sobrenatural de se tornar uma profecia que se cumpre sozinha. Em um estudo, uma prova foi aplicada aos alunos de ensino básico norte-americano; depois, alguns alunos foram escolhidos aleatoriamente e os professores foram informados de que aqueles alunos tinham tirado notas tão altas que certamente os fariam obter excelência no ano seguinte. Os pais e os alunos não sabiam disso e assim a única diferença estava na mente dos professores. Mas mesmo essa pequena intervenção fez uma enorme diferença. No final daquele ano, os "alunos excepcionais" mostraram ganhos significativos em suas notas, mais do que os outros alunos. Em outras palavras, pela simples crença de que aqueles alunos eram especiais, os professores os trataram de forma que os fez tornarem-se especiais.

Alguns experimentos também demonstraram o mesmo poder das expectativas em relação à atração. Em um estudo, pediu-se que homens e mulheres conversassem ao telefone e fizessem amizade com um membro desconhecido do sexo oposto. Antes da conversa, cada homem recebeu uma foto de sua suposta parceira. A foto na verdade foi selecionada aleatoriamente de um grupo de fotos de pessoas atraentes ou pouco atraentes. As mulheres, por seu lado, não receberam fotografias. Então, os casais conversaram ao telefone por cerca de dez minutos sobre qualquer assunto que quisessem. Os homens que receberam fotos de mulheres bonitas conversaram com as mulheres de forma que as deixou mais amistosas e mais dispostas à paquera – agindo como se estivessem falando ccom uma mulher bonita, independente da sua verdadeira aparência.

No livro *The Psychology of Human Conflict*, Edwin Guthrie conta uma história notável sobre uma estudante universitária que se transformou por causa de um experimento semelhante. Um grupo de alunos selecionou uma garota tímida e socialmente inapta e decidiu tratá-la como se ela fosse uma das mais populares da faculdade. Eles se certificaram de que ela fosse convidada para todas as festas certas, que sempre houvesse rapazes convidando-a para dançar e geralmente agiam como se eles fossem afortunados por estar em sua companhia. Antes de o ano letivo acabar, o comportamento da garota havia mudado completamente. Ela estava mais confiante e passou a acreditar que era mesmo popular. Mesmo depois de o experimento terminar (nenhum deles disse à garota que aquilo era uma experiência), ela continuou a se comportar com autoconfiança. E aqui está a parte realmente incrível – mesmo os rapazes que conduziram o experimento passaram a vê-la daquele mesmo modo, o que demonstra o quanto a conduta da garota havia se transformado. Se fosse possível que algum de nossos amigos contratasse secretamente algumas pessoas que nos tratassem da forma como gostaríamos, nós nos tornaríamos quem desejamos ser.

APAIXONAR-SE É COMO GANHAR NA LOTERIAS, MAS NÃO DO MODO QUE VOCÊ PENSA

A questão em todos esses comentários não é confundi-lo – mas em geral o trabalho de nossa mente é este. Algumas pessoas podem ler este capítulo e se verem tentadas a redobrar seus esforços na tentativa de impor algum tipo de racionalidade em seus encontros, mas acredito que esta é a resposta errada. Estas informações deveriam, ao menos, nos ensinar a confiar mais em nossa intuição e menos em nossa mente. E deveríamos lembrar também que as pegadinhas que nossa mente prepara para nós não são necessariamente ruins para nossas vidas amorosas. Por exemplo, estar envolvido em um relacionamento parece diminuir a atração que sentimos por outras pessoas. Em um estudo, os estudantes masculinos que estavam envolvidos em relacionamentos avaliaram mulheres desconhecidas como 10% menos atraentes do que o julgamento dos homens solteiros. Estar comprometido também nos faz exagerar as boas qualidades de nosso parceiro. Em outro estudo, 95% das pessoas declararam que seus parceiros se colocavam acima da média em relação à aparência, inteligência, simpatia e senso de humor.

Não obstante, as fantasias de nossa mente podem gerar certa dose de ceticismo – quando se trata de predizer como nos sentiremos em relação a algo, ou como nos lembramos dos sentimentos gerados por fatos passados – e que encontrar a "pessoa certa" resolverá todos os nossos problemas e nos deixar felizes. Se você não acredita em mim, então deve refletir sobre aquilo que chamo de "a parábola do paraplégico e do ganhador da loteria": ela revela que não há um fator único que afete nossa felicidade como pensamos. Existem numerosos estudos confirmando isso, que abrangem desde estudantes universitários, prevendo como se sentiriam se seu time de futebol perdesse, a professores, prevendo seu grau de infelicidade caso não conseguissem a estabilidade no emprego. Mas vamos direto para a mais completa evidência imaginável. Vou fazer-lhe uma pergunta muito simples: o que traria mais felicidade, ganhar na loteria ou ficar paraplégico? Bem, não há dúvida de que esta é uma escolha espantosamente fácil. O que é igualmente espantosa, porém, é a pequena diferença que existe entre essas escolhas, quando você mede a felicidade das pessoas durante um longo prazo.

No momento em que a pessoa avalia pela primeira vez seu destino, é claro que o contraste não poderia ser maior. Os ganhadores de um prêmio de loteria ficam em êxtase e em geral acham que todos os seus problemas foram resolvidos, enquanto os paraplégicos enfrentam um grau de desespero que muitos de nós nem conseguem imaginar. Mas, com o tempo, mesmo o melhor e o pior desses eventos acaba entrelaçado no tecido de nosso cotidiano. De acordo com diversos estudos, pessoas que ganham na loteria não ficam mais felizes do que as outras em geral. Um desses estudos comparou pessoas que ganharam na loteria de 50 mil dólares a um milhão de dólares com um grupo de não ganhadores. Os pesquisadores descobriram que os ganhadores não estavam mais felizes que os não ganhadores, mas que também muitas das atividades diárias como assistir à TV ou bater papo com um amigo eram tão agradáveis para os ganhadores como para os não ganhadores. E sobre os paraplégicos? É obvio que eles seriam mais infelizes do que a média das pessoas. Mas outro estudo revelou que seu grau de felicidade era apenas ligeiramente inferior do que era antes de sua perda.

Não importa o quão importante algo pareça ser no momento, nós sempre temos a tendência de superestimar o tempo que isso permanecerá conosco. Os psicólogos chamam esse fenômeno de "tendência da durabilidade". Isso é verdade até mesmo em nossos relacionamentos. Um estudo recente demonstrou que as pessoas ficaram menos perturbadas pelos rompimentos do que achavam que ficariam. A razão para isso é que a maioria das pessoas fracassa em avaliar que experiências positivas continuarão a acontecer no futuro, independentemente daquele rompimento. Alguns estudos também descobriram que as pessoas se recobram muito rapidamente do luto, especialmente se elas conseguem descobrir algum sentido nessa perda. Os pesquisadores ainda descobriram que as pessoas também têm um ponto de equilíbrio para a felicidade, um determinado grau do qual se deslocam rapidamente quando um evento importante acontece, como ganhar na loteria ou casar-se, mas ao qual geralmente retornam e permanecem a maior parte da vida. E então, o quão rapidamente retornamos para esse ponto de equilíbrio? Normalmente, em menos de três meses. Em outras palavras, descobrir a "pessoa certa" simplesmente não é tão importante quanto o nosso enredo romântico nos diz.

Finalmente, espero que este capítulo o tenha deixado mais consciente das diferentes maneiras pelas quais somos influenciados inconscientemente, mesmo quando se trata de algo tão fundamental como a atração sentimental. Isso não quer dizer que nenhum de nós em breve se tornará aquela criatura racional que imaginamos ser. Mas, pelo menos, podemos ficar um pouco mais conscientes em relação aos espaços mais ocultos de nossa mente, que, com tanta frequência, nos armam ciladas em nosso caminho para o amor.

Capítulo 2
O Encontro Animal

O QUE APRENDI COM DARWIN

As páginas seguintes não são para quem tem coração fraco. Se existe alguma parte deste livro que golpeia bem na raiz do enredo romântico, é esta. Baseado amplamente nos trabalhos dos psicólogos evolucionistas, ela nos mostra como somos, e não como gostaríamos de ser. O que se revela aqui é a luta incessante entre os homens e as mulheres, na qual encontros e namoros se tornam um campo de batalha repleto de decepções e infidelidade.

Para aceitarmos o ponto de vista evolucionário, devemos primeiro deixar de lado nossa ideia preestabelecida e natural de que somos, cada um de nós, um indivíduo único e totalmente diferente de qualquer outro. Isto é incontestavelmente verdade em diversos aspectos, mas por enquanto nos focaremos em seres humanos não como indivíduos, mas como uma espécie. De fato, o número de variações genéticas é bem pequeno entre os seres humanos. E embora a variedade de culturas modele cada um de nós de inúmeras maneiras diferentes, os psicólogos evolucionistas procuram traços compartilhados entre culturas; eles procuram a humanidade, no conjunto e no particular. A psicologia evolucionária defende a ideia de que nossos pensamentos, sentimentos e comportamentos – frequentemente agrupados sob a bandeira da "natureza humana" – foram decisivamente moldados pelos desafios que nossos ancestrais enfrentaram durante os últimos milhões de anos. Com certeza, se realmente adotarmos o ponto de vista evolucionário, nem somos mais os atores principais de nossa própria história, somos apenas marionetes de nossos genes, que são as verdadeiras unidades das consequências.

Aceitar essa premissa é mais difícil do que você pensa. Muita gente, quando confrontada com explicações evolucionárias para suas ações, nega tais explicações como se elas não tivessem nada que ver com seu comportamento. Por exemplo, se um homem dorme com muitas mulheres, e você sugere que ele faz isso para aumentar o número de seus descendentes, ele vai destacar o fato de que está usando camisinha e que não tem intenção de engravidar nenhuma dessas mulheres. Ele está certo, conscientemente. O problema é que isso não explica por que ele se sente inclinado a dormir com tantas mulheres ou por que ele está disposto a despender tanto tempo, energia e dinheiro fazendo isso. Bem abaixo do nível da consciência reside um profundo e instintivo desejo nos homens de ter uma grande variedade de parceiras sexuais. E existe uma razão evolucionária muito boa para esse desejo – com quanto mais mulheres ele fizer sexo, mais oportunidades terá de transmitir seus genes a gerações futuras. E é este nível inconsciente que nos interessa.

Quando você começa a olhar as coisas por um ponto de vista evolutivo, esse tipo de desconexão entre as explicações conscientes e inconscientes torna-se muito comum. Nossa cultura desenvolve-se em uma velocidade mais rápida do que nossa biologia. Estamos perpetuamente presos naquilo que se poderia chamar de um atraso no tempo evolutivo. Muito do que constitui nossos instintos e motivações mais fundamentais se desenvolveu há milhares de anos, para que pudéssemos lidar com os desafios de viver nas savanas da África. Mas o fato de que nossas vidas não são mais parecidas com as vidas de nossos ancestrais pré-históricos não significa que tenhamos descartado essa herança evolutiva. Então, por agora, precisamos explorar a lei da selva para podemos entender melhor o que acontece exatamente entre homens e mulheres.

CHARLES DARWIN
O PRIMEIRO GURU DOS NAMOROS

Primeiro, vamos falar um pouco sobre Charles Darwin, que tem passado por maus bocados nos Estados Unidos. Uma quantidade substancial de americanos ainda não acredita na teoria da evolução, mas isso não é novidade para Darwin, que vem passando por difíceis batalhas já há muito tempo. Ele defendeu pela primeira vez suas teorias no livro *A origem das espécies*, em 1859, que foi o seu trabalho mais conhecido. Mas estamos interessados em um trabalho posterior, um livro publicado em 1871 chamado *A descendência do homem*, que explica um dos aspectos da evolução: a seleção sexual.

Quando pensamos em Darwin, muitos de nós se lembram de sua frase "a sobrevivência do mais apto", ou aquilo que é conhecido como "seleção natural". A teoria de Darwin sobre a seleção sexual é um subconjunto dessa tese, que você poderia chamar de "a reprodução do mais apto". Para colocá-la em termos mais simples, a seleção natural se refere à capacidade do indivíduo de se adaptar ao ambiente, enquanto a seleção sexual diz respeito a como conseguir companheiros. Portanto, a seleção sexual é realmente um elemento essencial, porque a chave para o sucesso de qualquer espécie animal não é apenas sua habilidade de sobreviver, mas também sua capacidade de transmitir seus genes para as gerações futuras. Em outras palavras, você pode ser o mais rápido dos antílopes machos *Kudu* da redondeza, mas se não souber como se envolver com um antílope fêmea, não terá importância do ponto de vista evolutivo.

Se as ideias originais de Darwin sobre a evolução demoraram para serem em aceitas, a seleção sexual teve uma recepção quase nula. Caso você esteja propenso a seguir seriamente as visões de Darwin, tenho boas e más notícias, e uma verdade decepcionante. Primeiro, vamos às boas notícias. Você tem uma história evolutiva de sucesso espetacular, representando uma cadeia incólume de milhares de ancestrais que conseguiram não apenas sobreviver, mas também atrair um parceiro sexual e criar um filho de forma bem-sucedida. Então, deixe-me ser o primeiro a lhe dizer que você merece todo o crédito!

Agora, prepare-se para as más notícias. Você está rodeado de pessoas que também são um sucesso evolutivo tão grande quanto você. De fato, você foi pego por aquilo que os biólogos chamaram de "a Síndrome da Rainha Vermelha", em referência à rainha do livro *Alice através do espelho*, de Lewis Carrol, que diz para Alice: "Você tem de correr o mais depressa que puder se quiser ficar no mesmo lugar". E esta é a situação em que todos nos encontramos agora. Veja, não importa o quão bem nos adaptemos ao nosso ambiente atual, nossos competidores e nossos inimigos também continuam se adaptando. Nós não precisamos nos preocupar tanto com esses inimigos. Afinal, é pouco provável que muitos de nós sejamos devorados por um leão, mas temos sim de nos preocupar com nossos competidores, isto é, os outros seres humanos, bilhões deles que são fortes e que se tornam cada vez numerosos todos os dias.

E agora vamos falar sobre aquela verdade decepcionante. Namorar, todo aquele esforço para encontrar um companheiro para a vida inteira e com quem vamos nos unir, não apenas *parece* difícil. *É* difícil. E é esperado que seja difícil. Porque esta deve ser a consequência necessária da "síndrome da Rainha Vermelha". Você por acaso já viu algum seriado dos anos 1950 ou até mesmo dos anos 1980 e achou que eles parecem lentos, que os diálogos e o enredo são pouco refinados e que os personagens são vazios e óbvios? Esse é um exemplo cultural do tipo da "Síndrome da Rainha Vermelha" em discussão. Como espectador, você passou a esperar desses seriados um ritmo mais rápido e personagens mais complexos. Em resumo, você se tornou um consumidor muito mais sofisticado de seriados televisivos em comparação à geração anterior. O problema é que todo mundo também se tornou mais sofisticado, de forma que sua evolução quanto a esse tipo de entendimento não lhe dá uma vantagem competitiva. Ela apenas o ajuda a se manter no mesmo ritmo de todo o bando. Agora, imagine o mesmo cenário em relação aos encontros amorosos. Todo aquele trabalho duro em manter uma boa aparência e desenvolver uma personalidade interessante apenas lhe serve para assegurar o seu lugar. Por isso parece tão difícil. O enredo romântico não nos deixa enxergar o fato de que nos prender à fantasia de encontrar a pessoa certa é tão fácil quanto escorregar em gelo molhado.

Mas eu acrescentei um pedacinho de boas notícias. Se você aceitar as ideias de Darwin sobre seleção sexual, então o reino animal pode lançar alguma luz sobre a natureza das relações humanas. Mas, antes de voltar ao mundo dos animais, permita-me fazer uma advertência. Eu discutirei tendências biológicas, o que não significa oferecer justificativas morais. Por exemplo, só porque os homens têm uma tendência evolutiva de cometer adultério, não quer dizer que o adultério esteja aprovado. Não somos escravos de nossos anseios biológicos. Também somos produtos de diversas culturas que estabelecem certos códigos morais e legais. Mas vamos falar sobre as explicações culturais no próximo capítulo.

CHIMPANZÉS OU BONOBOS?

Bem, vamos dar uma olhada no homem, o animal. Nossos parentes mais próximos são o chimpanzé e o bonobo. O primeiro hominídeo (não ainda um *Homo sapiens*, mas, do mesmo gênero) estava afastado deles por mais ou menos 6 ou 7 milhões de anos, o que é bem mais recente do que os 15 ou 20 milhões de anos que os biólogos achavam que nos separavam. E este é na verdade um período muito curto em termos de evolução. Em nível molecular, existe apenas 1% de diferença entre humanos e chimpanzés. Nós estamos mais perto do chimpanzé do que ele em relação ao orangotango, e os chimpanzés não são apenas nossos parentes mais próximos – nós também somos os parentes mais próximos deles.

Durante anos, os biólogos sustentaram que havia uma grande diferença entre nós e os primatas, e todas elas acabaram ficando à margem da estrada. A mais recente – e uma das mais sofisticadas – é a alegação de que os humanos são os únicos a ter uma teoria da mente (a capacidade de imaginar o que as outras pessoas estão pensando), mas experimentos recentes revelaram que até mesmo esse tipo de pensamento em alto nível é algo que os chimpanzés possuem.

Naturalmente, se aceitarmos que os chimpanzés e os bonobos são nossos parentes próximos, nos resta uma questão absolutamente essencial: nós somos mais parecidos com os chimpanzés ou com os bonobos? A pergunta carrega maiores implicações do que você possa imaginar. Veja a questão do sexo. Com os chimpanzés, o poder é usado para resolver questões de sexo. Com os bonobos, entretanto, o sexo é usado para resolver questões de poder. Não é preciso dizer que isso conduz a duas ordens sociais diferentes. Com os chimpanzés, o domínio é dos machos, e existe uma hierarquia rígida. As alianças são constantemente formadas e reformuladas para tentar derrubar o macho dominante que tem um amplo, embora não exclusivo, controle de acesso sexual às fêmeas. Existe muita violência, e não é incomum que um chimpanzé mate o outro.

Mas os bonobos são como chimpanzés bizarros. Sua ordem social atira para o ar todas as coisas. Nos bandos de bonobos, são as fêmeas que dominam. Como consequência disso, as agressões dos machos são drasticamente reduzidas. E como os machos não precisam enganar um ao outro para obter acesso sexual, eles dedicam muito menos tempo à tentativa de subir na hierarquia. Caso exista algum tipo de disputa, os bonobos geralmente a resolvem usando o sexo e acabam se engajando em uma incrível e diversificada variedade de práticas sexuais. Tente visualizar a mais livre comunidade sexual do final dos anos 1960 nos Estados Unidos, e você provavelmente terá uma ideia aproximada da sociedade dos bonobos. É algo do tipo "paz e amor!". Como afirmou muito apropriadamente o primatologista Frans de Waal, nós ficamos com a opção de escolher entre os poderosos e brutais chimpanzés ou os bonobos eróticos e amantes da paz.

Tudo isso tem implicações não apenas em nossa vida sexual, mas também em nossa vida política. De acordo com De Waal, a evolução dos primatas sugere que as hierarquias rígidas vieram primeiro e a igualdade surgiu depois. Os macacos exibem uma hierarquia rígida, e os chimpanzés estão em algum lugar entre os macacos e nossas próprias tentativas de igualdade. Os americanos, talvez tenham eliminado há muito tempo quaisquer vestígios de um passado rígido e estratificado, mas as vozes deles denunciam nossas raízes menos igualitárias. Abaixo de 500 Hz, a voz produz ruídos sem significado. Se você filtrar os sons mais altos, ouvirá apenas um zumbido. Mas este ruído se revela como uma janela para o modo inconsciente pelo qual sempre monitoramos nosso *status* dentro do grupo. Durante uma conversa entre duas pessoas, as duas vozes tendem a convergir para o mesmo ponto, mas a parte mais incrível é que a pessoa que tem o *status* inferior é sempre aquela que realiza os maiores ajustes para alcançar a frequência da pessoa de *status* superior. Embora sejamos os mais sofisticados animais quando se trata de comunicação, dotados de uma ampla e complicada linguagem, o fato é que as palavras nos deixam em uma situação alarmante quanto aos níveis de comunicação. E tanto isso é verdade que grande número de estudos demonstrou que os animais são mais capazes de intuir nosso estado de espírito do que nós mesmos.

Infelizmente não se sabe ao certo se os humanos são mais parecidos com chimpanzés ou com bonobos, embora os tempos recentes tenham nos fornecido inúmeros exemplos de sociedades organizadas pela hierarquia e pela violência do que exemplos de sociedades organizadas livremente pelo sexo. Mas talvez o elemento fundamental de comparação seja uma diferença básica. Apesar de nossas semelhanças, nos afastamos dos chimpanzés e dos bonobos em um ponto absolutamente essencial – somos os únicos a estabelecer ligações duradouras. E essa diferença tem enormes implicações.

POR QUE NÓS DESISTIMOS DE TROCAR DE PARCEIROS? PELA ESTABILIDADE

A pergunta é: "Por quê?". Que força causou esse comportamento nos seres humanos? A resposta é muito simples: filhos. Nossos bebês nascem em condições de absoluto desamparo e permanecem assim durante muito tempo. Baseados em estudos de modernas sociedades de caçadores-coletores (que, de modo tosco, se aproximam de nosso ambiente evolutivo original), as crianças não são capazes de produzir a mesma quantidade de alimento que consomem até que tenham 15 anos de idade. Então, essa ligação duradoura foi mais uma necessidade biológica. Se as mulheres fossem deixadas sozinhas para criar os filhos, sem a ajuda do pai, poucas crianças teriam sobrevivido até a idade adulta – o que é um cálculo muito mais insensível do que se espera encontrar nos enredos românticos, e algo que continua a ter mais relevância hoje, muito mais do que temos coragem de admitir. Você por acaso já se perguntou por que aqueles maldosos padrastos e madrastas estão sempre no centro dos contos infantis? O que acontece é que existe uma ótima razão para essa ansiedade cultural tão difundida – uma criança adotiva tem 65 vezes mais probabilidade de sofrer um tratamento brutal do que uma criança vivendo com seus pais biológicos.

Mas a ligação duradoura com o parceiro não aconteceu assim, da noite para o dia. Os humanos precisaram evoluir de maneira que reforçasse essa ligação, o que fizeram de diversas maneiras. Vamos começar com sexo. A primeira pergunta é: por que mesmo fazer sexo? Do ponto de vista genético, é uma atividade ineficiente, já que apenas 50% dos nossos genes são passados a nossos filhos. Existem inúmeros outros métodos de reprodução – alguns deles realmente alucinantes – e que evoluíram no mundo natural: o método multissexual para os socialmente ativos, fêmeas só para as feministas, bissexual para os indecisos, assexuado para os mais delicados, partenogênese (concepção virgem) para os cristãos, e até mesmo algumas poucas espécies nas quais o sexo de indivíduo pode mudar de uma maneira ou de outra para os transexuais. Nós poderíamos facilmente transmitir nossos genes de modo muito mais eficiente se assumíssemos o caminho da reprodução assexuada, por exemplo. O problema é que isso nos deixaria vulneráveis aos parasitas, que evoluem muito mais rápido do que nós. E quão mais rápido seria? Foram necessários milhões de anos e aproximadamente 250 mil gerações para que nos separássemos dos chimpanzés e nos tornássemos *Homo sapiens*. Para a bactéria *E. Coli*, no entanto, atravessar o mesmo número de gerações só levaria nove anos. Então, o sexo foi o método que os humanos e os outros animais usaram para lutar contra os parasitas. Colocando as coisas de forma mais simples, o sexo nos permite muito mais variações genéticas e nos ajuda a não sucumbir às diversas bactérias e aos vírus que nos envolvem – outra situação clássica da "síndrome da Rainha Vermelha", na qual nosso sistema imunológico trabalha duro para evoluir, simplesmente para não ser derrotado pelos parasitas que nos atacam.

Quando se trata de sexo, os homens e as mulheres podem se orgulhar de serem os mais resistentes atletas do mundo primata. Não, não podemos nos comparar aos chimpanzés, aos bonobos ou a muitas outras espécies no que diz respeito à frequência de nossas relações sexuais, mas derrotamos praticamente todos os primatas quanto à duração. Os chimpanzés pigmeus realizam o ato com a rapidez de um raio, 15 segundos, o que parece inacreditavelmente rápido até que você considere o chimpanzé comum, que consegue fazer o trabalho em apenas 7 segundos (embora isto não signifique que a fêmea não está gostando; de acordo com um estudo, a fêmea do chimpanzé pode ter um orgasmo depois de apenas 20 segundos). Isso equivale mais ou menos ao tempo dos babuínos, que fazem cerca de 20 movimentos pélvicos. Os gorilas curtem vagarosamente em um minuto. Enquanto isso, o casal americano médio nem mesmo começou, com uma média de quatro minutos. Somos apenas batidos pelos orangotangos, que levam em média 15 minutos copulando, mas vamos deixá-los de lado, porque obviamente estão muito ocupados.

Como sempre, ao encontrar esse tipo de discrepância no comportamento, o pensamento evolucionário exige uma explicação, especialmente quando existe um aspecto adverso no aumento da duração da cópula. Em primeiro lugar, durante o ato, você está vulnerável a ataques; em segundo lugar, quanto mais tempo fizer sexo, mais energia preciosa está sendo gasta. A resposta então reside na ligação duradoura. O que revela então que o sexo, para os humanos, refere-se muito mais ao desenvolvimento de uma ligação do que à procriação. Não que a procriação não seja algo essencial. Obviamente, no fim das contas, é disso que se trata. Mas a procriação é apenas um subproduto ocasional. De fato, se você avaliar o sexo humano do ponto de vista da eficiência, é um desastre. Mesmo durante os períodos mais férteis, muito casais demoram meses para conceber.

A partir do momento em que você avalia a atividade sexual como forma de fortalecer as ligações entre os parceiros, começa a fazer sentido uma variedade de excentricidades dos seres humanos. Por exemplo, as mulheres têm uma vagina na vertical, o que propicia uma cópula mais íntima e de frente, cara a cara, e têm também seios fartos, que estão em exibição permanente e agem como uma propaganda constante de receptividade sexual, totalmente desconectada da ovulação. Em contraste, muitas fêmeas mamíferas só desenvolvem as mamas quando estão prenhas. O etologista Desmond Morris argumenta que várias outras características – lóbulos carnudos, narizes projetados e lábios revirados – também são desenhados para facilitar a cópula de frente. Até mesmo a perda dos pelos no corpo foi possivelmente um meio de promover a ligação entre os parceiros.

Talvez o mais importante, as mulheres desenvolveram uma ovulação oculta, o que torna impossível para os homens perceber qual é o momento ideal para acasalar. Isso torna a mulher diferente das fêmeas primatas, porque todas elas exibem sua fertilidade (pense naqueles primatas nos quais as nádegas das fêmeas ficam em vermelho vivo durante o cio). Para além dos esforços masculinos em determinar a época do pico da fertilidade, as mulheres não limitam sua atividade sexual apenas ao período em que estão ovulando. Essas características exerceram um papel crucial para consolidar sua ligação com um homem. Em vez de reservar a mulher de forma egoísta para apenas uns poucos dias durante a ovulação, o homem teve de desenvolver um relacionamento de longo prazo na tentativa de garantir que a prole também fosse dele. A antropóloga Helen Fischer chamou esta situação de "contrato do sexo", que evoluiu para assegurar à mulher a ajuda necessária para criar seus filhos.

ESPERMA BARATO E ÓVULO PRECIOSO

Então, com todas essas características para promover uma ligação mais duradoura, tudo deveria correr muito bem nos relacionamentos entre um homem e uma mulher, certo? Infelizmente, não. Para entender o porquê, nós precisamos investigar o papel crucial de dois participantes quase nunca mencionados em toda essa história: o espermatozoide e o óvulo. É por meio de sua fecunda conjunção que tudo acontece. Mas aquilo que eles fazem para chegar lá e como seus transportadores (o homem e a mulher) sentem-se sobre esta jornada faz toda a diferença.

Levou algum tempo para que os cientistas entendessem a relevância disto. Embora eles estivessem ocupados estudando e refinando os argumentos de Darwin, a seleção sexual não recebeu muita atenção, especialmente quando se relacionava a um segmento especial do reino animal – os seres humanos. Mesmo felizes ao estudar o acasalamento de todas as espécies, das lesmas aos lêmures, os cientistas relutaram em colocar os seres humanos sob o microscópio, embora com algumas exceções como Alfred Kinsey. Tudo isso começou a mudar em 1972, quando Robert Trivers publicou um estudo intitulado *Parental Investment and Sexual Selection*. Apesar do título trivial e sem graça, esse ensaio é provavelmente a peça mais influente na teoria evolutiva desde o conceito original de Darwin sobre seleção sexual. O que Trivers descobriu foi não menos do que a chave para a seleção sexual, o motor, por assim dizer, que fez toda a coisa funcionar. Este motor era o investimento parental.

A compreensão revolucionária de Trivers era muito simples. O investimento que os pais fazem em sua prole exerce enorme influência no modo como aquele pai abordará o ato de acasalamento. Quanto mais investimento um pai ou mãe fizer, mais seletivo esse pai ou mãe será ao escolher um companheiro ou companheira. E quanto menos investimento ele ou ela fizer, haverá mais competição sexual para atrair esse companheiro ou companheira. Pense na quantidade de homens que se amontoam ao redor de uma mulher bonita em um bar, e você formará uma boa imagem dessa dinâmica em ação. O que nos traz de volta ao esperma e ao óvulo. Veja só, o esperma é barato. O homem ejacula centenas de milhões de pequenos companheiros (durante a sua vida, ele produzirá 2 trilhões). E embora ele não tenha, nem por sonho, o mesmo ardor sexual de um carneiro ou mesmo de um chimpanzé, um jovem saudável pode fazer sexo várias vezes por dia. Acima de tudo, se o homem está mais interessado em ser um conquistador do que um pai, ele pode ir embora depois de plantar sua semente e nunca levantar um dedo, de forma que seu investimento paterno é potencialmente minúsculo.

Se um homem puder fazer sexo com um número ilimitado de mulheres e engravidar todas elas, teoricamente ele seria pai de centenas de crianças em um ano, e algumas figuras históricas tentaram fazer isso. De acordo com registros históricos, Moulay Ismael, o Sanguinário, imperador de Marrocos de 1672 até 1727, concebeu 888 filhos. Recentes testes de DNA sugerem que Gengis Khan pode ter gerado uma quantidade ainda maior, e de acordo com as pesquisas, apenas 19 linhagens masculinas exerceram o papel dominante em povoar o planeta, exemplo notável do poder multiplicador da seleção sexual de machos bem-sucedidos.

Agora, examine a mulher e seu óvulo, que é uma mercadoria bastante preciosa, já que a mulher ovula uma vez por mês, e quando está grávida deve carregar a criança durante nove meses. Mesmo depois que o bebê nasce, ela terá de cuidar dele e é improvável que ela engravide logo em seguida, pois a amamentação torna mais difícil a nova concepção. Durante sua vida, a mulher terá aproximadamente de 400 a 500 ovulações. Compare isso com os trilhões de esperma que os homens produzirão (é claro que o óvulo é 85 mil vezes maior do que um espermatozoide). Vamos assumir que essa mulher consiga ter um bebê por ano durante todos os seus anos férteis. É possível que ela chegue aos 20. O recorde é um assombroso número de 69 filhos, de uma russa que viveu no século XVIII, atingido em virtude de várias gestações de gêmeos (esses dados são possivelmente apócrifos). Mesmo esse número extremo, e toda mulher que já ficou grávida terá arrepios só de pensar nele, empalidece em comparação à quantidade de crianças que um homem pode gerar, mesmo que ele não seja Ismael, o Sanguinário. E se você ainda não está convencido, as evidências antropológicas também confirmam a distinção entre o espermatozoide barato e o óvulo valioso. Das sociedades humanas, 70% envolvem algum tipo de pagamento entre duas famílias. Alguém adivinha qual é a porcentagem de pagamentos à família da noiva? 96%!

A mente aguçada de Trivers percebeu as enormes ramificações dessa simples diferença. Para um homem, a abordagem ideal do ponto de vista evolutivo – passar adiante os genes para o maior número possível de crianças – significa dormir com o maior número de mulheres possível. E é por isso que o homem não se preocupa muito com a qualidade dessas mulheres. Elas podem ser feias, bonitas, desdentadas, analfabetas... nada disso importa. Fazer sexo com elas custa muito pouco esforço, e todas essas mulheres oferecem uma oportunidade de transmitir seu DNA. Por outro lado, para uma mulher, a abordagem ideal é ser o mais seletiva possível. Com tão poucas oportunidades na vida, ela precisa assegurar que terá o melhor material genético da parte do pai. Então, para ela, faz bastante diferença se o pai é um sujeito engraçado, atraente e brilhante ou se é um brutamontes sem o menor senso de humor e que maltrata seu cachorro. Por isso existe essa batalha dos sexos, uma guerra constante entre homens e mulheres, os homens querendo seduzir com o menor esforço possível e as mulheres querendo resistir até que tenham certeza de que o pai em potencial seja geneticamente superior e comprometido em ajudar. Como disse um pesquisador, a evolução favorece os machos "agressivos sexuais" e as fêmeas "consumidoras recatadas".

Ah, espere! Nós deixamos de lado um detalhe: a ligação entre o casal. Em nosso caso é o laço legal entre marido e mulher que muda consideravelmente todo este cálculo. Com o casamento, um homem está ligado a uma mulher por toda a vida. Claro que, com as taxas de divórcio alcançando 50%, isso deixou de ser verdade absoluta. Mas, para fins teóricos, vamos levar a sério aquela parte "até que a morte nos separe". Então, o que acontece com aquele nosso farrista nessas circunstâncias? Ocorre que os homens se tornam muito mais seletivos, assim como as mulheres – pelo menos quando se trata desses relacionamentos de longo período (para aqueles relacionamentos mais breves, a maioria dos homens continua muito a fim de dormir com todo mundo). Mas nada disso desfaz todo o trabalho evolucionário relacionado ao espermatozoide e aos óvulos. Mesmo com o vínculo legal do casamento, os homens e as mulheres ainda encontram um escopo bastante amplo para expressar sua inclinação natural: os homens como os produtores promíscuos de espermatozoide e as mulheres como as protetoras dos valiosos óvulos. Isso significa que o conflito está construído dentro do relacionamento entre homem e mulher, e nossas ligações mais duradouras são apenas uma tentativa de conter esse conflito. Obviamente, a teoria de Trivers deveria surgir como uma novidade muito bem-vinda para qualquer mulher que esteja namorando, porque ela está na etapa em que as mulheres exercem o controle, naquele período de namoro que antecipa um acasalamento. O antropólogo Irven Devore, de Harvard, chegou a chamar os homens de "um vasto experimento de procriação gerenciado pelas mulheres".

Levaria muito tempo para explicar por que os homens (em particular aqueles que têm um *status* mais baixo) têm uma expectativa de vida menor – eles precisam correr mais riscos a

55

fim de transmitir seus genes. As mulheres provavelmente estão lendo isso e pensando que toda essa teoria de Darwin é muito legal, mas que elas não se sentem com tanto controle assim. E é verdade que existem algumas circunstâncias atenuantes. Como o casamento, ao menos teoricamente, implica um compromisso para a vida toda, os homens se tornam mais seletivos também. Além disso, questões culturais e demográficas podem enfraquecer gradativamente a ascendência feminina. Se as mulheres estão em maior número que os homens, por exemplo, eles se tornam mais raros e também viram uma mercadoria valiosa. Assim, para visualizar o controle subjacente que as mulheres exercem, eu peço-lhe que imagine uma maneira muito simples de as mulheres alterarem as regras do namoro e do casamento: elas poderiam se recusar a fazer sexo até estarem casadas. Chega daquelas aventuras de uma noite ou mesmo de viver juntos sem estar casados. Se isso acontecesse, todas aquelas reclamações das mulheres sobre a recusa do homem em assumir compromissos iriam desaparecer instantaneamente. Enquanto muitos homens ficam felizes em namorar uma mulher durante anos, se puderem fazer sexo, eles não estariam tão propensos a fazer isso se esse relacionamento permanecesse puro e casto.

O QUE ACONTECE QUANDO O ESPERMATOZOIDE BARATO ESTÁ À ESPREITA

Desde que o ensaio revolucionário de Trivers foi publicado, numerosos estudos têm demonstrado a importância da distinção entre óvulo e espermatozoide para o comportamento humano (e todas as outras criaturas, no que diz respeito a esse assunto). Vamos começar com o sexo. De acordo com a teoria de Trivers, você esperaria descobrir atitudes extremamente diferentes relativas ao sexo, e foi exatamente isso que os pesquisadores descobriram. Se alguma mulher sensível estiver lendo este livro, e preferir acreditar que os homens não são esses apavorantes predadores sexuais que alguns aparentam ser, sugiro que pule as páginas seguintes.

Colocando de forma bem simples, os homens têm poucos limites e princípios em relação a fazer sexo. Se você não acredita em mim, vamos tentar um experimento básico. Se você for uma mulher atraente, aborde um homem na rua e pergunte se ele quer fazer sexo com você. Há boas chances de que ele diga sim. Como é que eu sei? Os pesquisadores realizaram um estudo exatamente sobre esse assunto. Uma linda mulher abordava um homem no campus da universidade e fazia uma dessas três perguntas:

1. Você sairia comigo esta noite?
2. Você iria ao meu apartamento?
3. Você faria sexo comigo?

Dos homens, 50% responderam que sairiam com ela naquela noite, o que parece pouco, tendo em vista o que acabei de dizer sobre a teoria do investimento parental. Mas lembre-se de que um encontro exige certa quantidade de tempo e dinheiro, sem garantias de qualquer atividade sexual. Agora, observe o que acontece com o resultado das outras duas perguntas. Desses, 69% estavam dispostos a ir ao apartamento da mulher, e a colossal quantidade de 75% deles desejava fazer sexo com ela (e este número é provavelmente baixo – o estudo percebeu que os homens que recusaram-se a dormir com a mulher normalmente davam muitas desculpas, como a possibilidade de chover, ou a noiva). Então, os pesquisadores fizeram um bonitão abordar as mulheres e perguntasse a mesma coisa. Com relação ao encontro, o índice foi parecido com os dos homens, 50% das mulheres aceitaram. Mas daí em diante, a disparidade não poderia ser mais completa. Apenas 6% das mulheres desejavam ir ao apartamento do homem, e nenhuma delas estava disposta a fazer sexo com ele.

Eu sei que algumas das mulheres que estão lendo este livro devem estar pensando que a pesquisa não é válida porque existe o fator medo. O medo de aceitar o convite de um estranho, coisa com que os homens não precisam se preocupar. Bem, os pesquisadores perceberam a mesma coisa, e conduziram uma segunda pesquisa. Dessa vez, tanto os homens quanto as mulheres foram contatados por um amigo próximo, que garantiu a boa conduta daquele estranho. Então, os amigos perguntaram uma das seguintes questões:

1. Você sairia com um estranho?
2. Você iria para a cama com um estranho?

Neste cenário diferente, 91% das mulheres e 96% dos homens estavam desejosos de ter um encontro – novamente, resultados bastante similares. Mas apenas 5% das mulheres estavam propensas a dormir com uma pessoa estranha, enquanto 50% dos homens estava inclinada a fazer isso (sem nenhum exame anterior). Tudo isso é exatamente o que a teoria evolutiva teria previsto. As mulheres são normalmente seletivas, e deveriam ser particularmente exigentes em relação a um romance passageiro.

Um novo giro por diferentes estatísticas confirma essa diferença sexual entre homens e mulheres. De acordo com uma pesquisa de uma universidade de Chicago, 54% dos homens pensam em sexo uma vez ao dia, enquanto apenas que 19% das mulheres fazem isso, e 40% dos homens se masturbam uma vez por semana, enquanto apenas 10% das mulheres o fazem. De acordo com outro estudo, 85% dos homens entre 20 e 30 anos pensam em sexo a cada 52 segundos (o que nos faz pensar como esses homens conseguem fazer qualquer outra coisa), enquanto as mulheres pensam nisso apenas 1 vez ao dia, a menos que estejam ovulando, quando este número cresce para 3 ou 4 vezes ao dia. Os números variam de estudo para estudo, mas em todos eles fica demonstrado que os homens pensam em sexo muito mais do que as mulheres.

Os homens também demonstram um desejo muito maior por variedade na atividade sexual. Em um estudo, estudantes universitários foram questionados sobre quantos parceiros sexuais eles gostariam de ter durante diferentes intervalos de tempo. As mulheres disseram que no ano seguinte, elas prefeririam ter um parceiro sexual apenas, enquanto os homens queriam seis parceiras durante o ano. No período de seis anos, as mulheres queriam dois parceiros sexuais e os homens queriam 10. E durante a vida, a mulher queria de 4 a 5 parceiros, enquanto o homem queria 18.

Esse desejo por variedade é tão extremo nos homens que pode levá-los a comportamentos bizarros. Em 1995, Hugh Grant estava namorando a supermodelo Elizabeth Hurley, e ainda assim sentiu necessidade de procurar sexo oral com uma prostituta, embora sua prisão posterior não tenha causado nenhum efeito em sua carreira (isso sugere que a maioria dos magnatas de Hollywood deve ter uma simpatia natural por essa necessidade ocasional de uma felação). Existem inúmeros exemplos recentes de homens, de Bill Clinton a Eliot Spitzer, que correm incríveis riscos em busca de variedade sexual, o que é quase impossível de explicar usando qualquer tipo de avaliação racional. Eu acho que só a psicologia evolucionária pode oferecer uma resposta satisfatória, que trata do instinto profundo criado durante milhares de gerações e que seria esse instinto o motor de seu comportamento, nesse caso, o enorme desejo por variedade sexual. Mesmo aquela ideia comum da crise da meia-idade do homem pode ser uma expressão dessa necessidade evolutiva. De acordo com uma nova pesquisa, um homem sofre a tal crise da meia-idade não porque ele está ficando mais velho, mas porque sua mulher está. Quando a mulher chega ao final de sua vida reprodutiva, ela aciona um desejo entranhado no homem em atrair uma mulher mais jovem e mais ativa do ponto de vista da reprodução.

Talvez o melhor indicador sobre as diferenças entre as atitudes em relação ao sexo venha de um estudo sobre as fantasias sexuais conduzido por Donald Symons e Bruce Ellis, que explorou o que homens e mulheres sonhavam quando se viam livres das costumeiras restrições sociais. Tanto os homens quanto as mulheres relataram ter fantasias sobre sexo. Mas o conteúdo dessas fantasias era completamente diferente. Os homens fantasiam com muito mais frequência e eram muito explícitos e visuais em suas fantasias. As mulheres, por outro lado, eram mais propensas a incluir sentimentos em suas fantasias e viviam um excitação emocional (as fantasias dos homens eram mais sobre excitação física). A fantasia das mulheres tinha maior tendência a conter comprometimento e afeição. Provavelmente a mais completa diferença, entretanto, era a maneira como imaginavam seus parceiros nas fantasias. Era mais provável que elas incluíssem um parceiro que lhes fosse familiar, e quando se analisou o número de diferentes parceiros, os homens deixaram as mulheres na poeira. Dos homens, 37% relataram ter fantasiado mais de 100 pessoas diferentes, um limite só alcançado por 8% das mulheres. Um bom representante dessas diferenças pode ser demonstrado pelo tipo de literatura erótica que os dois sexos escolhem. A pornografia, com seu conteúdo visual explícito e uma grande quantidade de mulheres expostas, é praticamente inteiramente dirigida aos homens. Os romances, com ênfase nas ligações emocionais e no relacionamento entre um homem e uma mulher, são quase todos dirigidos às mulheres.

O SEXO NO CÉREBRO

Isso tudo não se resume ao fato de os homens terem muito mais vontade de fazer sexo ou procurarem maior variedade de parceiras sexuais. O que acontece é que suas mentes são predispostas a enxergar interesse sexual em situações em que na verdade este pode nem existir. Uma de minhas manchetes favoritas no *The Onion* é "o homem vai em frente e considera aquilo um encontro". Qualquer mulher que teve uma conversa amistosa com um homem e mais tarde foi acusada de ter tentado seduzi-lo vai entender o que estou falando. Em grande quantidade de estudos, os homens consistentemente interpretaram as ações por parte das mulheres (como sorrir, por exemplo) como uma indicação de interesse sexual.

Você pode encontrar essa rápida interpretação mesmo naqueles encontros comuns e cotidianos. Em outro estudo, os homens e as mulheres ouviram a uma fita com conversas gravadas. Algumas eram eróticas, mas a maioria eram conversas de rotina. Embora praticamente todos os participantes tivessem ficado excitados durante as conversas eróticas, alguns dos homens ficaram excitados mesmo durante um bate-papo comum. E não apenas isso, sua resposta foi mais forte do que a resposta das mulheres em relação às conversas eróticas. Ou seja, isso tudo é suficiente para que uma mulher fique hesitante em dar um simples "alô" durante uma conversa, com medo de levar aquele homem a um frenesi sexual.

Isto posto, as mulheres devem manter um olhar cuidadoso sobre seus amigos homens. Você se lembra da cena do filme *Harry e Sally, feitos um para o outro*, em que os personagens discutiam se um homem e uma mulher poderiam ser amigos? Bem, a ciência parece que encontrou uma resposta – eles não podem! Ou, pelo menos, os homens não podem. De acordo com o trabalho da psicóloga evolucionária April Bleske, os homens são duas vezes mais atraídos por suas amigas e consideram encontros potencialmente sexuais com as amigas 100% mais proveitosos. Eles também superestimam o grau de atração de suas amigas por eles. Novamente, essa tendência faz todo o sentido, do ponto de vista darwiniano. O cérebro masculino não está projetado para maximizar a exatidão e a precisão, e sim para maximizar as oportunidades de acasalamento. Ou seja, está no máximo do interesse evolutivo do homem enxergar oportunidades até mesmo onde elas possam não existir. O aspecto negativo disso tudo é apenas o embaraço social. E o lado positivo é mais uma possibilidade de transmitir seus genes. Neste caso, a tendência masculina não é uma imperfeição de projeto, mas uma vantagem evidente. De fato, quanto mais inteligente for um homem, mais provável será que ele exiba aquilo que um pesquisador chamou de "olhar ela me quer". Em determinado estudo, pediu-se a um grupo de homens que fizessem uma previsão de como as mulheres responderiam a uma proposta de sexo sem compromisso. Os homens mais inteligentes superestimaram impensadamente o grau de interesse das mulheres. E, revelando mais uma vez a grande diferença entre o funcionamento das mulheres e dos homens, as mais inteligentes mostram outro tipo de tendência – elas assumem que o homem ficará muito mais aflito e preocupado com um caso sexual da parceira do que na verdade ocorre.

PROMISCUIDADE, SEU NOME É HOMEM... E MULHER

É óbvio que essas diferenças fundamentais de atitude perante o sexo armam o palco para uma enorme quantidade de conflitos. Tendo em vista o desejo dos homens em ter um grande número de parceiras sexuais, e o sistema social construído ao redor do casamento e da monogamia, seria de se esperar uma explosão de casos de infidelidade, e é exatamente isso o que encontramos. David Buss, um dos mais proeminentes pesquisadores no campo da psicologia evolucionária, estimou que de 30% a 50% dos homens americanos têm no mínimo um caso durante o casamento. O que é pior, não parece que o estado do casamento desse homem tenha muito que ver com o fato de ele ser ou não infiel. De acordo com uma pesquisa, 56% dos homens envolvidos em um caso descreveram seus casamentos como "muito felizes", o que talvez seja a mais preocupante estatística sobre casamentos com que deparei. Mas antes que as mulheres irrompam em um acesso de cólera e repudiem todos os homens, elas precisam saber que estão apenas um pouquinho atrás deles. Buss estima que de 20% a 40% das mulheres americanas também têm um caso durante o período em que estão casadas. Outro pesquisador avaliou que as chances de um dos parceiros ser infiel podem chegar a 76%! Como você pode ver, as estimativas quanto ao número real de adultérios variam bastante. Aparentemente, nós não apenas adoramos enganar uns aos outros, mas também adoramos trapacear nos estudos sobre adultério.

Os casos das mulheres realmente são diferentes dos homens. De acordo com uma pesquisa, a maioria das mulheres que teve um caso afirma que era "infeliz no casamento". As mulheres também parecem ter mais probabilidade de firmar um compromisso emocional. Enquanto 44% dos homens, em outro estudo, afirmaram ter pouca ou nenhuma ligação emocional com seus casos, apenas 11% das mulheres afirmaram o mesmo.

Esses casos não são apenas uma questão de sexo, mas também uma questão de maternidade! Com base em vários estudos e pesquisas, os cientistas estimaram que aproximadamente 10% das crianças são criadas por pais não biológicos. Por motivos óbvios, essa questão não foi ainda estudada de forma sistemática, e outros estudos produziram números que variam de 5% a 30%. Tudo isso levou um pesquisador a afirmar que o adultério foi totalmente ignorado como um dos fatores-chaves da evolução humana.

Fica claro que, quando nos comparamos ao reino animal, até que não fazemos muito feio, porque os estudos revelaram que mesmo na selva acontecem muito mais traições do que se poderia imaginar. Poucos mamíferos são monogâmicos. Uma espécie de macaco, o gibão, estava incluída entre os monogâmicos, mas quando os cientistas desenvolveram os testes de DNA, descobriu-se que as fêmeas dessa espécie também traíam seus parceiros. Muitas espécies de aves formam casais, o que foi exaltado com admiração como exemplo de monogamia duradoura, mas pesquisas posteriores derrubaram essa história animadora. Depois de fazer testes de DNA nas aves, os pesquisadores descobriram que algo como 30% dos filhotes não foram gerados pelos "pais". Em algumas das espécies, a quantidade dos filhotes que não foram gerados pelo "parceiro de uma vida toda" alcançou o expressivo índice de 76%. Aparentemente, até os pássaros cobiçam o parceiro alheio. Os cientistas agora acreditam que a monogamia entre as aves não se deve a algum tipo de ligação romântica, mas é apenas o resultado das tentativas dos machos (quase sempre infrutíferas) de proteger seu direito à paternidade ao resguardar as fêmeas.

Esses números ligados à paternidade foram um choque para a maioria dos pesquisadores. Embora os cientistas tenham acreditado durante muito tempo que os machos estivessem ansiosos para espalhar sua semente, eles assumiam que o papel das fêmeas era praticamente passivo. Um pesquisador até declarou que a cópula era "essencialmente um serviço ou um favor que as mulheres prestavam aos homens". O fato de as fêmeas (incluindo as mulheres) serem também promíscuas surgiu como uma grande revelação (e ser uma revelação diz muito sobre o poder que nosso viés cultural exerce em nossa forma de pensar). Sabemos por que os homens estão interessados em multiplicar suas parceiras sexuais. Pense de novo na história do espermatozoide e do óvulo. O espermatozoide é barato, e transar por aí aumenta as chances de o homem passar adiante seus genes. Mas por que as mulheres também andam dormindo fora de casa? O óvulo é um bem precioso, e o número de crianças que uma mulher pode gerar é relativamente pequeno.

Ah, mas a mulher tem seus próprios desejos genéticos. Ela quer encontrar um bom provedor, que a ajude a criar seus filhos, mas também quer conseguir os melhores genes possíveis. E esses dois desejos andam juntos por muito menos tempo do que você pode pensar. Uma mulher pode ser capaz apenas de conseguir um homem mediano para casar, mas se ela tiver o desejo de um caso passageiro e sem compromisso, será capaz de fazer sexo com um sujeito muito mais atraente e bem-sucedido. Ao trair seu marido, a mulher pode também conseguir seu pedaço de bolo – ela tem um marido que é um bom provedor e também os melhores genes possíveis para seu filho.

BATALHA ENTRE GAMETAS?

Eu sei que isso pode parecer forçado. As mulheres não traem seus maridos com o desejo expresso de colocar as mãos em um código genético melhor. Lembre-se, porém, de que muito do que estamos tratando neste capítulo não acontece conscientemente. Aqueles mais céticos podem usar isso como uma chance de rejeitar o que lerem nestas páginas, mas você não precisa acreditar em mim. Basta dar uma olhada no corpo humano. E o que ele mostra? Uma batalha constante entre homens e mulheres – só que nesse caso a batalha não é travada entre nós, mas entre nossos representantes, nossos espermatozoides e nossos óvulos. O que temos aqui é a clássica disputa da Rainha Vermelha, em que cada lado luta para conseguir uma vantagem. O homem gostaria de engravidar cada mulher com quem ele dorme, enquanto a mulher gostaria de ser capaz de escolher o pai de seus filhos. Ela pode encontrar um homem que seja bom o suficiente para casar, mas ainda deseja um espermatozoide de excelente qualidade de alguém à beira do campo de batalha. Se tudo isso for verdade, você pode esperar que tanto os homens quanto as mulheres desenvolvam maneiras de aumentar suas chances. Nós até já vimos uma bem-sucedida estratégia das mulheres de frustrar a capacidade do homem de policiar sua fertilidade: a ovulação oculta. Mas isso não termina aí. Os homens e as mulheres desenvolveram inúmeras medidas, sutis e espantosas, para aumentar suas chances de sucesso genético. Tais medidas são tanto um sinal de quão profundamente fomos moldados pela seleção sexual e também uma perturbadora indicação de como somos soldados inconscientes de uma enorme e invisível batalha genética. Em resumo, estamos agora muito longe daquele tal enredo romântico.

A mais esclarecedora evidência dessa batalha vem de um brilhante estudo sobre a mosca-das-frutas, publicado por William Rice, em 1996. O que Rice fez foi permitir que os machos evoluíssem por 41 gerações – mas não permitiu o mesmo para as fêmeas com as quais eles estavam acasalados. Isso foi uma benção para os machos. Gradualmente, eles desenvolveram espermatozoides muito mais eficazes, então, quando se acasalavam com uma fêmea que já havia acasalado com outro dos machos evoluídos, tinham maior probabilidade de emprenhá-la. E qual era a razão desse sucesso? Espermatozoides muito mais tóxicos, que basicamente matavam o rival. Tal característica veio com um custo, porém, e revela de forma bem clara que a evolução sexual não é cooperação entre os dois sexos – na verdade, o mais comum é que um dos sexos desenvolva uma qualidade antagonista ao outro sexo. Mas o quão antagonista? O espermatozoide tinha ficado tão tóxico que, se a fêmea copulasse com muitos daqueles machos evoluídos, ela poderia morrer! Ainda bem que o espermatozoide humano está longe de ser letal, mas uma competição tão feroz quanto essa vem sendo travada diariamente entre nossos espermatozoides e nossos óvulos.

Então, vamos prosseguir e começar a discutir um dos mais controversos aspectos da sexualidade humana – o orgasmo feminino. Ainda permanece um vigoroso debate sobre se existe ou não um ponto determinado para o orgasmo feminino. Embora algumas feministas possam pensar que esta é alguma piada chauvinista disfarçada de ciência, o assunto do orgasmo feminino é uma questão séria. O motivo do orgasmo masculino é óbvio – a liberação do esperma. E isso também ajuda a explicar a regularidade parecida com a do relógio do orgasmo masculino (assim como a tendência de certos homens de ter ejaculação precoce – há muito benefícios para o homem ejacular o mais rápido possível, e isso é algo que as mulheres precisam aturar). Mas as mulheres ovulam apenas uma vez ao mês e podem ser engravidadas sem nenhum orgasmo, levando os cientistas a ponderar por que, afinal, as mulheres precisam ter orgasmos,.

Embora isso não resolva absolutamente as coisas, existe uma escola de pensamento que acho convincente. Parece que o orgasmo feminino funciona como um dispositivo sexual altamente sensível – do tipo que enfia uma faca afiada no coração do enredo romântico. Os pesquisadores realizaram um estudo para saber quando as mulheres tinham orgasmos. A surpreendente descoberta foi que o grau de envolvimento romântico de uma mulher não aumentava a frequência de seu orgasmo, e este também não dependia das habilidades sexuais do homem. Isso mesmo. Apesar das centenas de livros que se propõem a ensinar como ser um amante melhor, o orgasmo feminino tem muito pouco que ver com as habilidades do homem, ou mesmo com o amor que a mulher possa ter pelo seu companheiro. Mas, então, o que aumenta a probabilidade de uma mulher ter orgasmos? A resposta é a simetria do parceiro dessa mulher – em outras palavras, o quanto o lado esquerdo e o lado direito do homem são espelhados. Eu sei que isso pode soar um pouco irracional, mas a simetria é na verdade um indicador muito bom de saúde, isto é, do bom estado genético. Quanto mais doenças e indisposição houver, menos simétrico alguém tende a ser (os estudos também descobriram que quanto menos simétrico o homem for, mais alto deve ser seu QI). Pense em Quasímodo, e você terá uma versão extrema de alguém assimétrico. E os pesquisadores descobriram ainda que as mulheres têm mais orgasmos com homens mais simétricos. Ou seja, o orgasmo da mulher parece estar amplamente baseado em uma avaliação subconsciente dos méritos genéticos de um homem.

Mas o que tudo isso tem que ver com o fato de o orgasmo ser um dispositivo sexual de seleção? Robin Baker e Mark Ellis estudaram se o orgasmo exerce ou não um efeito sobre a quantidade de esperma que o corpo feminino retém, e o que eles descobriram foi que exerce um efeito tremendo. Se uma mulher não tem orgasmos ou tem um orgasmo mais de um minuto antes do homem ejacular, ela vai reter muito pouco esperma. Mas caso tenha orgasmos menos de um minuto antes, ou até 45 minutos depois, reterá a maioria do esperma, o que aumentará consideravelmente as chances de ter o óvulo fertilizado (eles mediram o "refluxo" – a quantidade de sêmen ejaculado e que é liberado da vagina logo após do sexo – em mais de 300 cópulas, pedindo às mulheres que se agachassem sobre uma proveta). Assim, um homem que levasse a mulher ao orgasmo (isto é, um homem simétrico) teria muito mais chances de fecundá-la. Os cientistas chamam esse mecanismo de oculto, que possibilita ao corpo feminino escolher o esperma de um macho em particular, de "escolha crítica feminina".

E tudo isso ainda sofre uma reviravolta perturbadora quando se acrescenta a infidelidade à equação. Lembra-se da teoria que diz que as esposas são infiéis para poder sair atrás de espermatozoides geneticamente superiores? Pois parece que o orgasmo está ativamente ajudando nessa estratégia. Outro estudo revelou que as esposas que estavam tendo casos tinham a tendência de fazer sexo com os amantes em seu pico de fertilidade, e que 70% dessas cópulas resultaram em orgasmos (em oposição a apenas 40% das cópulas com os próprios maridos). Em outras palavras, as esposas infiéis não apenas tinham maior probabilidade de fazer sexo com os amantes durante seu período mais fértil, mas também tinham maiores chances de atingir o orgasmo e de reter maior quantidade de esperma. Quando os pesquisadores fizeram as contas, descobriram que a esposa podia fazer sexo duas vezes mais com o marido, mas ainda eram maiores as chances de engravidar do amante (os estudos também demonstraram que as mulheres com parceiros regulares costumavam fingir orgasmos com mais frequência, muito provavelmente como uma forma de afastar as suspeitas sobre sua fidelidade).

Qual é a probabilidade de uma seleção sexual oculta como essa ocorrer? Muito maior do que qualquer um de nós poderia imaginar. Em um dos estudos, os pesquisadores estimaram que de 4% a 12% das crianças nascidas na Grã-Bretanha foram concebidas em um ambiente de competição entre os espermas, o que basicamente significa que os espermatozoides de diversos homens estavam no trato vaginal da mulher ao mesmo tempo, competindo para fertilizar o mesmo óvulo. O mesmo estudo sugeriu que a maioria dos homens e das mulheres nas sociedades ocidentais já se envolveu, em algum momento, nesse tipo de competição. Outra pesquisa recente descobriu que uma em oito mulheres pesquisadas tinha feito sexo com dois ou mais homens em um período de 24 horas.

Por mais espantoso que esse método de "escolha crítica feminina" possa parecer do ponto de vista masculino, faz muito sentido na perspectiva feminina. Os estudos têm demonstrado que os homens simétricos traem com mais frequência, então é melhor que as mulheres procurem os bons genes do sujeito simétrico e encontrem o bom provedor em algum outro lugar. O que tudo isso significa é que, longe de ser um subproduto evolucionário inútil, o orgasmo da mulher é possivelmente um notável e sofisticado mecanismo para a seleção de um espermatozoide de qualidade superior.

Poucos pesquisadores já propuseram a controversa teoria de que o espermatozoide masculino está projetado para travar uma batalha com outros rivais. De acordo com esta visão, menos de 1% dos espermatozoides masculinos está destinado a fertilizar um óvulo. O restante deles compõe uma espécie de exército usado para evitar que o espermatozoide de outro homem alcance o óvulo. Muitos hoje consideram essa ideia absurda, mas é seguro dizer que os óvulos e os espermatozoides estão competindo em uma corrida evolutiva e é possível que continuem assim indefinidamente.

Os machos não estão indefesos nesse jogo genético de alto risco. Uma das estratégias que desenvolveram é a implacável copulação para garantir a paternidade. Alguns mamíferos até desenvolveram uma espécie de tampão copulatório – sua ejaculação contém uma substância que literalmente bloqueia os espermatozoides dos machos rivais. Embora os machos humanos não tenham nada que soe tão medieval, eles têm suas próprias "armas". Um estudo recente teorizou que a glande do pênis é projetada para retirar o sêmen de um rival, e que a última parte da ejaculação contém um espermicida natural, um tipo de sistema de proteção antes-e-depois contra a promiscuidade da fêmea. Os pesquisadores também realizaram um estudo comparando a ejaculação dos homens que passaram 100% de seu tempo com as esposas com a de homens que passaram menos de 5% do tempo com as respectivas esposas. O resultado? Os homens que estiveram mais tempo ausentes ejacularam quase o dobro de espermatozoides – 712 milhões contra apenas 389 milhões. E, também, o sêmen humano contém prostaglandina, um hormônio que pode causar cólicas uterinas e então enfraquecer a seletividade do orgasmo. Isso sugere que os homens também têm afiados dispositivos evolutivos para tentar assegurar a paternidade de sua prole.

Mesmo em relação ao código genético, os homens e as mulheres se veem presos em conflitos, como mostrou Matt Ridley em seu fascinante livro *Genoma*. Em algum ponto no passado, os humanos mudaram do método reptiliano de determinar o sexo dos filhotes pela temperatura dos ovos para um método genético, o que permitiu o desenvolvimento de genes sexuais específicos. Mas essa é uma situação volátil, porque aquilo que é bom para um gene pode ser ruim para outro. Por exemplo, a capacidade de sedução é um ótimo gene para um cromossomo Y, mas a capacidade de resistir à sedução pode ser boa para o cromossomo X. Se um cromossomo pudesse roubar a qualidade de outro, seria uma enorme vantagem para um dos sexos. O problema é que a batalha genética entre X e Y não é realmente uma luta justa, porque o cromossomo X pode dominar o cromossomo Y. As mulheres têm um cromossomo XX, e os homens, XY. Para cada chance que o cromossomo Y tiver de solapar qualquer coisa no X, este tem três chances de fazer o mesmo. Nesta situação, a tal corrida sexual se tornou, na verdade, um massacre, e o cromossomo Y fez a única coisa que fazia sentido – dar o fora e se esconder. E para que isso realmente desse certo, ele ficou pequeno, muito pequeno. Enquanto o cromossomo X tem mais de mil genes ativos, o cromossomo Y só tem 25 deles. Com o tempo, ele acabou desativando todos, exceto aqueles mais essenciais. E isso acabou oferecendo ao cromossomo X pouquíssimos alvos para perseguir, fazendo que a batalha não termine em uma rendição completa. Você nem fazia ideia de que a luta para encontrar a pessoa certa era travada até mesmo nos cromossomos, e que o X da mulher e o Y do homem andavam ocupados tentando se aliar um ao outro.

ENCONTROS E DESILUSÕES

Tendo em vista essa incessante batalha, tanto no âmbito humano quanto no genético, é fácil compreender por que os relacionamentos se tornam solo fértil para desilusões. Parte do problema é que a sociedade moderna oferece muito mais oportunidades para mentir. No ambiente de nossos ancestrais, os grupos sociais eram menores, e aqueles que mentiam logo ganhavam a reputação de desonestos. Mas nos dias de hoje, especialmente nas cidades e em outras áreas densamente habitadas, há muito menos chance de sermos pegos na mentira. E os namoros pela internet apenas aumentaram os problemas. Não surpreende que homens e mulheres envolvidos em relacionamentos mintam o tempo todo. Em estudo realizado em 1990 com estudantes universitários, pesquisadores descobriram que 85% dos participantes haviam mentido aos parceiros sobre um relacionamento passado ou uma indiscrição qualquer. Outro estudo revelou que casais de namorados mentiam um para o outro em cerca de $1/3$ de suas interações. E esses números melhoram quando se trata de pessoas casadas, que mentiram em apenas 10% de suas conversas, embora a pesquisa tenha revelado que esses casais reservavam suas maiores mentiras para seus parceiros. Sua esposa provavelmente está lhe dizendo a verdade sobre se gostou ou não de sua nova gravata, mas talvez esteja mentindo ao dizer que não dormiu com o carteiro. Embora os homens sejam mais desonestos que as mulheres, eles são pelo menos mais honestos em relação à sua desonestidade, dando estimativas mais exatas sobre o quanto eles mentem. E estas são apenas aquelas mentiras das quais falamos abertamente. As mentiras mais bem-sucedidas são aquelas que nem percebemos estar contando, e os estudos mostraram que somos muito bons em mentir a nós mesmos sobre muitas coisas ligadas ao acasalamento, como, por exemplo, achar que supercomprometidos com alguém que tentamos levar para a cama.

O desapontamento surge em situações previsíveis. Pela cultura que franze o cenho ante a promiscuidade feminina – o maior medo do homem em um relacionamento orbita em torno de questões ligadas à fidelidade e paternidade –, as mulheres em geral mentem sobre sua vida sexual. Isso ajuda a explicar por que pesquisas sobre sexo sempre mostram uma disparidade grosseira entre o número de parceiros dos homens e das mulheres (a outra causa é que os homens exageram a quantidade de parceiras). Os pesquisadores descobriram que se conectassem estudantes universitárias a um detector de mentiras e depois perguntassem sobre o número de parceiros sexuais que tinham tido, elas subitamente relatariam quase o dobro de parceiros, quando comparadas às mulheres que não tivessem passado pelo detector. Para os homens, há um modo fácil e rápido de se tentar ter uma ideia da fidelidade da mulher – basta fazê-la falar sobre suas fantasias sexuais. Um pesquisador descobriu que as mulheres que apresentam maior quantidade de fantasias sexuais são também aquelas com maior probabilidade de serem infiéis aos parceiros. As mulheres também têm a tendência de mentir sobre sua aparência, embora prefiram usar melhoramentos como sutiãs acolchoados e calcinhas que modelam o traseiro, em vez de arriscar uma opinião franca.

As mulheres que entrevistei admitiram com frequência que não contavam aos homens sobre seu passado sexual. Para citar um exemplo, uma atraente mulher, com quase trinta anos, era incrivelmente confiante sobre sua sexualidade e não tinha problemas em dormir com um homem apenas para seu prazer, para depois nunca mais vê-lo. Ela já havia chegado a mais de 30 parceiros, e costumava proclamar esse fato com orgulho aos homens com quem namorava – até perceber que eles não conseguiam lidar com a informação. Alguns se amedrontavam na hora. Outros mergulhavam no mau-humor. Em praticamente todos os casos, isso acabava prejudicando a relação e algumas vezes era a causa do rompimento. Hoje em dia, quando alguém lhe faz essa pergunta, ela normalmente responde que dormiu com seis homens, o que parece ser o perfeito equilíbrio entre ser uma mulher pudica e uma devassa. Outra mulher disse que os homens que namorou tinham medo de perguntar sobre isso, pois tinham medo de quebrar a ilusão de que ela nunca tinha estado com outros homens, coisa que ela ficava em feliz em manter.

Enquanto as maiores preocupações dos homens se concentram na promiscuidade potencial da mulher, elas ficam mais furiosas quando o homem mente sobre sua renda ou sobre seu *status* social, ou quando ele exagera seus sentimentos apenas para fazer sexo. Os estudos confirmam que os homens mentem mais sobre seus recursos e seu grau de comprometimento, assim como sobre o quanto são gentis, sinceros e confiáveis. Não é preciso dizer que praticamente todas as mulheres que entrevistei haviam passado por algo parecido. Uma mulher descobriu tarde que seu namorado havia mentido sobre quase todos os aspectos de sua vida – idade, família, empregos anteriores. A única coisa sobre a qual ele não mentira fora sobre seu emprego atual, e isso porque os dois trabalhavam juntos...

O que torna as desilusões um problema ainda maior é o fato de que, embora aparentemente todos nós sejamos adeptos de uma ou outra mentira, somos péssimos em dizer aos outros que estão mentindo para nós. De acordo com pesquisas, as pessoas só conseguem distinguir uma mentira de uma verdade em 54% das vezes, o que não é muito melhor do que ficar adivinhando aleatoriamente. Somos ainda piores em identificar a mentira, coisa que fazemos apenas em 47% das vezes. E em certas ocasiões, a pessoa que mente nem mesmo sabe que está fazendo isso, o que torna a detecção de uma mentira quase impossível.

Os homens são tão rápidos em contar uma mentira para poder fazer sexo que o psicólogo evolucionário Glenn Geher aconselha as mulheres a fazer o seguinte: se elas não conseguem avaliar a intenção de um homem com pelo menos 90% de precisão, então é melhor permanecer céticas o tempo todo. As mulheres também deveriam ter mais cuidado antes de entrar em um relacionamento. Assim que embarcam nessa, os estudos mostram que elas tendem a desligar seu ceticismo e então se tornam mais vulneráveis às desilusões. Se você quiser tomar uma atitude mais ativa, então tente treinar-se para descobrir quando alguém está mentindo, e nesse caso você pode recorrer a Paul Ekman, um perito em expressões faciais. Ele dedicou boa parte de sua vida profissional a tentar "ler" a decepção no rosto das pessoas e descobriu que nossas expressões faciais sempre deixam vazar informações sobre como nos sentimos. Por exemplo, se seu chefe lhe faz um pedido irritante, você pode disfarçar seu sentimento com um sorriso educado e um assentimento de cabeça, mas houve aquele segundo (menos de um quinto de segundo, para ser mais preciso) quando seu rosto enviou uma mensagem bastante diferente, embora tenha sido tão fugaz que seu chefe, e talvez nem você, tenha percebido. Elkman chama esses breves momentos de microexpressões, e com algum treino, você pode ficar mais apto a perceber esses "vazamentos" faciais.

Desilusões, combates genéticos, medidas e contramedidas – estamos bem longe daquele enredo romântico. Embora a psicologia evolucionária ofereça muitos esclarecimentos sobre encontros, namoros e acasalamentos entre os seres humanos, não é uma imagem muito bonita. Ainda bem que esse não é o final da historia.

Capítulo 2 ½
O ENCONTRO ANIMAL PARTE II

COMO OS NAMOROS NOS TORNAM MAIS HUMANOS – REAVALIANDO DARWIN

Antes de ficarmos decepcionados demais com o grau de desapontamento entre homens e mulheres, precisamos considerar o papel das desilusões no desenvolvimento da mente humana. O velho ditado diz que errar é humano, mas uma declaração mais exata seria dizer que mentir é humano, porque parece que a manipulação social está no centro daquilo que nos faz ser quem somos. De acordo com um estudo, as pessoas mentem em cerca de 25% de suas interações diárias, o que significa que mesmo naquelas trocas mais simples entre os seres humanos haverá chance de sofrermos decepções. Veja o caso do sorriso, por exemplo. Ekman talvez seja o maior perito do mundo na ciência de decodificar o que nossos rostos realmente expressam. O que ele descobriu sobre os sorrisos não é nada que mereça um... Ele descobriu 19 tipos diferentes de sorrisos! E quantos deles são expressões genuínas de prazer ou de alegria? Um! Isso mesmo. Nós possuímos 19 maneiras diferentes de sorrir, e apenas uma delas representa a verdadeira expressão daquilo que sentimos...

A MENTE MAQUIAVÉLICA

Embora isso seja desolador, nossas habilidades sociais (uma expressão muito mais agradável do que decepção, por exemplo) podem ser a chave para compreendermos como o cérebro humano se desenvolveu. Uma das principais teorias que explicam por que o homem desenvolveu cérebro tão grande é chamada de hipótese do cérebro social, também conhecida com mais frieza como a teoria da inteligência maquiavélica. A ideia é que o tamanho de nossos grupos sociais representou um papel essencial ao forçar os humanos a desenvolver cérebros maiores. Muitos primatas, como os chimpanzés, vivem em bandos razoavelmente grandes, em geral com 20 a 50 membros. Mas nenhum animal é mais social e vive em grupos maiores que os seres humanos. Existem muitas vantagens nesses grupos maiores, mas existe uma séria desvantagem: ter de negociar suas relações com todos os membros do grupo. Recompensar os amigos, procurar aliados e evitar os inimigos, tudo isso requer mais poder cerebral à medida que o grupo cresce. Os pesquisadores descobriram que quanto maior for o grupo de animais, maior será o percentual do cérebro devotado ao neocórtex (a camada mais exterior do cérebro, que dá conta da maioria de nossas capacidades cognitivas). Na maioria dos mamíferos, o neocórtex representa de 30% a 40% do cérebro. Nos primatas mais socializados, como os chimpanzés, esse percentual sobre para 50% a 65%. Nos seres humanos, o neocórtex representa inacreditáveis 80% do cérebro (e nosso cérebro é sete vezes maior do que se esperaria de um mamífero de nosso tamanho).

De acordo com teóricos da hipótese do cérebro social, o tamanho das estruturas sociais humanas também teria impulsionado a evolução da linguagem. Nos outros primatas, o que mantém o grupo em relativa harmonia é o hábito de afagar a pele ou os pelos de um membro da comunidade, removendo gravetos e folhas, além dos piolhos. Isso é feito não só por razões de higiene, mas também para reforçar os vínculos sociais entre os animais. Os estudiosos traçaram uma relação linear entre o tamanho do grupo e o tempo despendido nessa atividade. Mas tal hábito exige a dedicação de muito tempo, tempo demais para os humanos assim que seu grupo social começa a superar os 50 membros. Imaginem-se tentando alisar os pelos ou afagar a pele das pessoas para fortalecer os laços dentro de uma grande corporação. Nada mais seria feito, a não ser isso. Então, a linguagem surgiu como um tipo de afagar acelerado, permitindo aos membros daquele determinado grupo social manter os relacionamentos em uma escala muito maior. Para os teóricos da hipótese do cérebro social, a linguagem se desenvolveu primeiro não para a função de transmitir informações, como "onde encontrar um animal para abater", mas sim para que pudéssemos fofocar sobre outras pessoas. A fofoca não servia como uma distração para a tarefa a ser realizada, mas sim como o negócio principal, estabelecendo e definindo nosso relacionamento com os outros membros do grupo. Ou seja, quem compartilha a carne, qual dessas pessoas é mais confiável, quem trai quem... A fofoca se tornou o meio de lidar com nossa rede social em constante expansão. Para que você não pense que evoluímos muito além dessa situação pré-histórica, os estudos mostram que de 60% a 70% de nossas conversas são dedicadas a tópicos sociais (em outras palavras, a fofoca).

Claro, como os 18 sorrisos restantes de Ekman já revelaram, a vida social e a fofoca estão firmemente entrelaçadas com as desilusões. Você sabe, um neocórtex grande não apenas prevê o tamanho do grupo social de uma espécie, mas também, o quanto essa espécie utiliza a manipulação social e a duplicidade. Aqueles que apoiam a teoria do cérebro social ainda se debatem com aquilo que talvez seja a questão central de nosso desenvolvimento: será que o crescimento de nosso cérebro está mais direcionado a nos permitir uma conexão com outras pessoas, ou mais direcionado a nos permitir manipulá-las? Agora você pode entender por que essa teoria também é chamada de maquiavélica.

Se levarmos a sério a ideia de Darwin sobre a seleção sexual, porém, podemos limitar ainda mais a força motriz por trás do crescimento cerebral. Podemos, na verdade, ser capazes de atribui-la inteiramente à necessidade de encontrar um companheiro. Em outras palavras, o propósito central de nosso enorme cérebro talvez seja nos ajudar a negociar nosso caminho dentro do incontrolável mundo dos encontros e dos namoros. O psicólogo evolucionista Geoffrey Miller, um dos principais defensores dessa teoria, chegou ao ponto de chamar o cérebro humano de "um dispositivo protéico para namoros".

O motivo pelo qual o acasalamento é uma força plausível do crescimento do cérebro é aquele mecanismo conhecido como "processo de seleção sexual desenfreada", que ocorre quando tanto as características quanto as preferências por essas características são hereditárias. Neste caso, se a principal dificuldade social que enfrentamos como espécie é assegurar um companheiro, e se a principal característica que nos possibilita atingir o intento é nossa inteligência, e se a inteligência é hereditária, então a seleção sexual irá levar a uma inteligência maior. E caso a *predileção* pela inteligência seja um traço também hereditário, então a seleção sexual aumentará a inteligência humana ainda mais (é aqui que se torna uma trajetória desenfreada). O que superalimenta a seleção sexual desenfreada em nossa espécie é o fato de que não apenas as mulheres estão procurando a inteligência. Os homens também têm a tendência de querer companheiras inteligentes, embora sem tanta avidez quanto as mulheres. E com ambos, homens e mulheres, atrás da inteligência, você pode facilmente compreender por que o termo "desenfreado" se torna uma boa descrição. Acho que você poderia chamar tudo isso de teoria Don Juan do desenvolvimento humano.

Ao observar as coisas pela lente da seleção sexual, não haverá quase nenhum aspecto da cultura do homem que permaneça intocado. Geoffrey Miller destaca que grande parte de nosso comportamento cultural é amplamente instintiva e derivada da seleção sexual — embora não estejamos conscientes disso. Não se trata de uma expressão rude e direta de nossa motivação pelo sexo, nem um caso de sublimação freudiana; em vez disso, a seleção sexual apenas sequestrou certas qualidades que provavelmente já teriam sido escolhidas pela seleção natural. Para apoiar esta afirmação, Miller investigou em que momentos os artistas de variados campos estavam mais produtivos, e o que ele descobriu foi que os artistas masculinos tendem a ter seu pico de produtividade por volta dos 30 anos, muito jovens quando você reflete sobre a importância do desenvolvimento e da maturidade para um artista. Mas é uma idade que faz perfeito sentido se pensarmos que a produção artística pode ser um meio de atrair parceiros sexuais. Ele também descobriu que os homens produzem muito mais que as mulheres. Claro que existe um elemento cultural nessa constatação, mas Miller sugere que haja também um elemento sexual — os homens estão sob maior pressão para atrair mulheres (lembre-se, espermatozoide barato, óvulo valioso). Então, a seleção sexual levada a esse extremo lógico pode explicar praticamente tudo em relação ao desenvolvimento humano, de Bach aos edifícios mais altos, porque — no fim das contas — nossa inteligência se desenvolveu em virtude das pressões para encontrar um companheiro.

NOSSO CÉREBRO ERÓTICO
OU, PELO MENOS, SEXUAL

Mesmo que tanto homens quanto mulheres tenham desenvolvido complexos e enormes neocórtices, os cérebros não cresceram exatamente da mesma maneira, o que seria de esperar, tendo em vista que os sexos enfrentam desafios evolutivos diferentes. Antes que eu comece a sondar essas diferenças, porém, gostaria de deixar uma coisa absolutamente clara: tais observações não devem ser consideradas uma confirmação de qualquer tipo de estereótipo sexual. São baseadas em médias. Na média, os homens têm grande capacidade para a matemática, e as mulheres apresentam maior facilidade com a linguagem. Mas isso não quer dizer que as mulheres não possam ser brilhantes matemáticas ou que os homens não possam ser grandes escritores. Nossos preconceitos sexuais são tão enraizados que a primeira parte da declaração se mostra essencial, embora ninguém precise ser lembrado da segunda parte.

Estas diferenças sexuais não são simplesmente o resultado de condicionamentos culturais. Elas existem na própria estrutura física do cérebro e surgem de um aumento repentino de testosterona nos bebês masculinos durante o desenvolvimento fetal. Por exemplo, as mulheres possuem por volta de 11% a mais de neurônios na parte do cérebro que lida com a audição e a linguagem. Além disso, o hipocampo, o principal local onde se formam as emoções e a memória, é bem maior nas mulheres quando comparado ao dos homens (talvez isso finalmente traga a resposta para muitas mulheres frustradas pelo fato de que os homens nunca se lembrem de nada). E o centro nervoso do cérebro que observa as emoções nas outras pessoas é mais desenvolvido nas mulheres que nos homens. Por sua vez, os homens normalmente têm áreas maiores devotadas à agressão e à ação, e o cérebro masculino dedica um espaço 2,5 vezes maior que o das mulheres ao sexo, embora cientistas ainda não tenham determinado o tamanho da porção dedicada aos esportes. Por essas diferenças, a média das mulheres tende a ser melhor com linguagem, e os homens são melhores com matemática e leitura de mapas. E essas diferenças são tão importantes que, de acordo com um estudo, a forma como os homens e as mulheres fazem seu caminho pelo mundo é diferente. Quando você apresenta um labirinto a um homem, ele usa o raciocínio geométrico para se mover através dele. As mulheres, por sua vez, usam pontos de referência. E ambos os grupos fazem um tremendo esforço quando você os obriga a usar o método do outro. E é bem possível que isso também esteja relacionado à busca por um companheiro, de uma forma tão óbvia que eu quase fico envergonhado ao escrever, porque a primeira coisa que você tem de fazer é, literalmente, encontrar um companheiro. A maior habilidade dos homens ao lidar com as questões espaciais, por exemplo, quando precisam ler um mapa, provavelmente os ajudou nessa busca. As mulheres, como portadoras dos preciosos óvulos, poderiam ficar sentadas e esperar que os pretendentes aparecessem, muito parecido com Amanda Wingfield e seus 18 visitantes em *À margem da vida*. Se você precisa de evidências desse fato no mundo animal, só precisa prestar atenção no humilde rato da pradaria. Nós estamos interessados em duas espécies em especial: o Meadow Vole (encontrado no Canadá, no Alasca e no nordeste dos Estados Unidos), e o Paine Vole (encontrado no Oeste da América do Norte). Os Paine Vole são monógamos. Os machos e as fêmeas têm cérebros similares, e cada um dos sexos age de forma similar quando forçado a percorrer um labirinto. O Meadow Vole, porém, é polígamo, e os machos precisam percorrer distâncias muito maiores do que as fêmeas, porque precisam visitar as diferentes tocas de suas diversas parceiras. Esses machos têm um hipocampo maior que o da fêmea, e também são muito mais eficientes para descobrir seu caminho pelo labirinto. Talvez isso explique finalmente por que os homens não querem pedir ajuda quando estão perdidos. Antes do GPS, a habilidade de encontrar o próprio caminho foi provavelmente um dos testes para verificar o bom estado genético.

Não é preciso dizer que existem algumas diferenças bastante óbvias quando falamos de sexo e cérebro. Quando os pesquisadores escanearam o cérebro de pessoas que assistiam a uma conversa bastante neutra entre um homem e uma mulher, os cérebros masculinos apresentaram imediatamente uma atividadede nas áreas sexuais, o que não foi apresentado nos cérebros femininos. Como disse Louann Brizendine em seu fascinante livro *Como as mulheres pensam*, os homens têm no cérebro uma autoestrada de oito pistas ligadas ao sexo, enquanto as mulheres têm uma autoestrada de oito pistas ligadas à emoção. Mas não se trata apenas de sexo. Parece que homens e mulheres se apaixonam de forma diferente. Para os homens apaixonados, as áreas mais ativas do cérebro são as visuais, e nas mulheres, áreas diferentes estão envolvidas.

Isso confirma aquilo que já descobrimos sobre o comportamento humano, mas o que é fascinante é como o cérebro feminino se desenvolveu a ponto de ajudar as mulheres a se opor contra as ferozes motivações sexuais dos homens. E é aqui que entra em ação sua maior facilidade em lidar com as emoções e a linguagem. Como já vimos, os homens estão perfeitamente dispostos a mentir sobre si mesmos ou sobre seu comprometimento, a fim de conseguirem fazer sexo, e então as mulheres precisam ser muito boas para perceber esse engano. E uma grande quantidade de estudos descobriu que as mulheres são muito capazes de ler expressões faciais e as nuances emocionais durante um encontro. Por exemplo, em um estudo, os homens eram capazes de perceber sinais de tristeza em um rosto feminino em apenas 40% das vezes, enquanto as mulheres tiveram êxito em 90% das vezes. O cérebro feminino também é projetado para recordar os detalhes emocionais de um encontro. Então, mesmo em relação ao desenvolvimento cerebral, os homens e as mulheres parecem estar presos em uma luta evolutiva, que Geoffrey Miller chamou de "uma eterna corrida armamentista de excessos e ceticismo romântico". E as mulheres continuam afiando suas habilidades. Como discuti no capítulo anterior, os pesquisadores descobriram que as mulheres conversam detalhadamente para decifrar seus encontros com o sexo oposto ou para analisar as qualidades de um homem, enquanto os homens não se inclinam a conversar muito sobre essas coisas. E isso dificilmente pode ser um choque – as mulheres, afinal das contas, correm em multidão para assistir *Sexy and the city*, enquanto os homens sintonizam *Entourage*.

Outra grande controvérsia é a teoria de que o autismo pode ser o resultado de um cérebro excessivamente masculinizado. Eu não quero zombar de algo tão sério. Mas há uma imensa diferença entre o cérebro de um homem e de uma mulher, quando se trata de lidar com a complexidade das relações humanas, como intuir as emoções do outro. Eu acho que muitas mulheres poderiam considerar bastante útil pensar que, quando estão namorando ou mesmo em um longo relacionamento com um homem, ele parece levemente autista se comparado a ela.

A IMPORTÂNCIA DA PROPORÇÃO ENTRE CINTURA E QUADRIL E OUTRAS ESTRANHAS FORMAS MÉTRICAS DE ATRAÇÃO

Tudo bem, então nós temos esses cérebros enormes, mas eles estão equipados para procurar certas coisas? Um enredo romântico diz que não, declarando que nós somos únicos e que o amor em si é tão variado quanto flocos de neve. Deste ponto de vista, a beleza está nos olhos do observador. O amor é cego. Mas a resposta científica para essa pergunta é um retumbante sim. Embora a ciência não consiga explicar os motivos pelos quais você prefere um parceiro que goste de *piñas coladas*, ela faz um trabalho melhor explicando de forma geral por que você é atraído por alguém.

Em primeiro lugar, vamos nos livrar da ideia de que a beleza é subjetiva. Ela não é. Os estudos têm demonstrado que até os bebês preferem rostos atraentes, de forma que tais preferências parecem estar impregnadas dentro de nós – tanto que quando somos ligados a eletrodos, as pessoas que olham rostos femininos bonitos geram uma descarga elétrica adicional. E as pesquisas mostram que existe uma forte concordância sobre quem as pessoas acham atraentes. O interessante é que quando você monta um retrato composto de inúmeros rostos, ele sempre acaba destacando o rosto mais atraente, e se torna cada vez mais atraente quanto mais figuras você incluir, pela simples razão de que esse retrato se tornará um rosto simétrico. Como já vimos ao tratar do orgasmo feminino, nós somos grandes fãs – embora involuntariamente – da simetria. E a compreensão disso revela os motivos evolucionários que determinaram a maneira como nossos desejos foram moldados. Nesse caso, a simetria é uma excelente representante de nossa saúde como um todo. Sua simetria é um sinal excelente do quão saudável você está agora, mas também do quão saudável você tem sido, uma vez que a assimetria tende a ocorrer por causa de doenças que aconteceram durante nosso desenvolvimento fetal e nossa infância. Os cabelos são um ótimo indicador, o que ajuda a explicar a enorme quantidade de produtos destinados a criar cabelos mais bonitos. Cabelos longos e lustrosos também sinalizam uma saúde robusta. E a pele também age como um sinalizador de boa saúde.

De acordo com outra teoria, a evolução também adicionou a sugestão de que as pessoas com genes excelentes podem demonstrar o bom estado de sua saúde com aquilo que o biólogo evolucionista Amotz Zahavi apelidou de "sinais de alto custo". Vamos pensar de novo sobre Darwin e sua teoria original sobre a sobrevivência dos mais aptos. Quando se trata da seleção utilitária de certas qualidades essenciais para a sobrevivência de uma espécie – a velocidade da gazela ou as garras do urso –, a eficiência comanda. Mas quando se trata da seleção sexual, sinalizar para o sexo oposto envolve um bom desperdício. Pegue, por exemplo, a cauda do pavão macho. Ela é enorme, usa uma enorme quantidade de recursos da ave e torna-o muito mais vulnerável aos predadores. Mas o que a cauda também faz é sinalizar à fêmea que ele é tão saudável e que não precisa se preocupar em economizar seus recursos. E, dessa forma, o pavão macho é capaz de se distinguir entre seus pares moderadamente saudáveis. Uma sinalização de alto custo pode assumir várias formas – pense naquele cara que compra um carro esporte tremendamente caro como sinal de que tem dinheiro para queimar. Mas nós, seres humanos, assim como outros animais, já temos vários tipos de sinais dispendiosos inseridos dentro de nós, daí o desejo inconsciente de procurar por eles no sexo oposto.

Pense no ideal típico do rosto masculino: um rosto largo, quadrado, de queixo bem másculo. Tal ideal é tão dominante que é quase um clichê visual em nossa cultura, e seria difícil encontrar algum ator de Hollywood que não tenha essa aparência. Mas o que se revela é que a preferência feminina por esse tipo de rosto não é meramente um arbitrário capricho estético. Você precisa de um tanto de testosterona durante a puberdade para produzir um rosto assim. O problema é que a testosterona também anula o sistema imunológico e deixa o jovem mais vulnerável a doenças, então a capacidade de ter uma face dessa serve como um dispendioso sinal de aptidão genética. E só aqueles indivíduos extremamente saudáveis podem se permitir ter aquele rosto e permanecer livre de doenças.

As mulheres também têm seus próprios sinais corporais. Por exemplo, existe uma razão interessante para os homens preferirem lábios cheios e por que alguém como Angelina Jolie é tão fantasticamente saudável em termos genéticos. Embora não seja um sinal tão dispendioso, aqueles lábios cheios exigem que a mulher seja hiperfeminina – pelo menos no que se refere aos hormônios sexuais. Durante a puberdade, a mulher deve ter um surto de estrogênio e baixos níveis de testosterona. Isto também lhe dará um rosto mais suave, o que também vai providenciar uma aparência mais feminina. E também é possível dizer que devem existir motivos evolutivos perfeitamente razoáveis para explicar por que os cavalheiros preferem as loiras. Cabelos louros são um daqueles traços que mudam dramaticamente com a idade. Os homens que preferem as louras estão provavelmente escolhendo-as de modo inconsciente, porque os cabelos claros sinalizam saúde e fecundidade. Uma teoria que explica o porquê de os cabelos louros terem evoluido no norte da Europa, em que o tempo frio obrigou as pessoas a ficarem cobertas com roupas, então as mulheres tiveram de desenvolver uma forma de informar sua juventude, de maneira que fosse percebida. Portanto, os cabelos louros ficaram associados à infância.

Um dos melhores indicadores da aptidão genética feminina é uma proporção bizarra da qual a maioria das pessoas nunca ouviu falar e nem imagina levar em consideração. A proporção entre os quadris e a cintura. Isso mesmo: nada de tamanho de seios ou quaisquer outros marcadores óbvios de beleza, mas a proporção entre quadris e cintura, que exerce uma enorme influência na opinião do homem a respeito do poder de atração de uma mulher (uma proporção comparável masculina é entre cintura e ombros). O que se percebe é que a proporção ideal é 0,7 ou, em termos mais leigos, a imagem de uma ampulheta. Em um inventivo estudo, um pesquisador investigou o pôster central da *Playboy* e as vencedoras de concurso de beleza de várias décadas passadas. Embora as mulheres tivessem ficado mais magras durante esse período, a proporção entre quadris e cintura permaneceu estável em 0,7. As mulheres podem se preocupar com o fato de engordarem, mas a verdade não está em quanto você engordou, mas como esta gordura está distribuída. Por exemplo, um estudo descobriu que as mulheres mais gordas e com uma proporção quadril/cintura menor eram as preferidas, em detrimento das mulheres mais magras e com uma proporção mais alta. Mais uma vez, existe uma razão para essa preferência masculina. A proporção cintura/quadril é um excelente indicador, e não apenas de boa saúde (muitas doenças foram ligadas aos índices em que a gordura é distribuída), mas também de bastante fertilidade. Um estudo com mulheres polonesas revelou que aquelas com uma proporção quadril/cintura mais próxima de zero também tinham altas taxas de fecundidade, quando se mediram seus hormônios reprodutivos. E os cientistas recentemente descobriram mais uma vantagem. A gordura nos quadris e nas coxas das mulheres é uma gordura boa porque nela há grande concentração de ácidos graxos ômega-3 (importantes para o desenvolvimento cerebral). E um estudo recente mostrou que os filhos dessas mulheres curvilíneas apresentam maior capacidade cognitiva do que as crianças de mulheres com menos curvas; quanto maior a diferença entre a cintura e o quadril, melhor é o desempenho das crianças.

Pela nossa preferência inata por pessoas mais atraentes, aqueles que são geneticamente abençoados desfrutam de todo tipo de vantagens sociais adicionais, para além de simplesmente encontrar companhia. Por exemplo, um estudo revelou o poder da atratividade em criar um espaço pessoal. Os pesquisadores colocaram uma linda mulher na esquina de uma rua apinhada de gente e descobriram que as pessoas lhe davam mais espaço do que para uma mulher menos atraente. E crescer com boa aparência envolve autoconfiança. Em um estudo, as pessoas foram obrigadas a esperar enquanto um psiquiatra conversava ao telefone. O verdadeiro objetivo do estudo era avaliar quanto tempo as pessoas esperariam antes de interromper a conversa. As pessoas mais atraentes esperaram em média 3 minutos e 20 segundos; as menos atraentes esperaram 9 minutos. E aqui está a surpresa: quando os dois grupos foram solicitados a avaliar sua assertividade, eles se deram as mesmas notas! Isso mostra o quão enraizada se torna essa tendência e o quanto ela está escondida não apenas do indivíduo, mas da sociedade em geral. O que revela que boa parte daquilo que assumimos sobre a personalidade de alguém pode ser largamente associado a algo como a atratividade. E a atratividade feminina surge até mesmo para fazer os homens se comportarem de modo estúpido. Bem, talvez isso seja um pouco cruel, mas um estudo revelou que se você mostrar fotos de mulheres bonitas aos homens, é mais provável que eles parem de pensar sobre as consequências de longo prazo de suas atitudes. E se os homens ficarem excitados, cuidado! De acordo com outro estudo, os homens em um estado de excitação são mais propensos a responder de modo mais positivo a praticamente qualquer sugestão, das mais excêntricas (você acha os sapatos femininos eróticos?) às francamente perturbadoras (você daria drogas para uma mulher para aumentar as chances de fazer sexo com ela?).

Sua atratividade também exerce um efeito no sexo de seus filhos. Pais atraentes têm uma chance elevada de terem filhas (56% contra 48%). Os psicólogos evolucionários especularam que esse aumento pode ser uma tentativa evolutiva de maximizar as vantagens da aparência, já que essas qualidades são muito mais valorizadas nas mulheres que nos homens, embora eles não tenham a menor ideia do mecanismo biológico e faz os pais mais atraentes terem mais bebês mulheres.

POR QUE AS MULHERES JOVENS FICAM COM HOMENS MAIS VELHOS E NÃO VICE-VERSA

Nós ainda não discutimos os traços da personalidade humana, mas existem diversas evidências de que a evolução também os moldou. O bom humor, a bondade, a empatia, tudo isso ajuda a atrair o companheiro, e todas essas características provavelmente se desenvolveram pelo menos em parte por causa da seleção sexual. A primeira tarefa que devíamos levar em consideração ao evoluir (além de simplesmente sobreviver) era atrair um companheiro para reprodução. Por isso, não devemos separar nenhum aspecto de nossa humanidade do processo da seleção sexual. Então, não apenas nossa inteligência se tornou um produto da evolução. Praticamente cada aspecto de nossa personalidade é também resultado disso. A questão é saber quais são as qualidades pessoais que os homens e as mulheres procuram uns nos outros. Vamos explorar esse tópico com mais profundidade no capítulo 5, mas existe uma resposta incrivelmente simples para tal pergunta.

Se você quiser resumir tudo isso ao mais essencial, os homens procuram por juventude e beleza, e as mulheres querem riqueza e *status*. Em estudo sobre propaganda pessoal nos jornais, as mulheres mencionaram o sucesso financeiro 11 vezes mais do que os homens, e os homens mencionaram a atratividade 3 vezes mais do que as mulheres. Para ilustrar como é óbvia essa constatação, sugiro-lhe que tente se lembrar de uma das muitas vezes em que viu uma mulher jovem e atraente com um homem velho e muito bem-sucedido. Por exemplo, avalie a garota do pôster da *Playboy* de 1993, Anna Nicole Smith, que tinha 26 anos quando se casou com o bilionário do petróleo J. Horward Marshall, de 89 anos. Não é muito difícil de lembrar desses casais de homens com mulheres mais novas, é? Agora, tente se lembrar da última vez que viu o oposto. Um homem jovem e atraente com uma mulher mais velha e muito bem-sucedida. Não é tão fácil conseguir exemplos disso.

E em uma confirmação previsível dessa observação, os estudos mostram que lindas mulheres terminam com homens ricos com muito mais frequência do que belos homens com mulheres ricas. Ver um homem velho com uma jovem garota é bastante comum e leva a um extremo lógico simples: o desejo masculino por uma jovem parceira e o desejo feminino por um homem bem-sucedido financeiramente. Já a união de uma mulher mais velha com um homem mais jovem profana tais normas. Não existe nenhuma razão cultural para isso. Nosso choque pode ser devido ao modo como a evolução nos construiu.

A aparência é tão importante para os homens que, de acordo com um estudo, a atratividade física de uma esposa é melhor indicadora do *status* profissional do homem do que qualquer outra de suas qualidades: melhor que sua inteligência, seu *status* socioeconômico ou sua educação. Outro estudo demonstrou que, quanto mais atraente for uma adolescente, mais chances terá de se casar. (E quanto mais sexualmente ativa ela for, é menos provável que se case.) Mas tudo isso não é uma indicação para a superficialidade dos americanos. David Buss pesquisou 37 culturas ao redor do globo e descobriu que essas preferências aparecem em cada uma delas. Na verdade, naquelas culturas não ocidentais existe a tendência de valorizar ainda mais a atratividade feminina, porque essa é uma valiosa indicação de saúde da mulher, em um ambiente onde são abundantes os parasitas e outros problemas de saúde.

Antes que as mulheres avaliem severamente os homens, no entanto, elas deveriam reconhecer que a obsessão dos homens pela juventude é provavelmente resultado da monogamia. Pelo fato de os homens escolherem parceiras duradouras, existe a pressão adicional para escolher alguém jovem e que permanecerá fértil durante muitos anos. Em espécies mais promíscuas, os biólogos descobriram que os machos não demonstram nenhuma tendência em buscar fêmeas mais jovens. Além disso, as mulheres têm seu próprio conjunto de preferências, ao qual se agarram tenazmente. Por exemplo, a altura. As mulheres ficam loucas com isso. Embora pareça superficial, a altura é um excelente indicador evolutivo de saúde. Na verdade, os especialistas em demografia usam a altura como um dos indicadores de saúde e prosperidade da nação. Infelizmente, as notícias neste *front* não são muito boas. Os Estados Unidos já tiveram os cidadãos mais altos e saudáveis do mundo, mas hoje eles estão na posição mais baixa entre as nações industrializadas. Enquanto os outros países somavam quase 2,5 cm em suas médias a cada década (em virtude de fatores como mais acesso à saúde pública e uma divisão de riqueza mais equitativa), os americanos não conseguiram o mesmo índice desde os anos 1970, e agora os europeus do norte medem, em média, seis centímetros a mais que os americanos.

Nada disso significa que homens e mulheres não valorizem muitas coisas em comum. Ambos os sexos dão importância, por exemplo, à segurança e à estabilidade. Mas em muito mais casos do que um eventual observador poderia supor, os sexos são motivados por anseios fundamentalmente diferentes.

E tudo isso contém uma lição importante para homens e mulheres. Ouvir as reclamações das mulheres sobre o fato de os homens preferirem as mais jovens, ou dos homens sobre as mulheres só se preocuparem com dinheiro é algo provavelmente tão velho quanto a civilização. A evolução desses desejos é tão profunda em nós que é um grande desperdício de energia lutar contra eles. A verdade é que você não vai mudar essas necessidades instintivas fundamentais, e não há nenhuma chance de que haja alguma alteração durante muitas gerações. Você poderia desejar que homens e mulheres fossem diferentes, mas se quiser ser bem-sucedido no mundo darwiniano dos encontros e dos namoros, terá de lidar com eles do jeito que são.

UM PEQUENO INTERVALO PARA REFLETIRMOS SOBRE MONOGAMIA

Antes de seguirmos adiante, deveríamos avaliar aquela que talvez seja a questão mais básica no relacionamento entre um homem e uma mulher na sociedade atual: o quanto estamos adaptados para a monogamia?

O HOMEM LEVEMENTE POLÍGAMO...

Você não precisa ler o capítulo anterior para constatar que homens e mulheres traem uns aos outros com tamanha frequência que nos leva a imaginar como um casal consegue realizar a proeza de ficar junto. A verdade é que a monogamia é um arranjo extremamente incomum tanto no reino animal quanto no mundo humano. Das espécies animais, 90% são polígamas. Nos mamíferos, a tendência é ainda mais pronunciada – 97% deles são polígamos. Um olhar no tempo revela que a monogamia é também algo extremamente raro nas sociedades humanas. Um estudo sobre as sociedades do passado e do presente revelou aos antropólogos que 980 entre 1.154 grupos sociais permitiam que os homens tivessem mais de uma esposa. Isto é quase 85%! É claro que as estatísticas escondem o fato de que a monogamia é a norma até mesmo em sociedades poligâmicas. Uma quantidade grande de esposas é algo dispendioso, e normalmente de 5% a 10% dos homens têm recursos para sustentar mais de uma mulher. Então a maioria deles é (e foi) monogâmica, querendo ou não. E poligamia não é apenas um homem com muitas mulheres (o que é mais conhecido como poligenia). Você também pode encontrar alguns poucos exemplos de sociedades onde mulheres têm mais de um marido (poliandria). Isso tende a ocorrer sob condições de extrema pobreza, em que vários homens, normalmente irmãos, precisam produzir recursos suficientes para sustentar uma criança, como em certos grupos sociais do Nepal.

Mas você não precisa confiar apenas nas evidências antropológicas para constatar nossa inclinação à poligamia. Nosso passado polígamo está literalmente escrito em nossos corpos. Para responder à pergunta sobre o quanto somos monogâmicos, precisamos fazer outra incursão ao mundo da biologia. Um indicador razoavelmente bom quanto à amplitude da poligamia entre as espécies é a disparidade de tamanho entre machos e fêmeas – quanto mais polígama a espécie, mais os machos terão de lutar para conseguir seus haréns. E, nessa batalha pelo domínio, o tamanho é normalmente um fator decisivo, e os machos maiores monopolizam as fêmeas. Sua vantagem no tamanho é então transmitida para sua descendência, e assim os machos continuam a crescer em tamanho ao longo do tempo (em termos biológicos, o corpo das mulheres não deveria ser considerado uma versão reduzida dos corpos dos homens; em vez disso, o padrão é o corpo da mulher, e o corpo dos homens deveria então ser considerado a versão ampliada do corpo feminino). Quando uma espécie é monogâmica, machos e fêmeas terão tamanho semelhante. Nos gibões, uma espécie monogâmica de macacos, machos e fêmeas são praticamente do mesmo tamanho. No grupo dos gorilas, cujos machos tipicamente controlam haréns que possuem de 3 a 6 fêmeas, eles são quase duas vezes maiores que as fêmeas. E você pode ver isso de forma ainda mais extrema com os elefantes-marinhos. Na média, o harém de um elefante-marinho macho é composto de 48 fêmeas, e o macho é enorme quando comparado às fêmeas – três toneladas comparadas a 320 quilos.

E quanto aos seres humanos? Os homens são mais ou menos 10% maiores e 20% mais pesados que as mulheres, o que indica moderada poligamia. Aplicando a fórmula desenvolvida pelos biólogos, podemos estimar que o tamanho do corpo masculino indica um harém: uma, duas ou três mulheres. Mas há boas notícias. Parece que evoluímos em uma direção mais monógama. Há poucos milhares de anos, os homens costumavam ser 1,5 vez maiores do que as mulheres, e a nossa diferença atual, de apenas 20%, representa um decréscimo evidente. Se esperarmos mais alguns milhares de anos, poderemos descobrir que os homens e as mulheres terão exatamente o mesmo tamanho. E viverão a felicidade da monogamia. É claro que essas medidas podem não ser mais tão relevantes. Os homens não ficam hoje em dia competindo pelas mulheres e fazendo proezas com sua força. A competição tende a ser mental, em vez de física, o que pode ser a razão dessa pequena diferença de estatura.

... E A MULHER LEVEMENTE PROMÍSCUA

Antes que as mulheres comecem a lamentar o frágil compromisso dos homens com a monogamia, elas deveriam perceber que existem indicadores mostrando que elas também têm probabilidade de se desgarrar da monogamia. Em tal situação, a chave de avaliação é o tamanho do testículo, porque ele e a produção de espermatozoides variam em relação direta com a promiscuidade feminina. E a razão disso é muito simples – a competição entre os espermatozoides. Se uma fêmea faz sexo com múltiplos parceiros durante a ovulação, quanto mais esperma um macho ejacular, maiores serão suas chances de ser pai. Os chimpanzés vivem em grandes grupos sociais nos quais há um elevado grau de promiscuidade, e por isso é muito raro que o chimpanzé macho tenha garantia da paternidade do bebê chimpanzé. Por isso, não surpreende o fato de os chimpanzés terem testículos enormes. No outro extremo, estão os gorilas, que vivem em circunstâncias muito diferentes. Um macho será o único a acasalar no seu harém enquanto não for desafiado. Como consequência disso, os testículos do gorila são bem pequenos. A comparação entre as duas espécies é mais que espantosa. Apesar de terem apenas ¼ do tamanho dos gorilas, os chimpanzés exibem testículos quase 4 vezes maiores. E quando comparada ao peso do corpo, essa disparidade se mostra ainda maior. Os biólogos descobriram uma ligação semelhante entre o tamanho do testículo e o sistema de acasalamento das aves – os testículos maiores foram encontrados em espécies nas quais vários machos fertilizam a mesma fêmea.

E então, onde exatamente os seres humanos situam-se nessa escala? Em algum lugar no meio, um pouco mais perto do final do espectro. Os testículos humanos pesam em média 72 gramas e são quase do mesmo tamanho dos gorilas, embora um gorila pese em torno de 200 quilos e o homem pese em média apenas 78 quilos. Os testículos dos chimpanzés são quase duas vezes maiores do que os nossos, apesar de o chimpanzé pesar em média 45 quilos. Para fornecer uma aproximação grosseira baseada no tamanho do corpo, os testículos dos gorilas representam apenas 0,02% de seu peso corporal. Nos homens, representam 0,08%, e nos chimpanzés, 0,03%. Embora, como humanos, estejamos próximos de nossos primos chimpanzés, o tamanho de nossos testículos é uma clara indicação de que, ao longo da nossa história, as mulheres previsivelmente tiveram mais de um parceiro sexual simultâneo, mostrando que a competição dos espermatozoides foi uma constante em nosso passado. É claro que o rei do testículo não é o homem, mas a baleia branca. As fêmeas dessa espécie se acasalam com múltiplos machos, por isso esses desenvolveram enormes testículos. Eu estou falando de coisas realmente grandes – cada testículo pesa em torno de 250 quilos.

Novamente, entretanto, existem algumas evidências de que os humanos evoluem em direção à monogamia. Tendo em vista o tamanho dos testículos do homem, a quantidade de espermatozoides que ele produz está na ponta menor de uma escala em comparação a outros mamíferos, o que significa que os testículos de nossos ancestrais provavelmente produziriam mais esperma do que os nossos. Esse é provavelmente um sinal de decréscimo na competição sexual, e um sinal também de ligações mais duradouras. Os homens armazenam quantidade menor de espermatozoides quando comparados a outros animais, e 20% deles, em média, são defeituosos, enquanto a média de defeituosos nos chimpanzés é de apenas 5%. Quando se trata de múltiplas ejaculações, os homens estão na 98ª posição, entre os animais mais fracos. Um chimpanzé macho pode ejacular 5 vezes em cinco horas e ainda manter armazenada mais da metade de seus espermatozoides. O poderoso carneiro pode ejacular entre 30 a 40 vezes por dia, e cada uma delas contém oito vezes mais a quantidade humana de esperma produzida em média em uma ejaculação (e isso sem considerar o fato de que o homem precisa de um cochilo antes de ir para o segundo *round*; imagine o que seria preciso para 40 *rounds*!).

Em uma nota de rodapé, valeria mencionar que, apesar de suas ansiedades, o homem pode ficar bem orgulhoso de seu pênis quando comparado aos demais primatas. Um pênis ereto tem, em média, 15 centímetros com uma circunferência média de pouco menos de 10 centímetros (embora muitos estudos sobre o tamanho do pênis masculino tenham resultados distintos, exagerados porque se baseavam nas informações dos respondentes). Na comparação, o chimpanzé tem um pênis de 7,62 centímetros. O do orangotango mede meros 3,80 centímetros. E o poderoso gorila tem um minúsculo pênis de apenas 3,17 centímetros (e se você avaliar fora do mundo dos primatas, a vagarosa lesma se revela o gigante genital do planeta – pelo menos em relação ao seu tamanho – porque tem um pênis que é várias vezes mais comprido que o próprio corpo!). Os biólogos continuam discutindo sobre o motivo pelo qual os homens possuem pênis tão grandes. A resposta mais provável parece ser que ele não tem nada que ver com a procriação, mas sim com aquilo que é chamado de "exibição ameaçadora". Em outras palavras, o pênis provavelmente tenha funcionado em algum momento como os chifres do veado – uma exibição visível da masculinidade (pelo menos enquanto as calças não eram tão difundidas).

Mas, voltando à questão original, por que nossa sociedade escolheu a monogamia quando existem tantos sinais de nossa tendência à poligamia? A resposta é a mesma que discutimos no capítulo anterior. A sobrevivência dos filhos. A monogamia se torna mais prevalente em um ambiente em que o alimento é escasso e os predadores são comuns. Ao estreitar os laços entre marido e mulher, a monogamia também incrementa a certeza da paternidade do filho, o que por sua vez amplia o desejo do pai de desempenhar um papel mais ativo na proteção de sua família.

OS VENCEDORES E OS PERDEDORES NA MONOGAMIA

A maioria das mulheres que lê este livro deve estar pensando como seria bom livrar-se da poligamia em favor da monogamia. E devem existir alguns leitores masculinos que sentem saudades daquele tempo em que os homens podiam ser homens e ter quantas mulheres quisessem. Mas a ironia disso tudo é que se a monogamia em geral beneficia os homens, prejudica as mulheres. Um economista chegou mesmo a chamar as leis antipoligamia de um "cartel masculino" que visava a enfraquecer as capacidades comerciais femininas. Por outro lado, a poligamia beneficia muito as mulheres e causa prejuízos a muitos homens. Constato que a maioria das mulheres não considera um triunfo tornar-se segunda esposa de um homem. E quando eu digo "beneficiar", o que eu quero dizer é que uma pessoa pode atrair um companheiro ou companheira de bastante valor. Veja que tudo é uma questão de números. Com a poligamia, os homens de condição social inferior saem perdendo. Eles precisam lutar para assegurar qualquer tipo de companheira. Um dos problemas nas sociedades em que a poligamia é aceita é a competição mortífera que ela cria entre os homens de condição social inferior (consequentemente, isso também ajuda a explicar o apelo que a possibilidade de tornar-se homem-bomba exerce entre os jovens muçulmanos de baixa classe social, já que parte do prêmio prometido é um harém de 72 virgens esperando por eles na vida após a morte). Nossos mitos ancestrais se convertem em um testamento da luta para garantir as melhores fêmeas. Um conflito épico descrito na *Ilíada* de Homero foi causado pela posse de uma única mulher.

Para as mulheres, no entanto a poligamia oferece tremendas oportunidades de elevar o nível de seus esposos. Uma mulher medianamente bonita pode se fixar com um marido mediano, ou pode escolher se tornar a segunda mulher de um homem de classe social elevada. As mulheres podem até zombar dessa ideia no início, mas se você apresentar-lhes a escolha entre ser a segunda mulher de Brad Pitt ou a primeira mulher de Homer Simpson, acho que todos nós sabemos quem ela iria escolher...

Porém, a competição entre as mulheres em uma sociedade monogâmica é enormemente ampliada, enquanto a competição entre os homens é significantemente reduzida. E se a população nessa sociedade muda tão pouco que continuam existindo mais mulheres que homens, a competição entre elas pode se tornar tão selvagem quanto no reino animal. Eu não estou sugerindo que as mulheres façam passeatas para revogar as leis contra a bigamia, mas acho que tudo isso nos ajuda a compreender como regras e valores de nossa sociedade podem trazer consequências não imaginadas na competição para assegurar um companheiro ou companheira. Nosso engajamento, muitas vezes vacilante, pela monogamia não deveria ser uma surpresa. Perceba a forma como as maiores instituições – vou citar apenas duas, o Estado e a Igreja – se mobilizaram para fortalecer os laços do matrimônio. Mesmo assim, existem muitas maneiras de burlar o sistema. Muitas pessoas se empenham em uma espécie de monogamia em série hoje em dia, namorando ou até mesmo casando-se durante poucos anos e depois partindo atrás do próximo parceiro. Isso, na verdade, funciona como um tipo de poligamia em câmera lenta. Pense naqueles homens ricos e bem-sucedidos que se divorciam repetidas vezes para continuar se casando com mulheres mais jovens. E há muitas outras fissuras no sistema, como o adultério, por exemplo.

Então, é importante reconhecer que a monogamia se alastra com dificuldades entre os seres humanos. Como um livro oportunamente intitulado *O mito da monogamia* sugere, ela não é determinada por uma lei natural, mas é apenas um compromisso frágil na incessante batalha entre homens e mulheres. Não é à toa que uma autoridade como Margaret Mead chamou a monogamia de "o mais difícil entre todos os arranjos matrimoniais concebidos pelo homem".

Capítulo 3
A CULTURA DOS ENCONTROS

O QUE APRENDI COM THORSTEIN VEBLEN

Nós não somos simplesmente a soma de nossas necessidades evolutivas, nossa ovulação oculta e nossos grandes testículos e sorrisos enganosos. Somos moldados pelas ricas e complicadas culturas das quais fazemos parte. A boa nova é que a evolução cultural ocorre muito mais rapidamente do que a evolução genética, então existe toda a possibilidade de que nossa cultura possa mudar de muitas maneiras, tornando os namoros e os relacionamentos mais fáceis no futuro. Em contraste com outras espécies, os seres humanos têm demonstrado enorme flexibilidade em seus arranjos para o acasalamento ao longo do curso da história, o que revela o variado e importante papel da cultura em nossas vidas. Nosso caso atual, porém, nossos traços culturais não estão fazendo muito pelas pessoas interessadas em um relacionamento feliz e duradouro. Na verdade, existem razões muito fortes que explicam por que namoros e relacionamentos tornaram-se um problema para a maioria de nós.

Devo alertar que este capítulo é um tanto eclético. Ele discute muita coisa, do consumismo a questões demográficas. A única coisa que direi em minha defesa é que a cultura em si é sempre uma miscelânea, e que qualquer tentativa de lutar contra isso não seria nem um pouco coerente.

A MALDIÇÃO DAS COMPRAS SEMELHANTES

Talvez nenhum aspecto de nossa cultura seja mais onipresente e mais facilmente negligenciado do que o consumismo. Uma significativa parcela de nosso tempo é despendida nas compras, ou fantasiando sobre vários sonhos de consumo. Raramente percebemos o quanto isso controla nossas vidas, mas já é hora de lançar um pouco de luz nesse canto esquecido. O consumismo não apenas tem causado uma aflição geral, mas eu diria que uma mentalidade consumista gradualmente tem se infiltrado em nossa abordagem nos encontros amorosos, e com consequências desastrosas. Tal dramática situação poderia ser chamada de *o dilema do consumidor*, uma busca sem fim por um produto um pouco melhor (ou um companheiro um pouco melhor) em algum lugar lá longe no horizonte. E você não precisa de algo tão complicado como o amor para enxergar isso. Basta analisar aquele simples e familiar pote de geleia.

É claro que nada seria mais fácil do que escolher uma geleia. Nós já sabemos se preferimos geleia de framboesa ou de morango, com ou sem sementes. E escolher uma geleia não se compara àquele problema difícil e complicado que é a escolha de um parceiro romântico. Mas ainda assim, algo tão simples e direto quanto comprar uma geleia pode se tornar difícil quando muitas escolhas são apresentadas. Mas que absurdo, você diz, tantas opções de geleia! Como podem existir tantos sabores diferentes? Nosso *ethos* completo do supermercado é baseado na ideia de que *muito* nunca é o *bastante*. Basta dar uma olhada na riqueza de opções de geleias e cereais, de biscoitos a praticamente qualquer outro produto, passando por diferentes sucos de frutas até aqueles saquinhos de congelados hermeticamente fechados. Bem, o que se revela é que essa abundância de escolhas nem sempre é algo bom. Na verdade, podemos descobrir que é uma situação muito ruim. Mas, primeiro, vamos explorar o enigma de tantas geleias, o que irá lançar alguma luz sobre um aspecto de nossas atuais desventuras ligadas ao namoro, por mais estranho que possa aparecer.

Um grupo de pesquisadores montou uma mesa com amostras de geleias de alta qualidade em uma loja de alimentos finos, para descobrir o que acontece quando você oferece às pessoas diversas escolhas. Todo consumidor que experimentasse uma das geleias receberia um cupom de desconto se a comprasse. Amostra grátis de geleia, cupom de desconto, o que poderia ser melhor? Mas aqueles pesquisadores inteligentes introduziram uma variável – a quantidade de opções em oferta. Em um dia, os pesquisadores montaram a mesa com seis variedades de geleia. E no outro dia, eles ofereceram 24 geleias diferentes. Aquela mesma quantidade de opções estava sempre disponível para compra, independente do dia, mas os consumidores tinham ou seis opções como amostra ou as desconcertantes 24 variedades. Como se pode imaginar, aquela grande quantidade de 24 amostras atraiu muito mais consumidores, embora o resto da história não tenha se revelado exatamente como se poderia imaginar. Mesmo tendo 6 ou 24 amostras, as pessoas provaram praticamente a mesma quantidade de geleias. Mas a parte mais surpreendente do estudo surgiu quando os pesquisadores rastrearam quantas pessoas realmente compraram geleia. Quando apenas 6 amostras eram oferecidas, 30% das pessoas acabaram comprando um vidro. Mas quando se ofereceu o lote de 24 amostras, o insignificante índice de 3% de consumidores adquiriram uma geleia. Em outras palavras, quando confrontados com uma escolha praticamente infinita, os consumidores travaram. Eles congelaram. Eles falharam em superar o obstáculo mais básico da sociedade de consumo – não compraram nada! Talvez você pense que as geleias ofereçam algum elemento de complexidade que tenha imobilizado aquelas pessoas. Talvez algum enigma envolvendo implicações sutis quanto à pectina, você poderia dizer. Então, os pesquisadores realizaram um teste semelhante no ambiente controlado do laboratório usando chocolates. E obtiveram resultados surpreendentemente similares.

Mas o que está acontecendo? Os pesquisadores deram uma grande quantidade de explicações, mas vamos focar no cenário mais amplo. Toda nossa economia está baseada na ideia de que quanto mais chances de escolha tivermos, melhor será, mas o que esses estudos demonstraram foi que quanto mais escolhas tivermos, pior será. Dê às pessoas mais escolhas e tudo ficará mais difícil para elas. Como disse Barry Schwartz em seu excelente livro sobre o assunto, *O paradoxo da escolha*: "Nesse estado das coisas, a escolha não é mais libertadora, ela é debilitadora. Podemos até dizer que ela é tirânica".

E nem são necessárias tantas oportunidades de escolha assim. Você pode criar muitas dificuldades para as pessoas oferecendo apenas três alternativas, especialmente quando duas delas forem muito semelhantes. O que aconteceria se eu lhe oferecesse 1,50 dólar por participar de uma pesquisa ou uma caneta que vale 2 dólares? Quando os pesquisadores fizeram esta pergunta aos estudantes durante uma pesquisa, cerca de 75% dos participantes escolheram a caneta. Então, os pesquisadores repetiram o estudo – porém, desta vez, havia três escolhas: 1,50 dólar, aquela caneta de 2 dólares ou duas canetas mais baratas, valendo 2 dólares ambas. Qualquer análise racional, baseada nos resultados do estudo anterior, sugeriria que pelo menos uma alta porcentagem dos alunos iria escolher a caneta de 2 dólares ou as duas canetas que, juntas, valiam o mesmo. De fato, poderíamos até mesmo prever que a quantidade aumentaria porque alguns dos alunos talvez não gostassem de canetas mais caras, e estariam inclinados a escolher as mais baratas. Mas nada disso aconteceu. Em vez de se prenderem às canetas, a maioria dos entrevistados optou pelo dinheiro. A pergunta permanece: por quê? Os pesquisadores argumentam que, já que era tão difícil para os estudantes escolher entre os dois tipos de caneta, eles simplesmente renunciaram à hipótese e preferiram o dinheiro.

Talvez a decisão entre um ou outro tipo de caneta seja algo muito pouco substancial para provar algo definitivo sobre nosso processo de escolha. Mas e se eu lhes disser que mesmo os profissionais treinados durante anos para tomar certo tipo de decisão ficaram tão desconcertados quanto aqueles estudantes? É verdade. Um grupo de médicos teve a mesma dificuldade de escolha entre três tipos diferentes de tratamentos, já que dois deles eram muito semelhantes, e fizeram sua opção exatamente da mesma maneira "irracional".

Mas afinal o que tudo isso tem que ver com amor? Nada, se você acreditar no enredo romântico – e *tudo*, se você quiser olhar o amor sob a óptica da ciência. Imagine que esteja tentando decidir entre três namorados (ou namoradas) potenciais. Dois são semelhantes. Vamos dizer que esses dois trabalhem em uma firma de advocacia e adorem jogar golfe nos finais de semana. O terceiro é músico, que trabalha nos horários mais estranhos, e prometeu escrever uma canção para você. No final, você escolhe o músico. Se você é do tipo que acredita no enredo romântico, sua escolha reflete a sensação intuitiva de que ele era o cara certo para você. Mas se você acredita na ciência, há grandes chances de que tenha se decidido pelo músico para evitar a escolha complexa entre duas alternativas muito parecidas.

Foi exatamente isso que descobri durante minhas entrevistas com homens e mulheres. Quando a maioria tentava se decidir entre muitas pessoas ao mesmo tempo, todos enfrentavam enormes dificuldades. Como disse um deles: "Ninguém é perfeito, então você se vê tentando comparar traços muito diferentes". Além de sentirem grandes incertezas sobre suas escolhas, essas pessoas também tinham muita dificuldade até para decidir sobre que bases apoiar suas decisões. Boa parte delas admitiu estar tão imobilizada que nem mesmo chegou a fazer escolhas, simplesmente ficou esperando que as pessoas desaparecessem com o tempo, até restar apenas uma única opção.

A razão pela decisão, com o tempo, vem se tornando mais um problema dos namoros, e menos uma questão de consumo, é que nós valorizamos a quantidade como meio para alcançar a qualidade – mesmo quando se trata de tentar conhecer pessoas. Você só precisa prestar atenção na explosão de encontros marcados pela internet para perceber como esse modelo consumista de ampliar as escolhas vem moldando nossa abordagem em relação aos relacionamentos. Basta preencher um perfil, clicar em alguns poucos critérios e você é subitamente apresentado a centenas, senão milhares, de possibilidades. De acordo com um estudo recente sobre namoros *on-line*, as pessoas consideram essa possibilidade algo positivo, e usam os *sites* da internet porque acreditam que ter muitas oportunidades de escolha pode levar a achar o par perfeito. Mas outros estudos demonstraram que essa grande quantidade de alternativas está exercendo o efeito que as pesquisas sobre consumo sugeriram. Em um dos estudos sobre namoro *on-line*, menos de 1% dos possíveis candidatos é escolhido. Uma das mulheres admitiu que, em um esforço para reduzir suas escolhas, ela acabou criando critérios físicos absurdos. Outra me confessou que analisava incontáveis perfis e me disse: "com mais de 10 mil páginas para ver, você sente que é impossível não ser exigente demais". Um homem que entrevistei apelidou seus namoros pela internet de "a maldição dos números múltiplos". Com o tempo, ele acabou desenvolvendo seu ideal de mulher baseado nas várias qualidades de que gostava – só para descobrir que havia criado um padrão complexo que seria impossível de alcançar. Ele está pensando em dar um tempo em seus encontros pela internet por acreditar que essa compulsão está corroendo sua capacidade de se comprometer com uma única mulher.

E tudo isso sem levar em conta aquela questão das decepções ligadas aos namoros pela internet. Se a mentira já é um problema nos namoros normais, ela é uma epidemia na internet. Vários estudos avaliam que de $1/5$ a $1/3$ de todos os que namoram *on-line* é casado, e isso é só a ponta do *iceberg*. São abundantes as histórias sobre fotos de 20 anos atrás, ou de pessoas que estão 20 quilos mais gordas. Histórias de baristas que se dizem banqueiros. Uma mulher havia passado por tantas experiências grotescas usando o Yahoo que acabou apelidando o *site* como o espaço dos "psicopatas do Yahoo", e dando apelidos mais impublicáveis ainda para aqueles homens. A situação é tão complicada que a propaganda de alguns *sites* de namoro baseia-se na exclusão dos indesejáveis e dos perfis em duplicidade. O *site* de namoros <true.com> até mesmo checa a ficha criminal dos seus membros – embora, que eu saiba, fingir que você é mais jovem, mais bem-sucedido e tem melhor aparência do que na vida real não é crime, embora possa acontecer algum tipo de problema criminal quando ele ou ela finalmente encontrar o mentiroso em pessoa.

OS REMORSOS DO COMPRADOR

O fato de haver escolhas demais não é o único motivo que dificulta a decisão. Excessivas possibilidades de escolha na verdade provocam tanto más escolhas quanto insatisfação com as decisões tomadas. Vamos analisar primeiro a grande dificuldade que temos em fazer boas escolhas. Quando somos apresentados a uma infinidade de possibilidades, fazemos aquilo que todo bom consumidor foi treinado para fazer. Comparamos (algo que o namoro pela internet fez tornar-se quase em uma compulsão), mas o que se revela é que nós somos quase sempre iludidos por essas comparações. Em um estudo, perguntou-se aos voluntários se gostariam de experimentar batatas fritas. Um dos grupos estava sentado à mesa com um saquinho de batatas fritas ao lado de uma barra de chocolate, enquanto o outro grupo tinha um saco de batatinhas ao lado de uma lata de sardinhas. Como alunos astutos da natureza humana, vocês provavelmente adivinharam o que aconteceu em seguida. Aqueles voluntários que estavam olhando para a lata de sardinhas previram que gostariam mais das batatinhas e a incidência dessa resposta foi maior quando comparada ao grupo que olhava para a barra de chocolate. Mesmo sabendo que eles não estavam escolhendo entre duas alternativas, ninguém conseguiu parar de comparar as duas coisas. É claro que quando eles comeram as batatinhas, a comparação tornou-se irrelevante e ambos os grupos curtiram o salgadinho do mesmo modo. Mas a comparação os havia desviado do caminho. O problema é que, em nossa necessidade de distinguir coisas diferentes, sempre nos apoderamos de alguma qualidade que talvez não tenha muito que ver com a nossa satisfação suprema – ou essa qualidade nem mesmo exista. Em outro estudo, foram apresentadas às compradoras quatro pares idênticos de meia-calça, e elas deveriam escolher o par de melhor qualidade. As pessoas não tiveram nenhuma dificuldade em escolher entre pares idênticos (quase ninguém que participou percebeu que eram idênticos). Qual foi a maior influência sobre a escolha delas? Apenas o lugar onde a meia-calça foi colocada – 40% das pessoas preferiram aquela que estava à extrema direita. Mas os problemas com escolhas demais não terminam assim que a decisão foi feita. A diversidade de opções nos deixa mais insatisfeitos, qualquer que seja a escolha feita. Isso mesmo. Mesmo que mais tarde se descubra que tomamos a "melhor decisão", ainda nos sentimos infelizes. Por quê? O problema é que comparar coisas diferentes nos deixa conscientes dos conflitos de escolha, ou seja, cada decisão envolve desistir de algo que você deve gostar muito. E nós detestamos a ideia de que precisamos desistir das coisas. A ironia é que aquelas pessoas que se esforçam mais para fazer a escolha correta – infatigáveis e verdadeiros caçadores de barganhas que existem por aí – acabam se revelando as mais insatisfeitas, de acordo com as pesquisas, mesmo que tenham tomado a decisão correta e de forma objetiva.

Portanto, quando você avalia esses problemas, é possível repensar toda a sua história de relacionamentos, porque suas decisões românticas estão sujeitas às mesmas confusões encontradas em qualquer situação em que há inúmeras escolhas. Quem entre nós já não viveu, vez ou outra, a versão amorosa do remorso do comprador? Não importa o quão estimulados estejamos, em algum ponto no futuro nossos sentimentos sobre a pessoa amada irão desvanecer. A parte espantosa disso não é o fato de isso acontecer muitas vezes, mas sim que, de acordo com estudos que abrangem da compra de produtos a grandes mudanças na vida, nós parecemos incapazes de lembrar que isso acontece, então vivemos o mesmo ciclo de excitação e de desapontamento vezes a fio.

MAS NÃO POSSO APENAS ESCOLHER DE NOVO?

É claro que atualmente nossos erros sentimentais sempre podem ser desfeitos, o que se poderia pensar ser algo bom. Mas a reversibilidade de nossos compromissos sentimentais apenas piorou nosso problema, porque isso também corrói a satisfação com nossas escolhas. Basta analisar um estudo realizado com um grupo de estudantes universitários durante uma aula de fotografia para verificar isso. Eles fizeram a impressão de suas duas melhores fotos. Então, lhes foi pedido para escolher uma delas, mas a outra seria arquivada para servir de exemplo de seu trabalho. Nesse ponto, o professor apresentou uma pegadinha. Um dos grupos foi informado que sua escolha seria definitiva.

Seja qual fosse a foto escolhida, não poderiam mudar de opinião mais tarde. Já para o outro grupo, foi permitido trocar de fotos caso mudassem de ideia. Na pesquisa realizada mais tarde, os alunos que poderiam mudar de opinião gostaram menos de suas fotos do que os outros estudantes. Um estudo similar foi feito permitindo que os alunos devolvessem um pôster que haviam selecionado, e os pesquisadores chegaram ao mesmo resultado – aqueles que poderiam reverter sua decisão foram os que menos gostaram de seus pôsteres. E por que resultados tão paradoxais? De acordo com um pesquisador, o cérebro conta com uma espécie de sistema de defesa embutido e trabalha para nos deixar satisfeitos com as escolhas que não podem ser desfeitas. Apesar de acharmos que gostaríamos de ter a liberdade de mudar de opinião, aparentemente ficamos mais felizes com nossas escolhas se acharmos que não podem ser desfeitas, o que significa que estaríamos em melhor situação se transformássemos nossos compromissos sentimentais em algo mais permanente e mais difícil de romper.

Você acha que isso não se aplica aos relacionamentos? Vamos dar uma rápida olhada em uma escolha popular de relacionamentos que já vem com sua própria cláusula de escolha: coabitação. Como se descobriu em numerosos estudos, os casais que vivem juntos têm menos probabilidade de se casar. Mas o efeito da coabitação não para aí. Mesmo que as pessoas se casem, elas têm uma probabilidade mais alta de se divorciarem, porque parece que o fato de morar juntos enfraquece o compromisso do casamento. E essa é uma estatística surpreendente quando se considera que metade dos casais vive junto como uma espécie de período de experiência do casamento. E se você checar essa estatística com a pesquisa dos consumidores, chegará a uma conclusão um tanto surpreendente: a capacidade de mudarmos opiniões sentimentais (que não mais se encerra no altar) certamente está prejudicando nossos relacionamentos. Não afirmo que as pessoas devem manter casamentos infelizes, mas que a facilidade com a qual podemos sair de um casamento tem contribuído para nossa infelicidade. Não é nenhuma surpresa que as taxas de divórcio tenham crescido à medida que o casamento – ao menos em termos retóricos – tem sido aliviado de todos os seus papéis práticos, até o ponto em que a escolha de um parceiro para toda a vida tenha sido reduzida a um único critério: a satisfação pessoal. E esse é o mesmo critério que domina nossas escolhas como consumidores, por isso temos a tendência de tratá-lo como uma dessas escolhas, assim como buscamos incessantemente no horizonte se surge alguém melhor.

Imagine um mundo no qual regras opostas para o namoro fossem aplicadas, e as pessoas não tivessem a liberdade de opção para iniciar ou romper um relacionamento, como aquelas culturas em que ainda se pratica o casamento arranjado. O que os pesquisadores descobriram vai parecer bastante espantoso para os ocidentais mal-acostumados com o enredo romântico. De acordo com um estudo conduzido por dois pesquisadores indianos, a intensidade de amor relatada nos casamentos arranjados aumentou com o tempo até ultrapassar a intensidade relatada em casamentos escolhidos livremente. Por mais incrível que pareça, as pessoas com voz ativa muito limitada em relação à escolha de seus próprios cônjuges se tornaram mais felizes em seus relacionamentos que as pessoas com a liberdade de escolher quem quisessem. Pense em todas as vantagens que os casais livres têm. Eles conhecem a personalidade um do outro, sabem das preferências de cada um, se existe ou não alguma atração física, e assim por diante. Apesar de tudo, os casamentos arranjados são melhores a longo prazo. Por quê? Eu acho que o segredo tem muito a ver com o descontentamento, que é um subproduto de uma sociedade baseada nas escolhas. As culturas que mantêm os casamentos arranjados também não veem com bons olhos os divórcios, então marido e mulher sabem que eles vão precisar fazer seu casamento funcionar. Se o relacionamento azeda, eles enfrentam uma vida de tristezas, o que funciona como poderoso incentivo para que se esforcem ao máximo. Para parodiar John Kennedy, isso acaba criando um modo de pensar segundo o qual você não pergunta o que o casamento pode fazer por você, mas o que você pode fazer por seu casamento. A mentalidade ocidental dá um valor tão grande à satisfação pessoal que a mentalidade oposta prevalece.

Eu não estou defendendo uma volta aos casamentos arranjados. Ainda sou um grande fã do amor romântico, apesar de ser crítico dele. Mas eu acho, sim, que os casamentos combinados oferecem uma valiosa lição para todos nós, consumidores. Usando as palavras de Schwartz, nós precisamos aprender a "satisfazer" em vez de "maximizar". O que isso significa? Quem maximiza são os compradores incansáveis deste mundo de consumo. Eles procuram todas as opções, testam cada produto e se esforçam para conseguir o melhor que existe. Os que satisfazem, por outro lado, assim que encontram a opção que lhes pareça a melhor, param de procurar. Viver em uma sociedade de consumo nos leva fortemente a maximizar. E ainda que os que maximizam possam encontrar a opção mais vantajosa, os estudos mostram que são menos felizes, menos otimistas e mais deprimidos. Quando procuramos o amor, chegou a hora de aprendermos a satisfazer, e não maximizar. Isso não quer dizer necessariamente que devemos nos acomodar, mas significa que precisamos desistir da ideia de encontrar "a pessoa certa". Quando você encontrar alguém que ache que o fará feliz, pare de procurar, mesmo que possa existir alguém melhor por aí. Não sinta necessidade de experimentar todos os sabores, de perseguir cada oportunidade. Como aqueles estudantes que testaram todas as geleias descobriram, existe um custo nesse negócio de tanta geleia – e de tanta escolha. Como também existe em tantos namoros e encontros. Se você seguir este caminho, é provável que se sinta menos satisfeito, não importa quem você escolha.

TENTANDO ACOMPANHAR OS VIZINHOS

É claro que qualquer avaliação sobre a sociedade de consumo já vem com um problema moral pré-embalado, aquele seguidor fiel e maldoso do consumismo: a inveja. Chame isso como desejar – acompanhar os vizinhos, a corrida dos ratos, a ansiedade pela condição social –, o fato é que nossa cultura gera muita inveja. E que essa inveja rasteja em nossos julgamentos também em relação aos relacionamentos. Eu vivo em Nova York, que é um motor de inveja, se é que já existiu algum. Esta cidade não apenas tem a maior concentração de riqueza que jamais existiu, mas também criou o maior espaço para exibir riqueza como nunca antes houve, de restaurantes cuja refeição custa mil dólares por pessoa a apartamentos que custam dezenas de milhões. Imagine a teoria de Thorsten Vebleen sobre o alto consumo de esteroides e você terá uma bela ideia a que me refiro. Infelizmente, toda a nossa luta para seguir adiante criou um nó em nossas almas. Ser rico é muito bom, mas a verdade é que ser mais rico do que as outras pessoas é o que realmente interessa. Muitos de nós podem aceitar o fato de que, no grande esquema das coisas, não seremos os caras mais ricos do país, ou do estado, ou mesmo da cidade onde moramos, mas queremos garantir que seremos os mais ricos do quarteirão. Existe uma infinidade de estudos para bancar essa afirmação. Por exemplo, apresentou-se a um grupo de estudantes uma escolha simples: você preferiria viver em um mundo onde ganharia 50 mil dólares, enquanto outras pessoas ganhariam 25 mil dólares, ou seria melhor viver em um mundo onde você ganhasse 100 mil dólares enquanto os outros ganhassem 200 mil dólares? A maioria disse que preferia viver no primeiro mundo. Em outras palavras, para eles o mais importante não era a riqueza absoluta, mas a riqueza relativa, comparada à de outras pessoas. Os pesquisadores também fizeram perguntas parecidas quanto ao QI e a educação. Em todas as vezes, a maioria escolheu a opção que melhoraria sua posição relativa. Não é só isso. Nós sempre assumimos que a grama do vizinho é mais verde. Quando nos comparamos às outras pessoas, os estudos mostram que superestimamos as coisas boas de nossos vizinhos.

De muitas maneiras, confrontamo-nos mais uma vez com o problema de fazer comparações quando compramos, mas com uma diferença: mais importante do que encontrar o melhor carro ou a casa mais bonita é descobrir um carro ou uma casa que seja melhor do que o das pessoas em volta. E os relacionamentos não escapam dos perniciosos efeitos desse desejo. Basta pensar na saturação de nosso mundo com as propagandas repletas de pessoas bonitas, e imagine o efeito que isso causa na maneira como vemos nossos parceiros. Em um estudo, grupos de homens foram apresentados a fotografias de mulheres muito atraentes e fotos de mulheres comuns, e eles foram solicitados a avaliar seu compromisso com suas parceiras amorosas do momento. Os homens que olharam para as mulheres atraentes avaliaram suas parceiras como menos atraentes do que aqueles que viram as fotos das mulheres comuns. Pior ainda, os homens que viram as mulheres atraentes classificaram a si mesmos como menos satisfeitos, menos comprometidos e mais distantes de suas parceiras. Se eu pudesse oferecer um pequeno conselho em relação ao consumismo e aos namoros, eu diria às pessoas que passassem menos tempo tentando ampliar suas opções de escolha e mais tempo desfrutando daquilo que elas já têm.

Capítulo 3 ½
A CULTURA DOS ENCONTROS PARTE II

O QUE APRENDI COM SEX AND THE CITY

Enquanto o consumismo aflige a todos, nossa cultura mudou de tantas formas que, do ponto de vista dos namoros e encontros, é um desastre contínuo para as mulheres. Os primeiros capítulos se concentraram em como a evolução moldou os homens e as mulheres para que se comportassem de determinadas maneiras. E quase todos esses comportamentos se qualificaram de uma forma ou de outra como politicamente incorretos; então, não deveria ser surpresa quando digo que o feminismo, como movimento político e social, entra em conflito com alguns dos estímulos mais básicos e profundos da evolução. E em virtude de a mudança social e cultural ocorrer na velocidade da luz – quando comparada com a evolução biológica –, os homens e as mulheres configurados pela cultura coexistem de modo desconfortável com os homens e as mulheres moldados pela evolução, levando a todo o tipo de lacunas estranhas na dança do acasalamento. Preciso alertar as leitoras: as páginas seguintes são um catálogo horrendo de como a nossa cultura está detonando as mulheres.

PORQUE SER PURITANA É MELHOR QUE SER DEVASSA

Vamos ver o sexo em primeiro lugar. Pela maioria dos cálculos, o feminismo deu passos largos nesta área. Se o movimento não derrubou totalmente as portas da sala da diretoria, certamente o fez com as portas do quarto. Apesar da liberação sexual das mulheres, tal padrão persiste. Todos que já frequentaram o Ensino Médio sabem: os rapazes que saem bastante são ainda considerados "garanhões", enquanto as meninas que fazem a mesma coisa são consideradas "galinhas". Mesmo com todos os avanços do feminismo, algumas vezes parece que as duas únicas posições sexuais para as mulheres são a de santa ou a de prostituta. Obviamente, esses dois polos representam uma imagem completamente irreal da sexualidade feminina, mas a dicotomia pode representar um papel muito maior em nossas mentes que pensamos. O mundo é um lugar complexo, e os cientistas descobriram que todos nós aplicamos algo chamado "heurística", o que é uma maneira figurativa de dizer que carregamos algumas regras simples em nossas mentes que nos ajudam a tomar a maioria de nossas decisões. Por exemplo, quando experimentamos alguma coisa amarga, nós a cuspimos fora. E há boas razões para isso. Muitos alimentos amargos são venenosos, e nós provavelmente desenvolvemos uma aversão por alimentos amargos. Mas nós não passamos por um processo consciente de pensamento todas as vezes que comemos. Não avaliamos cada bocado de comida e pesamos suas diferentes propriedades. Isso consumiria muito tempo. Então, evitar comidas amargas é uma forma heurística simples que nos ajuda a prosseguir com a tarefa de comer.

É possível, então, que a distinção entre santa e prostituta sirva exatamente para o mesmo propósito, porque ela ocorre em diversas culturas no mundo. Todos sabemos que essa dicotomia é uma simplificação, mas me refiro a um nível de pensamento escondido sob nossa mente consciente. Em um nível mais profundo, a dicotomia santa–prostituta serve como uma ação heurística simples para o acasalamento, e você pode ver as vantagens óbvias do ponto de vista masculino. Em primeiro lugar, qualquer mulher sexualmente promíscua será um grande risco para um homem quando se trata de determinar a paternidade. Mas existe uma razão ainda mais fundamental e que nos leva de volta à aptidão evolutiva. Lembre-se de que a mulher é a portadora do precioso óvulo. Por esta lógica, ela deveria ser muito exigente ao selecionar um parceiro. Se ela não for, uma mensagem poderosa é enviada: ela não é capaz de manter um relacionamento de longo prazo e decidiu acomodar-se em qualquer relacionamento de curto prazo que ela conseguir. Em termos evolutivos, ela envia um sinal de que não é uma companheira especialmente desejável. E as minhas entrevistas com homens confirmaram que esse sinal chega em alto e bom som. A forma mais fácil para uma mulher se transformar de alguém com uma perspectiva de longo prazo em alguém para o relacionamento rápido é dormir com um homem muito cedo. E quão cedo é muito cedo? Isso é algo um pouco vago, mas se ela pretende ter um relacionamento sério, deveria sem dúvida prolongar o período de espera.

Eu sei que, conscientemente, tudo isso parece um pouco artificial. Mas lembre-se: a heurística é uma forma de nos ajudar a simplificar este complexo mundo. Tentar determinar precisamente o grau de promiscuidade que é aceitável, levando em conta favores sociais e individuais, é uma tarefa enormemente difícil. Aquela dicotomia santa–prostituta é uma forma de passar por tudo isso e dividir facilmente as mulheres em parceiras adequadas e não adequadas. No mínimo, a liberação sexual das mulheres teve um papel direto na redução dos compromissos masculinos. De acordo uma pesquisa sobre os casamentos, conduzida pela Rudgers University, a principal razão que os homens oferecem para não se comprometer com uma mulher é que eles sabem que podem fazer sexo sem se casar.

Existe também outra guinada nessa história, que carrega uma evidente traição em relação à irmandade das mulheres. É bem possível que a atual aceitação de um termo como "galinha" tenha sido largamente provocada pelas mulheres, não pelos homens. Uma mulher sexualmente promíscua é, de muitas maneiras, uma grande ameaça às mulheres que têm parceiros, mais do para os homens, porque aquela disponibilidade sexual pode seduzir o namorado ou o marido a entrar num relacionamento de curto ou de longo prazo. E o uso desse termo é uma forma de as mulheres policiarem as práticas sexuais das outras e de convencer os homens de que certas mulheres devem ser evitadas exatamente porque são tão disponíveis do ponto de vista sexual.

O conselho óbvio que se pode extrair disso é que, se você for uma mulher, deveria evitar fazer sexo até que o homem esteja totalmente comprometido com você, e que também não deveria oferecer seus encantos a muitos deles. E muitas das mulheres a quem entrevistei adotaram exatamente essa estratégia, no momento em que decidiram levar mais a sério a questão de encontrar um parceiro permanente. Como disse uma delas: "Você precisa esperar o máximo de tempo possível. No momento em que fizer sexo, você perde sua exclusividade e passa a ser mais uma mercadoria". A maioria das mulheres disse que, paradoxalmente, quanto mais elas gostavam de um homem, mais elas o deixavam esperando para fazer sexo.

Mas existem prejuízos óbvios nessa atitude. Em primeiro lugar, as mulheres gostam de sexo tanto quanto os homens. Em segundo lugar, nossa cultura se tornou tão promíscua que uma política de celibato tão severo praticada por qualquer mulher tem tanta probabilidade de afastar os homens quanto de atraí-los. Talvez a estratégia mais sábia seja que a mulher simplesmente aumente o prazo antes de fazer sexo. Tendo isso em mente, ofereço minha regra completamente não científica e exagerada para as mulheres que estejam tentando decidir quanto tempo seria o suficiente: apenas dobre esse tempo! Em outras palavras, se normalmente você faz sexo no terceiro encontro, espere até o sexto. Caso normalmente você espere quatro semanas, tente esperar oito. Embora isso represente algum sacrifício em termos de prazer sexual a curto prazo, essa postura fortalecerá os sinais de que você é uma mulher de alta qualidade e que se pode permitir ser mais seletiva quanto a seus parceiros sexuais.

E também vale a pena considerar o outro lado da moeda, o garanhão. Os estudos acadêmicos e o senso comum concordam no mesmo ponto: os homens mais atraentes têm mais parceiras sexuais que os homens comuns. Voltando para nossa distinção entre óvulos/espermatozoides, o motivo disso se torna óbvio: as mulheres estão propensas a sacrificar uma parceria de longo prazo em função de bons genes – e elas o fazem com muita sabedoria. De acordo com um estudo, as mulheres dão mais ênfase à aparência de um homem quando presumem que aquele relacionamento será de curto prazo. E para aquelas mulheres interessadas em um relacionamento, o conselho paradoxal é que evitem completamente esse tipo de homem. Mesmo que você consiga convencê-lo a assumir um compromisso com você, os estudos mostram que é mais provável que ele seja infiel. Em outras palavras, o termo "garanhão" deveria preocupar as mulheres tanto quanto o termo "galinha".

COMO AS MULHERES PODEM SER BEM-SUCEDIDAS PARA O SEU PRÓPRIO BEM

O sexo não é a única área em que o feminismo cultural correu na frente na evolução biológica. Essa teia confusa também invadiu nossos bolsos assim como fez com nossos quartos. Lembre-se de que, de acordo com psicólogos evolucionistas, as mulheres procuram tanto pelos bons genes quanto por bons recursos financeiros quando selecionam o parceiro. Em nosso mundo pós-feminista, entretanto, mais e mais mulheres têm perseguido carreiras de sucesso e atingindo estabilidade financeira. Por conta desse desenvolvimento, seria de esperar que as mulheres enfatizassem menos os recursos de um homem e fizessem o contrário com suas qualidades genéticas. Mas a cultura muda mais rápido do que a evolução. Isso se torna mais evidente na atitude da mulher bem-sucedida que pretende que seu futuro marido seja tão bem-sucedido quanto ela. Na verdade, tais mulheres não dão menos importância ao sucesso financeiro de um homem – elas dão muito mais importância. Elas ainda querem que eles ganhem mais do que elas. Na verdade, ao injetarmos o sucesso feminino nos relacionamentos, adicionamos uma nova camada de instabilidade. De acordo com um estudo, quando as mulheres ganham mais do que os maridos, há uma probabilidade 50% maior de que elas se divorciem, em comparação ao casal no qual a mulher ganha menos, e o divórcio em si está intimamente ligado à independência econômica das mulheres.

É um problema que provavelmente piorará com o tempo. A análise nos dados do censo de 2005 revelou que as mulheres na faixa etária dos 20 anos ganham salários mais altos que suas contrapartes masculinas, em várias das maiores cidades dos Estados Unidos. A razão para isso se deve muito à educação. Dessas mulheres, 53% por cento têm diploma de curso superior contra apenas 38% dos homens – o que é um problema duplo para as mulheres do ponto de vista dos namoros, uma vez que, na média, homens e mulheres preferem que o homem tenha um grau de educação igual ou maior. De acordo com um artigo recente do *The New York Times*, a diferença salarial tornou-se uma fonte de hostilidade entre homens e mulheres, e muitas mulheres agora subestimam seu sucesso, mesmo que ainda lutem para sobrepujar suas expectativas em relação aos homens serem os principais provedores do sustento.

Todas estas questões foram regularmente manifestadas pelas mulheres que entrevistei. Uma mulher disse que ela retirou seu título acadêmico da assinatura do *e-mail* para não intimidar os homens. E outra contou que evitava mencionar sua graduação porque não queria parecer alguém como Gloria Stein. Outra destacou que costumava enfatizar certas fraquezas, como brincar com sua incapacidade de encontrar as chaves, como uma forma de parecer menos inteligente. E uma grande quantidade de mulheres esconde o fato de ter casa própria. E o sucesso no trabalho também cria problemas de identidade. Uma bem-sucedida executiva de *marketing* disse que tinha problemas quando saía diretamente do trabalho para seus encontros. No trabalho, ela era séria e direta e costumava continuar assim quando saía com os namorados, o que fazia muitos homens se afastarem dela, porque eles desejavam estar no controle. Ela passou a ouvir dos amigos que os homens a consideravam "intimidante". Hoje, ela vai para casa depois do trabalho, troca de roupa e tenta conscientemente agir de modo mais feminino, de forma mais tímida.

Enquanto muitos homens hesitam em confessar que rejeitam mulheres bem-sucedidas, outros admitem que isso tem alguma importância em seus encontros e namoros. Todos aqueles que entrevistei disseram que não gostavam de "feministas xiitas". Muitos expressaram dúvidas em relação a um relacionamento no qual a mulher fosse a parte mais bem-sucedida profissionalmente. Só alguns poucos diriam que se sentiram ameaçados por isso. A maioria preferiu definir sua preocupação de maneira mais oblíqua, dizendo que aquilo seria um sinal de que a mulher "não compartilharia seus valores" ou que "ela não seria uma boa mãe".

Tudo isso revela um fosso que se abriu entre o ambiente para o qual fomos moldados e a cultura na qual nos encontramos agora. O senso comum sugere que a mulher profissionalmente bem-sucedida estaria mais interessada nos genes do homem, e não em seu salário. O que poderia ser dito é que, além de ela não precisar do dinheiro, o fato de uma mulher perseguir um homem bem-sucedido seria contraproducente para um relacionamento. No mínimo, um homem assim provavelmente está tão comprometido com seu trabalho que obrigará a mulher a fazer sacrifícios em sua própria carreira, e que duas carreiras com tão alta voltagem poderiam muito bem adicionar mais tensão no casamento. Mas, apesar disso, praticamente todas as mulheres que entrevistei disseram que não sairiam com alguém menos próspero que elas.

Claro, isso é o que acontece quando uma cultura de abundância colide com a evolução baseada na escassez. Lutamos para conseguir alimento durante boa parte de nossa história. Mas as poucas calorias não são mais o problema. O excesso de calorias é. Temos sido condicionados, durante milhares de anos, a estocar as calorias quando as encontrássemos disponíveis, o que é uma ótima estratégia quando se cava terra em busca de comida, mas se torna um grande problema quando existem lanchonetes em cada esquina. O mesmo tipo de pensamento é válido quando se trata das mulheres e os recursos financeiros. Inúmeros estudos vêm demonstrando que, depois de superar as privações causadas pela pobreza, mais dinheiro não aumenta a felicidade. Em uma pesquisa, foi solicitado aos entrevistados que informassem quanto tempo passaram de mau-humor no dia anterior: as pessoas que ganhavam menos de 20 mil dólares atingiram um pico apenas 12% maior em relação às pessoas que ganhavam mais de 100 mil dólares, o que é bem menos do que se poderia pensar. Mas nós estamos programados para guardar o máximo de recursos possível, mesmo que às custas de nossa própria felicidade.

Se você não acredita em mim, vamos tentar fazer uma pequena experiência. Imagine que está diante de duas ofertas. Você pode ganhar 40 mil dólares e levar uma vida feliz, ou pode ganhar 500 mil dólares e viver uma vida mais ou menos infeliz. Qual das duas opções é mais atraente?

Muitos de nós teríamos mais sucesso em nossos relacionamentos se o dinheiro desempenhasse um papel menor em nossas decisões em relação a que tipo de pessoas deveríamos namorar. Se as mulheres bem-sucedidas pudessem superar seu preconceito natural, poderiam se beneficiar se analisassem com mais carinho o relacionamento com homens menos bem-sucedidos do ponto de vista financeiro, e há alguns vislumbres ocasionais disso, como artigos sobre mulheres de alta-classe se casando com operários. A competição por esses homens é menos feroz, e existe uma chance muito boa de que esse sujeito vá devotar mais tempo e energia ao relacionamento do que o cara que pensa apenas em sua carreira – sobretudo se os dois puderem superar seus preconceitos sobre quem deveria ser o provedor da casa.

OS HOMENS NÃO PASSAM CANTADAS EM MULHERES ESTUDADAS

A educação, para as mulheres, tem sido uma faca de dois gumes quando se trata de namoros e encontros. Eu entendo que um dos pilares essenciais do feminismo é abrir as portas da universidade para as mulheres, e apoio isso. Mas isso tem um custo bem preciso. Em primeiro lugar, quanto mais educação a mulher tiver, mais velha ela será quando se casar. Na média, as mulheres americanas se casam aos 25 anos. Se elas tiverem grau superior, essa média sobre para 27 anos. E um MBA ou pós-graduação eleva a média para 30 anos. A razão pela qual esse é um dado importante é que a idade é um componente essencial nas perspectivas de uma mulher. Os homens tendem a se casar com mulheres mais jovens, então quanto mais velha for a mulher, menores se tornam suas chances de encontrar alguém. Além disso, a educação encolhe essas chances porque os homens têm a tendência de se casar com mulheres menos instruídas dos que eles mesmos. Finalmente, a inteligência e a instrução parecem ser obstáculos para aquelas mulheres que querem se casar. De acordo com um estudo, as mulheres que nunca se casaram eram muito mais inteligentes do que a média – claro, as feministas podem reclamar que as mulheres mais inteligentes são espertas demais para se envolver em uma armadilha tão patriarcal quanto o casamento.

Se você tiver alguma dúvida sobre as tremendas ansiedades culturais que rodeiam o cenário dos namoros atuais em relação às mulheres mais prósperas e bem-sucedidas, você só precisa dar uma espiada nos filmes mais recentes, que oferecem uma interminável torrente de histórias sobre mulheres confiantes e altamente capazes e os imprestáveis homens que elas tentam laçar no casamento: *Alta Fidelidade, Um grande garoto* (praticamente a obra de Nick Hornby), *Dias incríveis, Armações do amor, Ligeiramente grávidos,* e *Penetras bons de bico,* apenas para citar alguns. Embora a mensagem manifesta de *Sex and the city* fosse que as mulheres bem-sucedidas, solteiras e ótimas profissionais vivendo em Nova York tivessem mantido a amizade e suas vidas excitantes, nas quais os homens eram mais acessórios do que essenciais, a mensagem implícita era a oposta – elas precisavam desesperadamente de um homem em suas vidas.

ESTÁ TUDO NOS NÚMEROS

É evidente que um elemento-chave está fora do controle dos homens, das mulheres, da cultura e da evolução – a demografia. Porque, em certa escala, tudo é uma questão de números, e quando você tabula os últimos dados populacionais, o que se descobre é que as condições são desfavoráveis para as mulheres em relação a namoros e encontros amorosos.

Se você tiver idade suficiente, deve provavelmente se lembrar de um famoso artigo que a *Newsweek* publicou em 1986, relatando que as mulheres solteiras com 40 anos tinham mais chance de morrer em ataques terroristas do que de se casar. O que é especialmente interessante nessa tapeação é a vontade que muitos de nós demonstramos em acreditar nesse factoide durante tantos anos. Por que será que demonstramos a disposição de aceitar algo tão plausível quanto a ideia de que os alienígenas estão abduzindo os humanos? A razão é que essa teoria fez sentido para uma grande ansiedade cultural. Talvez ela não tenha descrito a situação com exatidão, mas para muitas mulheres acabou sendo a confirmação de como se sentiam na ocasião. E aquilo que sentiam – sem perceber – era uma tremenda mudança demográfica.

As mulheres que acharam a teoria factível faziam parte da primeira geração feminina, que cresceu depois da revolução feminista. Elas eram as orgulhosas herdeiras do direito ao trabalho, e muitas delas se ocuparam com carreiras profissionais. Mas tais carreiras tiveram seu preço: o encolhimento de suas perspectivas de namoro e casamento.

O medo da falta de homens prontos para o casamento tem uma longa história em nossa cultura. Basta pensar nos retratos das solteironas, com seus poderosos lembretes às mulheres sobre o que vai acontecer a elas se falharem no jogo do amor, e volte à era colonial. Para que as mulheres não pensem que suas preocupações atuais são fundamentalmente diferentes daquelas dos anos dourados, como nos anos 1950, basta que leiam as revistas femininas da época, que publicavam artigos mostrando onde encontrar maridos adequados, e até mesmo publicando dados do censo para determinar em quais regiões do país havia proporção mais equilibrada entre mulheres e homens.

Mas a revolução feminista dos anos 1960 e 1970 acabou acelerando algumas tendências demográficas que pioraram significativamente esse problema. Como as mulheres buscavam seguir suas carreiras, elas também se casavam mais tarde, o que acarretou profundas repercussões, porque acabou colidindo com outra tendência, que provavelmente tem origem em nossos dias nas savanas: os homens têm a tendência de se casar com mulheres mais jovens. De acordo com estudos, as mulheres procuram por homens que são 3,5 anos mais velhos do que elas, enquanto os homens preferem mulheres em média 2,5 anos mais novas. Como já vimos no capítulo sobre evolução, existe uma razão óbvia para essas preferências: os homens querem ter acesso a mulheres que possam reproduzir com êxito, por isso procuram mulheres jovens. As mulheres querem homens que possam ser provedores para elas, por isso procuram homens mais velhos e mais estabelecidos na vida. Apesar de amplamente inconscientes, esses fatores não são menos potentes. E os casamentos em geral estão de acordo com esses desejos. Em 1996, as noivas que se casaram pela primeira vez tinham em média 24,8 anos, enquanto os noivos de primeira viagem estavam com 27,1 anos.

Tudo isso está muito bem, mas ainda não explica por que alguém achou remotamente plausível que uma mulher poderia ter mais chance de morrer em um ataque terrorista depois dos 40 anos do que de casar. Para compreender por que isso atingiu algumas pessoas desse modo, precisamos considerar as implicações de preferência tão distorcida, e como ela age com o tempo. Em virtude de as mulheres preferirem se casar com alguém mais velho, suas opções de escolha naturalmente encolhem com o passar dos anos, enquanto as opções por parte dos homens começam a crescer na mesma proporção. Em outras palavras, os homens descobrem que seu estoque vai crescendo no mesmo momento em que as mulheres percebem que seu estoque está diminuindo. Então, enquanto a propaganda do perfume Enjoli prometia às mulheres que podiam trazer o *bacon* para casa e fritá-lo em uma panela, a tal propaganda não as lembrou de que talvez elas não tivessem alguém para quem cozinhar – um homem.

E a idade não foi o único critério que o feminismo influenciou. Como já discutimos, os homens e as mulheres prestam atenção a fatores como instrução, renda e posição profissional. Então, os homens têm tendência de se casar com mulheres mais jovens, com salário menor, que tenham menos instrução e sejam inferiores a eles na escala corporativa (há muitas histórias de patrões que se casam com suas secretárias, mas ainda não ouvi nenhuma sobre uma chefe que tenha se casado com seu secretário). É por esse motivo que o cenário dos namoros e encontros amorosos não é necessariamente o local mais amistoso para uma mulher solteira e bem-sucedida em seus 30 ou 40 anos – e foi por isso que aquela estatística ridícula sobre terrorismo ganhou tanta aceitação.

O que tudo isso significa é que os ganhos do feminismo no local de trabalho acabaram se tornando uma faca de dois gumes. Embora as mulheres estejam alcançando altas posições nas corporações em todos os lugares do mundo, elas quase sempre deixam suas vidas amorosas em segundo plano.

O feminismo abriu novas possibilidades às mulheres, mas deixou-as com uma escolha inflexível: melhorar suas perspectivas de carreira ou melhorar suas perspectivas de casamento. Se as mulheres realmente querem o melhor parceiro, deveriam procurar quando o estoque estiver mais alto, ou seja, quando elas estiverem com 20 anos. Se uma quantidade suficiente de mulheres fizer isso, haverá menos mulheres solteiras com 30 anos, o que melhorará também a situação para encontros amorosos e namoros para elas. É claro que casar-se mais cedo acarreta um custo para a carreira, especialmente se o casamento também trouxer a maternidade. Um economista criativo descobriu que uma mulher com 20 anos aumentará seus ganhos em torno de 10% se retardar o nascimento de seu filho por um ano, o que significa um ganho financeiro por toda a existência – não um aumento de 10% durante um ano, mas um aumento de 10% na média a cada ano pelo resto de sua vida – apenas por retardar em um ano a sua gravidez. Isso é o suficiente para transformar um bichinho de estimação em uma coerente alternativa a um bebê.

Eu me considero feminista, e certamente não tento argumentar que uma mulher não acredito deva seguir uma carreira, se é o que ela deseja fazer. Mas não acredito que sirva aos interesses de ninguém negar que a carreira de uma mulher representa um custo sentimental, especialmente se sua carreira retardar sua atração pelo casamento. Se as mulheres puderem ser honestas consigo sobre a realidade desse preço em princípio, então algumas das angústias que frequentemente afligem tantas mulheres solteiras entre 30 e 40 anos podem ser reduzidas.

Nada disso significa que as mulheres mais velhas estejam condenadas. Tudo isso são médias, e as médias contam toda a história. Todos nós teríamos 1,86 filhos em média. Existem inúmeros casais nos quais a mulher tem a mesma idade ou é mais velha. Mas ajuda muito a consciência sobre essas preferências porque, quando elas são multiplicadas pela população inteira, podem ter enormes consequências. É por essa razão que as reclamações mais estridentes sobre a questão dos namoros e dos encontros amorosos são ouvidas nas maiores cidades, onde desequilíbrios assim podem ser sentidos com mais intensidade (você pode argumentar que viver em uma grande cidade não é muito bom para um casal, não obstante os outros fatores. De acordo com um estudo, a proximidade com muitos parceiros potenciais exerce um enorme efeito no casamento e leva a mais divórcios, mesmo entre aqueles casais que se consideram felizes).

Você pode chamar isso de poder multiplicador das preferências insignificantes. Eu vivo em Nova York, que é um desses lugares onde os números são especialmente desfavoráveis para as mulheres. Em Manhattan e nos distritos mais afastados existem cerca de 90 homens para cada 100 mulheres. Esta proporção não parece tão ruim. No final das contas, ela nos deixa com apenas uma mulher solitária para 18 pessoas felizes. Mas essa proporção atenua o caso porque muitas pessoas já estão em algum tipo de relacionamento, assim 9:10 poderia ser tornar algo como 4:5, em que você apenas dobraria o número de pessoas solitárias e prepararia as bases para a popularidade de séries como *Sex and the city*. Essa série de TV ecoou os sentimentos de muitas mulheres que trabalham e para as quais foi dito que poderiam ter praticamente tudo, mas não lhes foi dito que haveria um preço a pagar por isso.

O quanto Nova York é difícil para uma solteira em seus 30 anos: uma mulher britânica se inscreveu em um serviço de namoros esperando encontrar alguém e depois de dois anos de procura, ficou tão desanimada que deixou o país e voltou a Grã-Bretanha em busca de um marido em solo nativo. Um grande número de mulheres reclamou da grosseira disparidade dos padrões: enquanto elas precisam ter todo o tipo de qualidades maravilhosas, qualquer homem solteiro, heterossexual e com emprego era considerado um bom partido. Minhas entrevistas também revelaram que, para muitos homens, o desequilíbrio demográfico transformou Nova York em uma Shangrilá Sexual (especialmente se eles forem razoavelmente bem-sucedidos). Se eu tivesse de resumir a atitude de todos os homens solteiros que entrevistei em uma palavra, esta palavra seria "presunçoso". Muitos deles sentiam-se desconfortáveis quando se aplicava a palavra "namoro" aos seus rlacionamentos. Porque tal palavra impunha inúmeros constrangimentos. Eles preferiam falar em "estar saindo" e "dar uma transada", frases nebulosas demais para se definir alguma coisa que implicasse algum tipo de comprometimento.

Você não precisa observar uma cidade com uma grande população para perceber o quanto os namoros são sensíveis aos números. Um estudo sobre *speed dating*[1] mostrou um efeito similar. Independentemente do número de pessoas que participassem de qualquer sessão, a seletividade dos homens não mudava. Quanto maior fosse o grupo, maior seria a quantidade de mulheres que os homens convidariam para sair. Mas elas se mostraram muito sensíveis ao tamanho do grupo. Quando os grupos eram pequenos (menos que 15 pessoas), as mulheres não eram mais seletivas que os homens. Mas, à medida que o grupo crescia, a seletividade das mulheres aumentava proporcionalmente. Marcia Guttentag escreveu um livro inteiro sobre este assunto, com o título *Too Many Women?*. Antes da Segunda Guerra Mundial havia sempre excesso de homens, mas as décadas pós-guerra reverteram a situação, mudando a proporção para 95 homens para cada 100 mulheres. Como o livro revela, foi uma pequena diferença que levou a consequências surpreendentes. Vamos analisar um dos anos destacados no livro. Em 1970, entre os americanos de 14 anos ou mais, havia 92 homens para cada grupo de 100 mulheres. Isso representava um excedente de quase 5 milhões de mulheres. Assim que ela retirou as mulheres casadas da conta, porém, a diferença continuou em 5 milhões, mas a proporção piorou muito, deixando apenas 81 homens para cada 100 mulheres. De acordo com meus próprios cálculos, baseados no censo de 2006, existem hoje aproximadamente 94 homens para cada 100 mulheres.

É claro que categorias demográficas diferentes podem ter perspectivas também diferentes. Por exemplo, as pessoas tendem

---

1. Encontro dinâmico entre solteiros disponíveis, em que as mulheres ficam sentadas, enquanto os homens passam de mesa em mesa, com três minutos para conhecer cada uma. O encontro consiste em perceber se o outro é interessante ou fazer-se interessante nesses ínfimos 3 minutos. (N. do T.)

a se casar com alguém de sua própria origem e etnia. Entre todos os homens e mulheres brancos com idades de 15 a 54 anos, a proporção é um equilíbrio de 103 homens para 100 mulheres, baseado no censo de 2006, enquanto a proporção entre homens e mulheres negros é de 87 homens para cada 100 mulheres.

Tais números enviesados não apenas têm desdobramentos na capacidade de a mulher conseguir um encontro. Eles também exercem uma profunda influência na sociedade como um todo. Como Guttentag percebeu, essas proporções no sexo moldam os papéis sexuais. Ao estudar os índices históricos, Guttentag descobriu que as sociedades com mais mulheres que homens compartilhavam uma grande quantidade de características, como um crescimento no nascimento de bebês ilegítimos, e um crescimento do liberalismo sexual. É claro, nada disso significa que o destino terá tal distribuição demográfica. Afinal das contas, ninguém se casa com 0,94% de um parceiro, mesmo que esse parceiro não seja exatamente o seu ideal.

OS CONSOLOS DO CELIBATO
PELO MENOS PARA AS MULHERES

Coragem, mulheres solteiras! Eu tenho algumas boas notícias que deverão libertá-las de certos estereótipos que as ameaçam. Apesar de nossos estudos demográficos e nossa cultura trabalharem contra vocês, as últimas descobertas científicas revelam que os homens é que deveriam estar mais preocupados em encontrar a parceira adequada. Todas essas piadas sobre aqueles solteiros inaptos morando em seus buracos, uma bagunça de restos de *pizza* misturados à roupa suja, parecem conter alguma verdade. Você só precisa dar uma olhada na média de expectativa de vida de mulheres e de homens casados contra mulheres e homens solteiros. Para pegar um exemplo mais acabado: 9 entre 10 homens casados com 48 anos chegarão aos 65 anos. E qual é o índice para homens solteiros? É de 6 entre 10 (sendo os divorciados e viúvos levemente mais bem-sucedidos que os solteiros). Para o homem, é muito pior não se casar que ter um ataque cardíaco. Enquanto uma doença cardíaca pode encurtar a vida do homem em pouco menos que seis anos, não se casar irá reduzi-la em quase uma década. As mulheres também se beneficiam do casamento. Uma mulher solteira tem um índice de mortalidade 50% mais alto. Mas os homens não casados têm um índice de mortalidade 250% mais alto. Então, apesar dos estereótipos culturais, os homens parecem precisar do casamento muito mais que as mulheres.

E você pode perceber isso pela avidez com que cada sexo quer se casar de novo. Os homens têm quatro vezes mais probabilidade de se casar de novo, e eles fazem isso mais cedo do que as mulheres, com uma média de três anos entre as esposas, comparada a nove anos entre os maridos. Quando você observa algumas formas de avaliação mais subjetivas, por exemplo a satisfação com a vida, o contraste também é total. Enquanto os homens casados têm mais satisfação com suas vidas que os solteiros, a situação é contrária para as mulheres. As mulheres solteiras estão mais satisfeitas do que as casadas. Um estudo até identificou uma "diferença de felicidade" que se abriu entre homens e mulheres. No início dos anos 1970, as pesquisas mostravam que as mulheres eram um pouco mais felizes do que os homens, mas esta situação agora mudou, deixando os homens como mais felizes. A razão para isso se deve provavelmente aos ganhos incompletos do feminismo. Desde os anos 1960, o tempo em que os homens passam trabalhando decresce enquanto aumenta o tempo que eles passam relaxando. Enquanto isso, as mulheres podem fazer menos trabalho doméstico, mas elas adicionaram mais tarefas remuneradas em suas agendas. Há 40 anos as mulheres passavam cerca de duas horas por dia fazendo um tipo de trabalho que consideravam desagradável, cerca de 40 minutos mais do que os homens. Agora, este fosso cresceu para 90 minutos, e talvez nunca o lamento sobre quão difícil é ser uma mulher tenha sido tão verdadeiro.

Infelizmente, a ideia que estar solteiro é pior para os homens que para as mulheres raramente é a mensagem que nossa cultura envia para as mulheres solteiras. Basta pensar em nossos estereótipos culturais. Uma mulher solteira provavelmente deve afundar gradualmente no lamaçal do desespero, solitária, exceto pelos gatos. Em contraste, um homem solitário ainda inspira – embora em grau menor do que costumava ser – pensamentos de que é um solteiro alegre e animado como George Clooney. Como é de se esperar, isso cria algumas defesas nas mulheres solteiras. Maureen Dowd, uma mulher solteira muito bem-sucedida, intitulou seu mais recente livro de *Os homens são necessários?*. É quase impossível imaginar que um homem solteiro bem-sucedido intitulasse seu livro de *As mulheres são necessárias?*. Alguém poderia argumentar que os homens são tão egoístas que não se preocupariam tanto com o sexo oposto. Por exemplo, Christopher Hitchens escreveu um livro chamado *God Is Not Great* que, se fosse traduzido nos termos de Dowd, seria chamado *Deus é necessário?*. Então, os homens teriam de se preocupar com Deus enquanto as mulheres se preocupariam com os homens. Na verdade, existe um subgênero inteiro de livros de autoajuda que revelam a ansiedade penetrante das mulheres, até o máximo da estridência. Meu livro favorito é: *Por que os pepinos são melhores que os homens*. Estes livros são resultados da intensa pressão que nossa sociedade exerce sobre as mulheres solteiras. Isso não é um fenômeno recente. Existe uma teoria sobre os julgamentos das bruxas de Salem, que eles provavelmente tenham sido causados pelo medo das mulheres mais jovens da localidade de não serem capazes de encontrar maridos.

A realidade das mulheres solteiras está em desacordo com a percepção dos estereótipos, mas isso não minimiza as dificuldades daquela mulher que deseja viver sua vida em discordância do enredo romântico. Mas eu espero que esses dados pelo menos aliviem alguma pressão, porque a verdade é que, com base nas estatísticas disponíveis, as mulheres deveriam se preocupar um pouco menos em se casar e os homens deveriam se preocupar um pouco mais.

Capítulo 4

O JOGO DOS ENCONTROS

O QUE APRENDI COM ADAM SMITH

Inventei um jogo: "O Jogo do Namoro" (patente pendente). É muito simples. Cada escolha que você faz na vida pode aumentar ou diminuir suas possibilidades de namorar. Vamos pegar minha própria vida como exemplo. Estudei em uma das mais renomadas universidades. Esta é uma excelente notícia para minhas possibilidades amorosas. As mulheres tendem a se casar com alguém com o mesmo grau de instrução, ou maior. Ganhei um bônus adicional por ter frequentado uma escola de prestígio. Depois de alguns anos em jornalismo (subtraia alguns pontos por ser uma atividade de baixa renda, mas devolva alguns pontos por eu ter um emprego interessante), voltei para a universidade para obter uma pós-graduação, o que se tornou uma faca de dois gumes. Eu deveria ter ampliado minhas chances de namoro, porque poderia ter acrescentado mulheres com pós-graduação à mistura, porém eu cometi um erro de cálculo fatal: não consegui meu MBA ou uma graduação em Direito, duas excelentes garantias para o sucesso financeiro; em vez disso, obtive meu PhD em História. As perspectivas de trabalho não são muito boas para Ciências Humanas, e mesmo que você consiga um bom emprego, nunca obterá grande sucesso financeiro a não ser que faça parte das classes mais abastadas. Uma vez que os recursos financeiros representam um papel extraordinário na qualidade de ser desejável, e eu não era um homem nesta situação, o que estabeleceu um teto bem definido em minhas probabilidades de conseguir namoros e encontros românticos.

Depois de formado, mudei-me para Nova York, o que também acarretou um efeito confuso em minhas perspectivas sentimentais. Por um lado, Nova York tem muitos homens financeiramente bem-sucedidos. Eu vim lecionar em uma escola secundária, o que me colocou em um ponto mais baixo no *status* profissional e também reduziu minhas perspectivas amorosas, porque perdi os pontos que poderia ter conseguido como professor universitário. Por outro lado, eu tinha a questão demográfica a meu favor, já que em Nova York há menos homens que mulheres. Estar na faixa dos 30 anos também ajudou porque, como você sabe desde o capítulo anterior, as mulheres tendem a se casar com homens mais velhos.

Com as possibilidades amorosas neste ponto, eu estava em uma condição relativamente boa, embora dificilmente fosse um candidato "arrasa-quarteirão". Tinha alguma das coisas que as mulheres procuram (instrução, estabilidade financeira, poucos problemas de mau hálito), mas me faltava algo importante: o sucesso financeiro. Minhas perspectivas eram medíocres. Em certos microcosmos de namoro, por exemplo, em uma cultura em que exista um respeito acima da média pelo ensino e pela cultura, talvez eu tivesse muito mais chances do que na população como um todo. Então o que aconteceu? Eu não vou mantê-lo em suspense sobre nosso herói infeliz e superinstruído. Atualmente, estou casado. O que é interessante é que minha esposa tem ascendência coreana, então é possível que fatores culturais tenham lhe dado essa atitude de mais respeito pelo ensino e pela educação do que a dos americanos típicos, embora ela não pareça muito impressionada com meu doutorado quando ocorrem desavenças em nosso casamento.

Mas as coisas teriam sido muito piores se eu fosse uma mulher. Como nós já vimos, os homens não têm tendência de se casar com uma mulher com mais instrução, então uma mulher com PhD seria um albatroz. E o fato de mudar para Nova York teria sido uma péssima ideia por causa da escassez de homens. Finalmente, a cada ano que passava e que eu não me casasse, uma lógica matemática cruel estaria trabalhando contra mim. Como Andy, PhD masculino, cada ano passado aumentou minhas perspectivas de namoros. Mas como Andy, PhD feminina, cada ano que passasse iria diminuir estas perspectivas.

Embora eu não ache que o meu jogo do namoro venha a se tornar o Banco Imobiliário do século XXI, certamente fornece uma valiosa lição sobre a maneira como os namoros são suscetíveis a certo tipo de análise de mercado, na qual você pode prever como cada movimento em sua vida vai aumentar ou diminuir seu valor. É claro que nenhum jogo jamais poderá controlar a imprevisibilidade da vida. Como Andy, PhD feminina, talvez eu estivesse destinada a conhecer e a me casar com aquele sensível PhD inglês que compartilhava meu amor pelos livros de Jane Austen e ficaria feliz em batizar nossos filhos com os nomes dos nossos personagens favoritos (Chuzzlewit Trees praticamente enrola a língua). Mas as disciplinas acadêmicas, como Economia e Teoria dos Jogos, nos permitem avaliar os namoros sob uma luz racional, e não sentimental. Não é preciso dizer que, quando você começa a falar sobre algo como os namoros sob a opaca luz da ciência, você estará o mais longe possível do enredo romântico.

Por mais estranho que pareça, a ideia deste livro começou a tomar forma quando eu li um livro sobre Economia – mais especificamente, um capítulo sobre como a teoria dos jogos é utilizada pelos economistas para realizar leilões mais eficientes (isto é, mais eficientes do ponto de vista dos vendedores, já que os novos métodos tratam de tirar o máximo de dinheiro dos compradores). Quando eu li sobre leilões, uma pergunta surgiu em minha mente: por que eu não poderia usar a teoria dos jogos para nos ajudar a navegar no mundo dos namoros? *Decodificando o amor* evoluiu bastante daquela ideia original. Mas o ponto central, ou seja, se a ciência poderia ou não oferecer melhores respostas sobre como e por que namorar, permaneceu. E este capítulo é minha tentativa de examinar aquela pergunta usando a economia e a teoria dos jogos. Mesmo que tais abordagens não ofereçam nenhuma resposta, elas podem ao menos nos dar uma compreensão mais clara das forças em ação.

POR QUE A CIÊNCIA É MELHOR QUE LIVRO DE AUTOAJUDA

Se você não acredita em mim, tudo o que precisamos fazer é analisar alguns livros sobre namoros e encontros amorosos com as ferramentas da ciência econômica, para ver como são quase todos lamentavelmente simplistas. Pegue, por exemplo, o grande sucesso dos anos 1990: *As 35 regras para conquistar o homem perfeito*. Como o título sugere, ele contém certa quantidade de regras para guiar o comportamento das mulheres quando estão namorando, regras sobre quanto tempo falar ao telefone, quando sair com o pretendente e assim por diante. É um livro que gerou uma verdadeira indústria sobre o assunto – *Rules II, The Rules for On-line Dating, As Regras do Casamento, The Rules Dating Journal*. Ironicamente, uma das autoras acabou divorciada; embora, considerando os índices de divórcio, eu diria que ela foi vítima das porcentagens, e não de suas próprias regras. Quando olhamos do ponto de vista da economia, porém, só uma regra estava em funcionamento – criar uma escassez artificial para aumentar o valor de mercado da mulher. Todas as regras foram projetadas para deixar a mulher menos disponível ao homem, para criar a sensação de que qualquer período com ela seria muito valioso. Não discuto a eficácia dessa estratégia. Estou simplesmente tentando mostrar como, no momento em que você exclui a retórica, a maioria dos conselhos é muito simples.

E a mesma lição se aplica a livros do gênero para homens. Como você pode esperar, tendo em vista os primeiros capítulos que tratam dos desejos masculinos por sexo mais frequente e mais variado, a maioria dos livros é escrita no sentido de ajudar os homens a seduzir as mulheres, e não a colocá-los em relacionamentos de longo prazo. Vamos pegar um exemplo bem representativo, o livro de Neil Strauss chamado *O jogo: a bíblia da sedução*. O livro até foi impresso para se parecer como uma Bíblia, como se contivesse segredos eternos da seleção masculina. Assim como *As 35 regras para conquistar o homem perfeito,* ele contém uma riqueza de técnicas complicadas. O livro se torna incrivelmente básico, porém, quando visto através das lentes da economia. Ele simplesmente aplica a lógica do mercado ao jogo da conquista: trata de cada um dos encontros com uma mulher como se fosse uma negociação, durante a qual você tenta enfraquecer o valor da mulher e inflar nela o sentido de seu valor pessoal. Mais uma vez, não tento discutir se a técnica é ou não efetiva. Tenho certeza de que o homem que se torna especialista nisso é muito bem-sucedido. O que proponho é que a economia e a teoria dos jogos podem fornecer um grau mais profundo de compreensão.

QUANTO VOCÊ QUER POR AQUELE CÃOZINHO NA VITRINE?

Vamos começar com a ideia de analisar o namoro usando a poderosa ferramenta desenvolvida por Adam Smith: o mercado. Não é tão estranho quanto possa parecer. Já existem algumas tentativas de compreender os relacionamentos usando métodos econômicos, decididamente pouco românticos, mas práticos e realistas. Tudo começou com o economista Gary Becker, que escreveu um artigo, em 1973, intitulado "Uma teoria sobre o casamento, parte I" e foi publicado no *Journal of Political Economy* (a parte II foi publicada no ano seguinte). Ele assumia que as pessoas que namoravam e que tinham uma mente mais racional procurariam pelos companheiros mais desejáveis, o que o levou a prever a existência de uma "correspondência associativa positiva", ou, em uma linguagem mais comum aos mortais, a ideia de que homens e mulheres com "desejabilidade" similar se juntariam Esta simples conclusão implicou numerosas equações e uma infinidade de cálculos matemáticos. Becker, afinal de contas, é ganhador do Prêmio Nobel e não apenas um daqueles caras que fica jogando conversa fora, e ganhou seu prêmio ao descobrir maneiras de aplicar a análise econômica a todo tipo de atividade humana, normalmente não ligada à economia, como o casamento. Inconscientemente, Becker nos forneceu as primeiras dicas sobre como aplicar o rigor da teoria e da matemática ao vago e indistinto mundo das relações entre homens e mulheres, e essa pesquisa inicial gerou milhares de seguidores.

Antes de mergulharmos nesse mundo, entretanto, quero enfatizar que, embora a análise matemática seja válida, as coisas podem ficar estranhas, e muito rápido. Os economistas andam muito ocupados atualmente, espalhando valores para todo tipo de coisas, muitas das quais você acharia impossível de quantificar. Por exemplo, se você ampliar a quantidade de vezes que faz sexo, digamos de uma vez por mês para uma vez por semana, os economistas estimam que isso teria o mesmo efeito em sua felicidade do que um aumento de 50 mil dólares em sua renda anual. Bem, receber um aumento desse tamanho já lhe pareceu fácil? O casamento vale um extra de 115 mil. Para uma mulher, o sêmen vale 1,5 mil dólares, porque contém uma grande variedade de produtos químicos que dão uma turbinada no humor feminino, logo que absorvidos pela vagina, e o toque acrescenta mais 26 mil ao bem-estar, por reduzir os níveis de estresse e impulsionar os índices de serotonina e dopamina. Os economistas até computaram valores para coisas como orgasmos (7 mil) e suor (15,5 mil). Interessante? Sim. Mas tudo isso se parece com um exemplo clássico do velho ditado, que fala sobre saber o preço de tudo e o valor de nada. Um matemático chamado Sergio Rinaldi chegou mesmo a desenvolver equações para quantificar o amor. Parece legal, não? Os mistérios do amor resolvidos com a precisão de uma fórmula matemática. Aqueles mais inclinados à matemática provavelmente já estão todos empertigados, achando que os problemas acabaram. Bem, acho então que é melhor acabar com o suspense. Aqui estão as equações que ele desenvolveu:

$$\dot{x}_1(t) = -a_1 x_1(t) + R_1(x_2(t)) + I_1(A_2),$$
$$\dot{x}_2(t) = -a_2 x_2(t) + R_2(x_1(t)) + I_2(A_1).$$

Útil? Não achei. As equações vieram do livro de Clio Cresswell, *Mathematics and Sex*. O livro está cheio de equações como essa e é muito interessante de ler. Mas o que de mais importante ele me ensinou não foi como a matemática pode explicar os mistérios do amor, mas que ela em si é misteriosa demais para um leigo como eu. Quando chega a hora de lembrar de números, muitos de nós não são muito mais sofisticados que nossos ancestrais. George Miller, psicólogo cognitivo, escreveu, em 1956, o famoso ensaio chamado "O mágico número 7". Nesse artigo, ele sugere que 7 era o número mágico que caracterizava a capacidade limitada da memória de curto prazo das pessoas em armazenar listas de letras, palavras ou números. Então, ofereço este capítulo a vocês com uma advertência. Encare tudo o que está aqui com certa reserva. O capítulo contêm informações interessantes? Sim. Você deveria levar tudo o que está aqui ao pé da letra? Não. Embora a teoria dos jogos e a economia possam oferecer ferramentas analíticas poderosas para compreender os namoros, a vida real jamais poderá ser reduzida a simples fórmulas.

VAMOS FAZER UM ACORDO?

Dito isto, vamos ver se conseguimos cavar algumas ideias úteis dessa ciência horrenda e de sua prima sombria, a teoria dos jogos. Antes de mais nada, vamos começar com a ideia do "mercado de casamentos". Todos nós gostamos de acreditar que nos apaixonamos por alguém por causa de motivos particulares e idiossincráticos. Isso nos faz sentir muito melhores em relação a nós mesmos, porque imaginamos não ser aquele tipo de pessoa que toma decisões sobre relacionamentos com sangue-frio. E também nos sentimos melhor em relação ao amor, porque essa ideia enaltece a concepção sobre o relacionamento, muito mais do que a lógica fria e inflexível do mercado. Mas existem boas pistas que o mundo dos namoros funciona como um mercado, e dos mais eficientes. Os pesquisadores podem literalmente montar um gráfico com os valores que as pessoas dão a diversas qualidades, e apesar de nossa complexidade individual, a maioria dos namoros pode ser reduzida a uma lista de atributos assustadoramente simples. Em termos mais amplos, o valor de mercado de uma mulher depende de sua capacidade de fecundação e de sua atratividade, enquanto os homens são avaliados por seu potencial de ganhos e seu grau de compromisso. Parece ser extremamente simplista reduzir os namoros a tais critérios. Afinal, cada um de nós tem muitas outras preferências. Em geral, no entanto, essas poucas variáveis são as chaves determinantes do valor de mercado. Em estudo sobre anúncios sentimentais (pessoas que anunciam em classificados à procura por alguém para um relacionamento amoroso) publicados em quatro grandes jornais, verificou-se que esses anúncios ofereciam a confirmação perfeita dessa abordagem orientada ao mercado. Quanto mais velha fosse a mulher, menos exigente ela se mostrava em seu anúncio. E quanto mais bem classificada ela se considerasse, em termos de atratividade, mais altas eram as exigências que fazia. Os homens que declaravam ter mais recursos financeiros também eram mais exigentes, e aqueles que se definiam com menos recursos ofereciam um grau maior de compromisso. Eu não acho que nós saiamos por aí com valores de mercado tão bem definidos em nossa mente, enquanto procuramos por um parceiro ou parceira. Mas eu acho sim que, com o tempo, nossa experiência com namoros e encontros acaba nos dando um senso de nosso próprio valor, e naturalmente passamos a gravitar ao redor de pessoas com o mesmo valor de mercado. Em outras palavras, não afirmo que acabamos nos apaixonando por alguém apenas porque estamos conseguindo obter um valor justo pelo nosso poder de atração; o que quero dizer é que o senso de nossa própria atração nos predispõe a nos apaixonar por alguém com um valor de mercado equivalente.

Embora a maioria das pessoas que entrevistei estivesse compreensivelmente hesitante em admitir esse cálculo grosseiro, quase todas reconheceram que um pensamento mercadológico moldou sua aproximação de alguém, seja por ouvir um amigo dizendo que "você conseguiria algo melhor"; ou deixar de se aproximar de alguém porque ele ou ela "não fazia parte de meu círculo de amigos". Uma mulher chegou mesmo a confessar que ela fazia uma avaliação do "valor do rompimento" da relação depois que ela chegava ao fim. Ela fazia um inventário de todos os presentes que recebera, totalizava o valor e decidia se a "indenização" tinha valido o esforço.

Apesar do estigma associado a uma abordagem voltada para o mercado, uma mulher era uma exuberante praticante das negociações ao estilo do mercado, quando se tratava de namoros e encontros. Como aluna de um curso de MBA, ela recebeu uma quantidade de pontos em cada semestre, o que lhe dava a oportunidade de se candidatar às aulas mais concorridas. Em certa ocasião, ela gastou toda a sua cota para entrar em uma classe de negociação, o que era ou um sinal de sua paixão pelo assunto, ou um reconhecimento de sua total falta de habilidade em negociar. No semestre seguinte, ela imediatamente aplicou em seus namoros tudo aquilo que aprendeu na sala de aula. Ela aprendeu a analisar quais eram as melhores alternativas para o que lhe era oferecido, e também a trabalhar para enfraquecer tais alternativas ao mesmo tempo em que fortalecia sua posição. Em seu caso, ela se viu interessada em um homem que já tinha uma namorada. Então, passou a apontar de todas as formas possíveis aquilo que faltava na namorada. E para aumentar seu apelo, ela se envolveu em táticas variadas para se tornar mais desejável. Flertou com outros homens na frente dele e lhe contou como estavam interessados nela. Também minimizou suas ambições profissionais, por achar que elas poderiam ser algum tipo de bloqueio. Finalmente, depois de amolecê-lo, ela o levou à mesa e negociou explicitamente, apontando todas as razões pelas quais um relacionamento com ela poderia beneficiá-lo e o pressionou, dizendo que ela seguiria seu caminho caso ele não estivesse pronto para se envolver. Isto é romântico? Não. Mas foi eficaz? Sim. Hoje eles estão namorando. Independente de continuarem juntos, é oportuno dizer que ela é uma mulher que vai em frente. Não sugiro que todo mundo devesse tratar os namoros como se pechinchassem um carro usado, mas realmente espero que isso seja razoavelmente convincente, que os princípios de mercado possam ser aplicados ao mundo dos namoros e dos encontros românticos.

Se você aceita que a lógica de mercado também governa os namoros de alguma forma, poderá então mapear todos seus movimentos de acordo com uma simples diretriz. Será que isso tem a probabilidade de aumentar ou diminuir meu valor de mercado? Você deve, tanto quanto possível, posicionar-se como um objeto raro e valioso. Parece espantosamente simples, tanto que eu quase me sinto insultando sua inteligência ao declarar isso tudo de forma tão grosseira, mas é também assustadora a frequência com que as pessoas agem de forma contrária, como inundar um *ex* com *e-mails* e telefonemas.

Você também precisa ser honesto em relação ao seu preço de etiqueta. Se você é rico, lindo, talentoso, divertido e gentil, você tem um tremendo valor de mercado e é possível conseguir praticamente tudo o que desejar em um companheiro ou companheira. Mas, e se você estiver na média ou, pior ainda, abaixo da média? Como muitos estudos têm mostrado, nós somos muito relutantes em admitir isso e normalmente inflacionamos nosso valor de mercado em detrimento de nossas vidas amorosas. Em uma pesquisa recente, menos de 1% das pessoas classificou-se como menos atrativa do que a média, o que significa que 40% de nós nos enganamos. Infelizmente, a lógica cruel do mercado se aplica não apenas aos outros, mas também a nós, e a triste verdade é que quase todos preferem imaginar que são um bom partido, quando a verdade não é essa.

Mas e se pudéssemos ser brutalmente honestos e confessar nossas imperfeições? O que faríamos, então? Nesse mercado tão público, como deveríamos agir para selecionar um companheiro ou companheira? Um pesquisador conseguiu descobrir. Ele organizou uma experiência em que criou um "mercado de parceiros". As pessoas receberam certa quantidade de dinheiro para comprar as qualidades que desejavam encontrar em seus parceiros. Como o pesquisador deu às pessoas um orçamento muito pequeno (na verdade, atribuindo-lhes baixo valor de mercado), ele foi capaz de descobrir quais eram as necessidades reais em relação à escolha de um parceiro e o que era luxo. As mulheres com aquele orçamento apertado gastaram seu precioso dinheiro em inteligência, faturamento, ética no trabalho e senso de humor. E os homens com pouco dinheiro provaram ser criaturas muito mais simples. Eles gastaram seu dinheiro na atração física, algo que as mulheres consideram um luxo.

O mercado real dos namoros não é tão simples quanto o experimental, nem é tão direto quanto era quando Becker escreveu seu artigo inovador nos anos 1970. Ele se tornou muito maior e muito mais complicado. Costumavam existir todo o tipo de restrições – geográficas, sociais, econômicas – que limitavam as escolhas a um grupo relativamente pequeno de pessoas. Atualmente, no entanto, a internet oferece opções praticamente ilimitadas e todas livres dessas restrições usuais – o que poderia ser chamado de globalização dos namoros. Como talvez se lembre do último capítulo, multiplicar o número de opções não é necessariamente algo positivo, e de acordo com um estudo recente, muitas pessoas estão achando esse mercado expandido extremamente opressor. Os autores do estudo o chamaram de "caos do amor".

Esse mercado livre de correntes acabou criando problemas inteiramente novos. Em primeiro lugar, você tem uma chance maior de se combinar mal com alguém, muito maior do que antes, quando suas opções eram como as de uma pequena cidade, onde os homens e as mulheres eram seus conhecidos há anos. Nós vivemos em uma sociedade de massas, onde competimos – intencionalmente ou não – com amigos de nosso próprio círculo social, com transeuntes ocasionais, garçons e garçonetes, antigas paixões da faculdade, e assim por diante. Em segundo lugar, as pessoas têm se tornado cada vez mais confusas com seus próprios critérios para selecionar um parceiro. Em muitas espécies, existe apenas um único critério que determina quem vai se acasalar com quem. Se você for uma lagosta fêmea, procura por um macho com garras enormes. Se for um pavão fêmea, procura por uma cauda enorme em seu macho. Caso seja um cachalote fêmea, estará atrás de... Bem, quem é que sabe o que um cachalote prefere? Mas não é assim tão simples para nós. Talvez um dia tenha sido. Voltando mais uma vez às savanas africanas, lá não havia tanto a se considerar. Talvez uma pessoa tenha sido um grande caçador, enquanto outra fizesse belas fogueiras. Hoje em dia, por outro lado, nós encaramos uma quantidade quase infinita de critérios. Ele é engraçado? Ele gosta de *rock emo*? Será que ele sabe cozinhar? Será que ela se parece demais com a sua *ex*? Quando tudo se torna possível, fica cada vez menos evidente aquilo que é essencial. E como resposta a essa complexidade, as pessoas estão se voltando aos especialistas para ajudá-las com isso. De fato, qualquer um que aplique as fórmulas encontradas em um *site* para encontrar alguém, na verdade, confia em um especialista no assunto. Ironicamente, essa procura aos especialistas acabou simplesmente acrescentando uma nova camada de complexidade e ampliando a perda de controle.

PARA VER SEU PERFIL, CLIQUE AQUI

Vamos voltar nossa atenção por alguns momentos aos *sites* de relacionamento da internet. Quase todos eles estão envolvidos em uma corrida para lançar um sistema eficiente que compreenda o mercado dos casamentos, e embora aspirem ser algo próximo da ciência, ainda continuam mais parecidos com alquimistas medievais. Aparentemente, todos os *sites* contrataram seu próprio "guru do amor" e desenvolveram algum tipo de algoritmo ultrassecreto para combinar os casais. O *site* <chemistry.com> tem a Dra. Helen Fischer, que veio com uma versão modificada do teste de personalidade de Myers-Briggs (se você já passou algum tempo em algum consultório de orientação vocacional, tentando descobrir o que fazer da vida, provavelmente já fez alguma versão desse teste). Ela escreveu diversos livros maravilhosos sobre o amor, mas é a primeira a admitir que não tem nenhum treinamento específico nessa área – ela é antropóloga. Quando o *site* <chemistry.com> tentou propagandear que seu algoritmo era baseado nas descobertas mais recentes da ciência da atração, o *site* <eharmony.com> reclamou ao Better Business Bureau e os forçou a retirar sua propaganda. O *site* <match.com> criou o Perfect Match com seu guru Dr. Pepper Schwartz (que também escreveu livros excelentes), criador do "Duet Total Compatiblity System", uma versão ainda mais complicada do teste de Myers-Briggs que de Fischer. O mais complexo de todos é o do <eharmony.com>, em que centenas de perguntas avaliam as pessoas por meio de 29 traços principais. E qual é a fórmula matemática que faz todos esses traços compartilharem de algum sentido? Eles a guardam como se fosse a fórmula secreta da Coca-Cola.

O primeiro problema com todos esses *sites* é que, mesmo podendo dizer que são baseados em fórmulas científicas, nenhum deles ainda passou pelo teste científico real – uma avaliação especializada. Em outras palavras, não é o suficiente dizer que você descobriu uma fórmula mágica. Você precisa submeter sua pesquisa a um fórum, em que outros cientistas possam avaliar a validade de sua afirmação. Isso talvez pareça concentrar-se em detalhes pequenos e sem importância, especialmente para achar alguma falha, mas é base fundamental da pesquisa científica. Muitos desses serviços de namoro pela internet dizem que pretendem publicar seus resultados, mas falar é fácil. Eu garanto-lhes que se qualquer desses *sites* tivesse uma prova evidente de sucesso, seria o primeiro a correr para divulgá-la.

Se você investigar esses *sites* usando matemática, o problema se torna mais profundo. Lori Gottlieb escreveu um artigo bem engraçado no *The Atlantic Monthly* há alguns anos, reclamando, entre outras coisas, que não combinava com nenhum dos clientes do <eharmony.com>. Neil Clark, fundador da empresa, explicou carinhosamente que ela era uma pessoa excepcional e que seu *site* fazia seu trabalho com mais acuidade com pessoas comuns. É claro que essa resposta pode fazer alguém reconsiderar que tipo de ajuda afinal esses *sites* fornecem – se é que há alguma. A grande maioria das pessoas cai em um desvio-padrão da estatística para praticamente todas as características, por isso, se você estiver na média, seria quase impossível não ter correspondência com outras pessoas e seria também praticamente impossível descobrir se há alguma validade nesse sistema de correspondência.

Você poderia pensar que a forma de contornar isso seria medir mais características. Desse ponto de vista, os 29 traços principais do eharmony parecem algo muito bom. É confortador saber que há uma longa lista de perguntas sobre você e sobre o que está procurando em um parceiro ou parceira. Você pode calibrar cuidadosamente quanta importância dá à ambição, ao senso de humor ou à gentileza. Quando finalmente parar de clicar, você provavelmente pensará que tudo o que precisa fazer agora é descansar um pouco e esperar que o computador revele sua alma gêmea. Mas um pouco de análise matemática revela uma falha fatal nesse método de múltiplos critérios. Infelizmente, quanto mais qualidades um questionário desses inclui, menor a probabilidade de encontrar alguém que combine com você. Mesmo que você limite a pesquisa para incluir apenas 6 possíveis atributos, você terá apenas 1 em 28 chances de encontrar o par perfeito. E isso rapidamente piora ainda mais. Com apenas 10 atributos, pode se tornar impossível encontrar alguém que combine com eles. Os matemáticos chamam esse fenômeno de "a maldição da dimensionalidade", que significa, em resumo, que quanto mais dimensões você considerar, mais difícil será encontrar qualquer conceito de similaridade que faça sentido. Aquela enorme quantidade de dados está simplesmente aberta a inúmeras interpretações possíveis. Em outras palavras, empilhar uma lista de qualidades não ajuda a apurar a pesquisa. Ao contrário, torna-a impossível.

Tudo isso não quer dizer que esses *sites* de namoro não aproximem as pessoas de modo satisfatório. Eles fazem isso, sem dúvida. O que estou sugerindo é que o êxito tem pouco a ver com, os assim chamados, algoritmos científicos. Se você combinar bastante gente, algumas delas muito provavelmente ficarão juntas, independentemente do sistema empregado. Como os consultores mais honestos desses *sites* admitem, esse campo está em seu início, e ninguém decifrou seu código ainda.

E a palavra-chave é "ainda". A boa notícia é que esses *sites*, assim como os de relacionamento, do tipo Facebook, Orkut e Myspace, estão começando a alimentar os pesquisadores com uma enorme quantidade de informação sobre como e o que leva uma pessoa a outra, e em alguns anos a ciência talvez seja capaz de fornecer respostas mais refinadas sobre tais questões. Isso posto, algo tão indefinível como a natureza da atração entre um homem e uma mulher permanece um intimidante desafio científico. Para oferecer um ponto de comparação, pense nos teste de QI. Talvez você imagine que medir a inteligência de alguém seja uma tarefa relativamente fácil. Os testes foram desenvolvidos na primeira metade do século XX e houve tempo suficiente para refiná-los e aperfeiçoá-los. E muito dinheiro foi investido nisso. E apesar de todos os esforços, os testes de QI ainda fazem um trabalho bem grosseiro na tarefa de medir a inteligência. Eles fazem um excelente trabalho ao revelar coisas como a realidade socioeconômica dos pais, mas isso é meio como cumprimentar um dançarino por ter ótima caligrafia. Assim, embora as fórmulas usadas por esses *sites* para encontrar o par perfeito irão sem dúvida melhorar com o passar do tempo, eu não esperaria por elas para resolver meus problemas amorosos.

RESUMO DA ÓPERA

A verdadeira questão é: podemos usar essa ideia de mercado em nossa vantagem, quando iniciarmos um namoro? Colocando em termos econômicos, nós queremos procurar por ativos menos valorizados e que possam ser obtidos por uma pechincha, evitando qualidades a um preço muito alto, pelas quais pagaremos caro. Assim que você começar a olhar o mercado dos namoros nestes termos, encontrará bons e maus negócios em todos os lugares. Veja, por exemplo, os homens mais baixos. As mulheres dão muito valor à altura de um homem. Em um estudo sobre anúncios pessoais, 80% das mulheres disseram que queriam um homem como pelo menos 1,80 m. As mulheres valorizam tanto essa característica que acabam por superestimá-la, em termos de mercado. Em estudo recente sobre namoros *on-line*, os pesquisadores descobriram que um homem com uma altura de cerca de 1,60 m deveria ganhar por ano 175 mil dólares a mais do que um sujeito de 1,80 m, para poder superar a diferença de altura. Outro estudo *on-line* praticamente repetiu esses resultados, descobrindo que um homem de cerca de 1,70 m de altura precisa ganhar 146 mil dólares a mais do que a média salarial para atrair as mesmas mulheres atraídas por um homem mais alto, enquanto um sujeito mais baixo, com cerca de 1,50 m, deveria receber astronômicos 325 mil dólares acima da média.

Seja por qualquer forma de medida, as mulheres pagam muito por esses centímetros adicionais, pedindo cerca de 30 mil dólares anuais de pagamento para cada polegada de que estiverem abrindo mão. Isso é o suficiente para que se pergunte por que qualquer sujeito com cerca de 1,50 m ou menos não usa saltos altos. Não há nenhuma recusa em aceitar que a altura é aquilo que os biólogos chamam de indicador de saúde, um sinal de bons genes e tudo o mais, e os estudos têm demonstrado que as mulheres atribuem todo tipo de boas qualidades aos homens mais altos, justamente por causa da altura. Outros estudos mostraram que os homens mais altos desfrutam também de inúmeras outras vantagens sociais. Por exemplo, é quase impossível ser presidente se você não tiver boa estatura. Seria preciso voltar no tempo, até o século XIX, para achar o último presidente americano com estatura abaixo da média. Mesmo assim, parece que certa quantidade de exuberância irracional fixou-se à avaliação feminina da estatura física masculina. Compare, por exemplo, o quanto a altura de um homem é valorizada no local de trabalho. Em um estudo sobre os salários masculinos, cada polegada de altura para um homem vale menos do que 600 dólares por ano em salário. Isso é mais do que os 29 mil de diferença por polegada entre o valor que o mercado econômico dá à altura e o valor que as mulheres lhe conferem, um exemplo clássico do desequilíbrio de mercado preparado para a exploração.

Se uma mulher quer mesmo ser esperta em relação a esse ponto, ela pode conseguir extrair ainda mais valor de um homem baixo. Ela só precisa encontrar alguém que tenha sido alto quando estava na escola secundária. Isto não é o paradoxo que pode parecer à primeira vista. Ela deveria procurar um homem que teve seu crescimento acelerado mais cedo, dando-lhe a chance de ficar mais alto que seus colegas antes que eles o ultrapassassem mais tarde. Mas por que isso é uma vantagem? O que se revela é que a altura na adolescência é uma forma excelente de prever inteligência. Além disso, essa vantagem de altura durante os anos de formação dá aos homens mais autoestima, o que por sua vez aumenta as chances de sucesso mais tarde. De fato, todas essas estatísticas sobre salários não se sustentam quando se trata de homens que eram altos na escola secundária e ficaram baixos na vida adulta. Esses homens mais baixos ganham mais do que os mais altos, apesar de sua estatura. O inverso também é verdadeiro – os homens mais baixos na adolescência ganham menos na vida adulta, mesmo que tenham ficado altos – então, considerado sob o ponto de vista econômico, as mulheres deviam evitar esses homens.

É possível namorar até mesmo um cara baixinho que é percebido como um sujeito mais alto. A combinação de condição social, poder e altura é tão arraigada em todos nós que um homem baixinho com boa condição social e poder será com frequência creditado como alto. Em um estudo, o mesmo homem foi apresentado como um humilde aluno e um renomado professor. Depois, quando se pediu aos estudantes para calcular a altura daquele homem, eles concluíram que o professor era vários centímetros mais alto que o aluno. Então, em alguns casos, você pode obter todas as vantagens em namorar um cara mais alto, incluindo a percepção geral de que está saindo com um homem mais alto, mesmo que ele seja um baixinho. Onde você consegue um negócio melhor do que esse?

Assim que você começar a procurar, há uma grande variedade de nichos a serem explorados. Por exemplo, se você for uma mulher branca e que está aberta a se casar com homens de outra raça, poderá também tirar vantagem desse desequilíbrio de mercado. De acordo com uma pesquisa realizada sobre namoros *on-line*, um homem afro-americano precisa ganhar 154 mil anuais acima do salário médio para se equiparar ao sucesso que os homens brancos obtêm com as mulheres, enquanto um hispânico deve ganhar um adicional de 77 mil. Os asiáticos estão com um desconto diferente. Eles precisam ganhar um adicional de 247 mil dólares por ano. Os homens são mais rígidos sobre isso que as mulheres. De acordo com um estudo, as mulheres não podem compensar as diferenças étnicas ou raciais com altos salários.

E nós já vimos que os homens desvalorizam as mulheres inteligentes, mesmo que a inteligência seja um dos mais preciosos presentes genéticos que podemos transmitir para as outras gerações. Os homens também se esquivam das mulheres que ganham muito, o que é algo completamente irracional do ponto de vista econômico. Da mesma forma, os homens evitam namorar mulheres mais altas do que eles, embora a altura de uma mulher também seja sinal de aptidão genética. É claro que, para tirar vantagem dos desequilíbrios do mercado, as pessoas terão de superar suas tendências naturais, o que não é algo fácil de fazer. Uma recente pesquisa apontou que apenas 4% das mulheres aceitam a ideia de namorar um homem mais baixo do que elas. Mas se as pessoas não conseguem ultrapassar este obstáculo, existem muitas outras barganhas a serem descobertas no mercado dos namoros.

Não é preciso dizer que algumas qualidades nunca são vendidas com desconto. Por exemplo, se a aparência é importante para você, terá de pagar muito por ela. As mulheres são um pouco mais flexíveis neste aspecto e estão dispostas a trocar a aparência por grandes recursos financeiros. Um homem que está abaixo na escala, com 10% em termos de atração, precisa ganhar um adicional anual de 186 mil dólares acima do salário médio como compensação por ser alguém sem atrativos. Porém, para uma mulher assim, o mercado é implacável. Nenhum aumento de renda irá aumentar seu sucesso ao nível de uma mulher que está entre as 10% mais atraentes. E essas pessoas sem atrativos também são penalizadas no local de trabalho. As mulheres pouco atraentes ganham 5% menos, e os homens, 10% menos que os pares atraentes; já as pessoas mais bonitas ganham em média 5% a mais que nós, pessoas comuns. E uma das formas mais diretas para uma mulher com sobrepeso ampliar seu valor de mercado é perder peso – e ela também terá um benefício adicional em seu local de trabalho. Os economistas calculam que um peso extra de 26 quilos custa mais ou menos 7% no salário de uma mulher.

É claro que explorar nesse mercado as áreas mais desvalorizadas, evitando as áreas supervalorizadas, é diferente de tentar vencer no mercado, algo que as pessoas deveriam evitar. Se você considera o namoro um mercado, a pretensão natural seria conseguir um parceiro ou parceira com o mais alto valor de mercado possível, mas essa não é necessariamente uma boa ideia. Laçar um parceiro muito mais valioso que você em termos de mercado é a receita para um desastre a longo prazo. Uma grande quantidade de estudos mostrou que as pessoas que se ligam a parceiros muito afastados de seu grupo têm maior probabilidade de achar que tais parceiros irão abandoná-los por alguém de valor mais alto. Um relacionamento não é uma negociação única. Se um parceiro sente que não está recebendo de volta o valor adequado, ele ou ela sempre tem a opção de procurar em outro lugar. Então, uma advertência! Mesmo nos relacionamentos, um negócio pode ser bom demais para ser verdade.

Existem evidências de que as mulheres, e talvez os homens, estão muito mais sofisticadas em suas análises sobre o mercado dos namoros, muito mais do que se poderia esperar. Tendo em vista a orientação de mercado e a natureza um tanto grosseira de minha análise, você poderia esperar que cada homem e mulher solteiros fosse simplesmente tentar encontrar o parceiro de maior valor. Mas, de acordo com um novo estudo, as mulheres procuram ativamente evitar maximizar o valor do companheiro. Em um estudo, pediu-se que as mulheres escolhessem homens, dos menos atrativos aos mais atraentes e dos menos bem-sucedidos financeiramente aos de maior sucesso. A lógica de mercado diz que as mulheres teriam escolhido os homens mais atraentes e bem-sucedidos, mas elas os evitaram e preferiram os rapazes que se qualificavam como muito atraentes, mas que estavam na média da escala de sucesso financeiro. Quando os pesquisadores tentaram entender este resultado intrincado, a única teoria que surgiu foi que as mulheres ficaram preocupadas com aqueles homens atraentes e bem-sucedidos, que teriam maiores possibilidades de trai-las ou abandonar o relacionamento.

Todos nós, e em geral de modo inconsciente, respondemos àquilo que os economistas chamariam de "pressão de mercado", o que nos leva talvez à mais dramática alavanca que as mulheres precisam manipular em seu valor de mercado – o sexo. Normalmente, os homens estão muito ávidos por sexo, por isso as mulheres têm uma grande vantagem de negociação antes que o casal consume seu relacionamento. Recusar o sexo por pelo menos algum tempo é uma das melhores formas de a mulher manipular a percepção masculina em relação a seu valor de mercado, ao convencê-lo de que a intimidade sexual com ela é um privilégio raro. Essa é também a estratégia mais fácil para convencer um homem de que uma mulher é uma parceira a longo prazo em vez de uma conquista a curto prazo. De acordo com um estudo previsível, os alunos universitários viam as mulheres mais fáceis como desesperadas e talvez até doentes. Mas mesmo ao aplicar esta tática, existem algumas sutilezas. Outro estudo descobriu que jogar duro era bastante eficaz – mas se isso fosse de maneira objetiva. Agir de maneira reservada o tempo todo não dava muito certo, mas era uma técnica especialmente favorável quando combinada a uma procura de uma única pessoa. Ao tratar desdenhosamente os outros quando mostrava interesse em um único homem, uma mulher podia sinalizar efetivamente a ele que lhe seria fiel e que tinha um excelente valor no mercado dos casamentos.

Apesar das hesitações que muito leitores podem sentir naturalmente quando se pede para pensar sobre os encontros e namoros em termos de mercado, parece que os americanos em geral se sentem mais confortáveis com a ideia de um mercado de casamentos do que alguém poderia esperar, em uma cultura tão embriagada pelos enredos românticos. O que mais poderia explicar a proliferação de *sites* de namoro do tipo <dateamillionary.com>? Uma pesquisa recente perguntou às pessoas de renda mediana (ganhando entre 30 mil e 60 mil dólares por ano) se elas se casariam com uma pessoa de aparência comum se essa pessoa tivesse dinheiro. Dois terços das mulheres e metade dos homens disseram que estariam "muito" ou "extremamente" dispostos a se casar pelo dinheiro por um preço médio de 1,5 milhões ao ano. Mostrando um senso aguçado da importância da idade para seu valor de mercado, o preço pelo qual as mulheres estavam predispostas a se casar variou bastante. As mulheres de 20 anos queriam 2,5 milhões e as mulheres na faixa dos 40 anos pediam 2,2 milhões, enquanto aquelas de 30 anos baixaram seu preço para 1,1 milhões, o que sugeriu aos pesquisadores que se devia a pressão biológica adicional para que as mulheres nos 30 anos tivessem um bebê. Os homens estavam dispostos a se vender por menos, estabelecendo uma média de 1,2 milhões. Talvez isso seja um reconhecimento intuitivo daquela lógica darwiniana de espermatozoide barato e óvulos preciosos. Embora você possa ficar chocado com esses cálculos frios, o estudo revela que pode ser dado um preço a praticamente qualquer coisa, até mesmo a seu noivado.

O JOGO DO AMOR

O uso de pensamento orientado para o mercado não é a única maneira de aplicarmos a racionalidade matemática ao mundo dos namoros e encontros românticos. Outra área que vem ganhando destaque no estudo do comportamento dos animais durante o acasalamento, incluindo aqui a espécie humana, é a teoria dos jogos. O matemático John Nash, ganhador do Prêmio Nobel e tema do filme *Uma mente brilhante,* deu suas mais importantes contribuições na área da teoria dos jogos. Ele apresentou a ideia de algo que hoje é conhecido como "equilíbrio de Nash", que permitiu a aplicação da teoria dos jogos a uma grande variedade de assuntos, incluindo os namoros (embora ninguém a tivesse aplicado dessa forma até algumas décadas atrás).

A teoria dos jogos é um ramo da matemática aplicada que foi inicialmente utilizada em áreas como economia e ciência política. Existe uma grande variedade de "jogos" que se podem usar – soma zero e soma diferente de zero, simétricos e assimétricos, contínuos e não contínuos, cooperativos e não cooperativos, simultâneos e sequenciais, apenas para citar algumas das variações – mas não vamos nos preocupar com essas complexidades; em vez disso, exploraremos apenas algumas das áreas nas quais a teoria dos jogos poderá realmente oferecer alguma ajuda prática em relação a namoros e relacionamentos.

Primeiro, tenho algumas boas notícias para as mulheres. Foram elas que montaram as bases para o jogo. Como espero que o capítulo sobre a psicologia evolucionária tenha provado, os homens querem fazer sexo, e em geral eles querem fazê-lo com mais frequencia que as mulheres. Por essa razão, são as mulheres que se sentam no banco do motorista. A teoria dos jogos pode demonstrar isso através do exame de uma questão já explorada aqui: por que a monogamia? Usando as técnicas da teoria dos jogos, os biólogos têm sido capazes de reduzir aquela complicada questão para quatro proposições conectadas, que determinam se uma sociedade será monógama ou polígama. Sem mais conversa, veja um guia rápido para o jogo do amor, com os cumprimentos do maravilhoso livro de Matt Ridley sobre evolução e sexo, *The Red Queen* [A rainha vermelha]:

1. se as fêmeas estiverem em melhor situação, escolhendo um relacionamento monógamo, então uma sociedade monógama será o resultado;
2. a menos que os homens forcem as mulheres a relacionamentos polígamos (resquício da antiga escola romântica "agarre a mulher pelos cabelos e arraste-a de volta à caverna");
3. se as fêmeas estiverem em situação pior, escolhendo homens que já formam um casal com outras mulheres, então

o resultado será uma sociedade polígama (também daquela escola que prega "é melhor ser a segunda esposa de Brad Pitt que a primeira mulher de Homer Simpson");
4. a menos que as fêmeas com companheiros consigam evitar que eles acrescentem outra mulher ao jogo (esta é da escola "não encoste em meu homem, ou vou arrancar seu *megahair*").

Você percebeu o papel que os homens desempenham em toda essa história? É preciso olhar bem de perto para ver que o sexo forte faz uma breve aparição no item 2. Fora ele, todo o restante é dominado pelas garotas.

Naturalmente, já sabemos que vivemos em uma sociedade monógama, e todo o tipo de variáveis se insinua, complicando rapidamente qualquer simples situação. Veja, por exemplo, a questão do sexo. As mulheres que estão dispostas a aceitar um relacionamento de curto prazo podem provavelmente atrair companheiros de muito melhor qualidade do que se quisessem manter um compromisso mais duradouro. Mas uma mulher solteira não pode alterar completamente seu valor de mercado simplesmente recusando-se a fazer sexo, porque ela não apenas tenta atrair um homem, mas também compete com outras mulheres.

Outro jogo clássico pode ilustrar os problemas que essa incerteza sexual acrescenta à equação. Imagine que um grupo de caçadores esteja atrás de um cervo. Se todos trabalharem juntos, eles irão abater o animal e dividir uma grande quantidade de carne. Mas existe uma chance de que eles não alcancem o cervo. Então, ninguém irá comer. Um dos caçadores pode também abandonar a caça ao cervo e abater um coelho. Se ele desistir cedo demais, terá chances excelentes de pegar um coelho, embora isso nem se aproxime da quantidade de carne que obteria se abatesse um cervo. Se muitos caçadores desistirem, o cervo sem dúvida fugirá, e apenas aqueles que desistiram mais cedo para ir atrás do coelho comerão alguma coisa. O jogo delineia as dificuldades da cooperação.

Agora, imagine uma situação similar com as mulheres que perseguem um macho de bom *status* social e com pouco interesse em uma relação duradoura. Essas mulheres enfrentam uma dificuldade adicional — elas não dividirão a presa, o que torna impossível a cooperação entre elas. Se todas concordarem em abster-se de sexo com ele, poderão provavelmente forçá-lo a escolher uma parceira por longo prazo. Mas algumas daquelas mulheres sabem que não terão chances de ganhar o grande prêmio. Elas poderão ficar contentes em manter uma ligação muito breve com o homem (o equivalente a sair atrás do coelho), o que seria melhor que nada. Então, enquanto uma mulher pode exercer um grande poder sobre seus pretendentes ao recusar o sexo, ela não fará isso sem propósito, e há um monte de mulheres em volta que escolherão jogar de forma diferente.

ENTRANDO NO JOGO

Assim como acontece com a ideia de analisar os namoros como um mercado, as pessoas precisam antes aceitar que existe um elemento de estratégia em seus próprios namoros e encontros amorosos — outro soco direto no enredo romântico, que insiste em afirmar que o amor é espontâneo e insensível a manipulações. Algumas pessoas estão lendo isso e pensando: "Eu não faço joguinhos". Você pode muito bem acreditar que diz a verdade, mas é apenas mais um movimento que as pessoas fazem em qualquer situação de jogo. Ao dizer que você não faz joguinhos, sinalizará aos outros que possui certas características (sinceridade, firmeza de caráter etc.) que o tornam mais atraente. Poderá também tentar decidir alguns jogos fora dos limites (por exemplo, sinalizando que não tolera decepções).

Entretanto, até o mais obtuso admitirá que existem certos movimentos no jogo do amor que nós não fazemos, não importa o quanto declaremos não acreditar em jogos. Por exemplo, ninguém quer parecer desesperado. Todos nós sabemos que em um primeiro encontro, mesmo que tudo esteja bem, nunca deixamos escapar que estamos nos apaixonando ou que aquela pessoa é a "alma gêmea", mesmo que pensemos algo nessa direção. Esse será um movimento extremamente ruim, que provavelmente vai sinalizar que você não é um parceiro valioso para namorar.

Existe um número quase infinito de lances em um encontro, mas só alguns deles são jogados. Os homens têm a tendência de enganar as mulheres sobre seu grau de envolvimento, e as mulheres tentam contra-atacar ao impor alguns custos para esse namoro. Algumas mulheres até lançam mão daquilo que os teóricos chamariam de "o jogo do ultimato", quando dizem a seus parceiros que elas precisam se casar (ou ficar noivas) até certa data, ou então aquele relacionamento vai terminar. Outras ainda tentam impor regras rígidas para os jogos e que são permitidas ao se inscrever em *sites* de namoro como <conservatedate.com> ou <singlewithscruples.com> (que explicitamente vendem às pessoas que estão "cansadas de jogos").

Meu jogo favorito é o da autorreprovação. É o apelo do antiapelo e da antiatração. Em outras palavras, se você for um candidato atraente e que pode dispensar todo aquele *marketing* pessoal comum, procure denegrir-se ativamente, e ainda continuará sendo atraente para o sexo oposto. Isso é muito mais comum do que se possa imaginar. Dê uma olhada no livro *They Call Me Naughty Lola*, um livro hilariante que traz anúncios pessoais em que as pessoas se autoimolam e que foram publicados ao longo dos anos no *London Review of Books*. Veja alguns exemplos:

"Um sujeito feio e envergonhado, que tem gosto por longos períodos de autopiedade, de meia idade, flatulento e acima do peso, procura o impossível."

"Blá, blá, blá, seja o que for. Mulher indiferente. Vá em frente e me escreva."

"Um homem triunfante e sem-vergonha durante os últimos 46 anos. Eu vou aborrecê-la? Provavelmente. Se me importo com isso? Provavelmente não."

Isso tudo não é apenas hilariante, ilustra bem o conceito de Zahvi sobre os sinais de alto custo sobre os quais falamos no capítulo da evolução. Apenas as pessoas com muita graça, beleza e talento para rir de si mesmas podem ser capazes de ser tão pessoalmente depreciativas – uma lição muito útil para nós: uma venda mais afável é mais eficiente do que um vendedor chato.

Para aqueles que estão interessados em organizar e arrumar o jogo do amor, uma mudança muito simples pode ajudar a eliminar muitos comportamentos errados: aumentar a duração do jogo. Foi isso o que um cientista político fez quando convidou especialistas na teoria dos jogos para fazer programas de computadores jogar entre si, em um jogo conhecido como "dilema do prisioneiro". Dezenas de programas foram apresentados, e eles jogaram centenas de partidas. Quem venceu? O programa mais curto, com apenas cinco linhas que seu criador apelidou de "*tit for tat*". O programa fazia exatamente o que você esperaria. Em seu primeiro encontro com qualquer outro programa, ele iria cooperar. E em todos os encontros futuros, iria fazer aquilo que o outro programa fez em seu encontro anterior. Se o outro programa tivesse cooperado, ele iria cooperar. Se o outro programa tivesse agido de forma egoísta, "*tit for tat*" iria se comportar assim também. A simples ideia de recompensar o bom comportamento e punir o mau comportamento venceu todos os outros programas. Para criar uma situação semelhante no mundo dos namoros, porém, você precisaria que as mesmas duas pessoas jogassem, isto é, se namorassem múltiplas vezes. Sob essas condições, as pessoas iriam consertar seu comportamento, porque as desilusões e outros maus comportamentos seriam simplesmente punidos na próxima rodada.

Infelizmente, namoros não são assim. Os parceiros mudam constantemente. Mas você pode ainda conseguir resultados similares se mantiver uma boa comunicação. Quando as pessoas conseguem comunicar o comportamento anterior dos outros, elas conseguem formar redes de confiança e se afastar daqueles parceiros que confiam apenas nas desilusões. Imagine se cada um de nós recebesse uma classificação baseada no histórico de nossos namoros, semelhante ao que acontece no eBay com os compradores e vendedores. Se alguém se comportou mal no passado, encontraria muita dificuldade para sair com alguém. Quando as pessoas vivem no mesmo lugar a maior parte de suas vidas, as fofocas têm essencialmente essa função, e ajudam a implantar um padrão de comportamento; hoje, alguns *sites* na internet começam a adotar esse conceito, embora seja algo longe de ser perfeitamente seguro, porque os usuários podem simplesmente se inscrever em outro *site*. Se algum dia um *site* de namoros dominar sua área do mesmo modo como o eBay faz com os leilões *on-line*, terá o poder de melhorar o comportamento (ou pelo menos a honestidade) dos homens e mulheres que desejam se encontrar – mais do que jamais ocorreu, desde que Moisés veio com os Dez Mandamentos.

O JOGO DOS DOTES

Embora toda essa teoria dos jogos possa ser interessante, alguns de vocês provavelmente estão pensando: "E daí?". Essa teoria dos jogos pode oferecer algum conselho prático? Bem, na verdade, sim. Por exemplo, ela pode finalmente dar uma resposta para aquela pergunta ancestral: "Quantas pessoas você tem de namorar antes de encontrar seu verdadeiro amor?" A resposta é: 12. Isso mesmo. Um lindo e redondo 12. Não é tão difícil, certo? Tudo bem, eu percebo que você precisa de algo mais convincente do que isso. Muitos de vocês namoraram bem mais que 12 pessoas e continuam tão longe de encontrar um parceiro quanto estavam aos 12 anos. Outros devem estar indignados porque eu coloquei um número exato em uma tarefa tão abstrata. Além disso, o que existe de tão especial em relação ao número 12? Não é como se Cinderela tivesse cruzado este limite, o que é, por sinal, uma de minhas irritações com o enredo romântico. Os amantes dos livros dos contos de fadas sempre parecem encontrar a pessoa certa bem cedo, deixando todos nós, os pobres mortais achando que demorar muito para encontrar o par perfeito é mais um sinal de fracasso.

Mas vamos voltar ao número da sorte, o 12. Como foi possível alguém chegar a um número tão preciso? Para entender como aconteceu, vou lhe pedir para participar de um jogo. Os matemáticos lhe deram uma infinidade de nomes. Nós jogaremos a versão conhecida como problema do dote. Deixe-me preparar o cenário. Você é o mais confiável dos conselheiros do rei. Ele deseja encontrar para você uma noiva adorável (ou um noivo), mas também quer ter certeza que você é tão sábio quanto ele pensa que é. Então, o rei prepara um desafio. Ele envia seus mensageiros, que descobrem cem das mais lindas mulheres do reino; o rei, então, dá a cada uma um dote de valor diferente do das outras. Seu desafio é escolher a mulher com o dote mais alto. Se tiver êxito, a linda noiva e aquele dote vultoso serão seus para sempre, e seu lugar ao lado do rei está seguro. Mas se falhar, irá para a guilhotina. Ah, tem mais uma coisa: você encontra uma mulher de cada vez, e depois que a despachar, não poderá chamá-la de volta. Pronto? Vamos jogar.

Sendo o brilhante conselheiro que é, provavelmente já descobriu toda a matemática por trás deste jogo. Eu, por minha vez, sou péssimo em contas, por isso confio inteiramente no excelente artigo de Peter F. Todd e Geoffrey F. Miller chamado: "From Pride and Prejudice To Persuasion: Satisficing in Mate Search" que pode ser encontrado no *Simple Heuristics That Make Us Smart*. Assim que você tiver mastigado os números, percebe que sua melhor chance é deixar passar as 37 primeiras mulheres, e então escolher a próxima, com um dote mais alto que qualquer uma que veio antes. Os matemáticos chamaram esta de "a regra dos 37%". Ao ver as primeiras 37 mulheres, você dará a si mesmo uma chance de 37% de escolher o dote mais alto. Não é das melhores possibilidades quando há a ameaça de ser decapitado, mas é uma porcentagem melhor que teria com qualquer outro número. Se o rei permitir que você jogue mais um pouco, suas chances melhoram incrivelmente. E se você puder manter uma dessas mulheres enquanto continua sua busca, pode ampliar suas perspectivas até 60%. Não é tão comum assim.

Aqueles que se sentiram desapontados com essa regra de 37%, levantem as mãos. O número 37 não está nem perto do 12 que eu prometi. Encontrar-se com 37 pessoas parece algo extenuante. Bem, aparentemente Todd e Miller concordaram com você, e eles adaptaram e refinaram esse jogo de muitas formas, para ver se poderia melhorar um pouco.

Em vez da regra dos 37%, você poderia tentar a estratégia do "pegue a próxima que for melhor". É claro que você terá de abrir mão da ideia da "alma gêmea". Se seu único critério for encontrar um par perfeito único, você tem de se apegar à regra dos 37%. Mas se estiver propenso a aceitar qualquer um que esteja entre os 10% do topo, você pode seguir a regra dos 14%. Esta regra funciona do jeito que você imagina. Você passa pelas primeiras 14 pessoas e então escolhe a próxima que seja melhor do que as primeiras 14. Se você fizer isto, tem 83% de chances de terminar com alguém que está naqueles 10% do topo. Se estiver disposto a aceitar qualquer pessoa entre as 25% melhores, basta olhar as primeiras 7 e depois escolher, para ter 92% de chances de sucesso. Vamos dizer que você não tem sorte no amor e pretende apenas evitar casar-se com as pessoas incluídas entre as 25% piores. Então, você precisa apenas conferir 3 pessoas, e terá menos de 1% de chance de acabar com uma das perdedoras. Isso pode não parecer assim tão ótimo, mas a estratégia dos 3% ainda é melhor para evitar os perdedores do que a regra dos 37%, que tem 9% de chances de colocá-lo com alguém lá em baixo naqueles 20% piores. Enquanto a regra dos 37% lhe dá a melhor oportunidade de escolher a melhor pessoa, ela falha praticamente com todo o resto, incluindo escolher alguém entre os melhores 10% ou mesmo entre os melhores 25%. Ela dá como resultado um valor médio baixo de ponta a ponta, quando se trata de seu valor de mercado.

Fazendo todas as contas, revelou-se que a melhor estratégia é a regra dos 10%, porque resulta no valor mais alto como parceiro, uma grande chance de encontrar alguém entre os 10% melhores e uma chance muito boa de encontrar alguém entre os 25 melhores. Para dar uma ideia da superioridade da regra dos 10% sobre a dos 37%, compare os valores médios dos companheiros. A regra dos 10% lhe dá o valor de mercado médio de 92 em 100, contra o valor médio de 87 em 100, com a regra dos 37% (você terá de sair com muito menos pessoas!) e a regra dos 10% não é especialmente onerosa. Você só precisa sair com 10 pessoas em um universo de 100. Isso é menos do que aqueles 12 que eu prometi originalmente. É claro que você provavelmente terá de namorar mais que 10 pessoas. Lembre-se de como o jogo funciona. A regra de 10% significa que você deve deixar passar as primeiras 10 pessoas e então escolher a próxima que é melhor do que as primeiras 10. Na média, você avaliará cerca de 34 candidatos potenciais.

Sem dúvida, devem existir alguns namoradores infatigáveis que acham 100 pessoas um número irrisório: são aqueles atletas que se sentem bastante felizes em sair com mil pessoas, se isso melhorar suas chances de encontrar o verdadeiro amor. Se você está escolhendo entre mil mulheres (ou homens), a regra dos 37% significa que você não fará nada além de namorar, no futuro próximo. Mas caso você esteja disposto a aceitar alguém que faça parte dos 10% melhores, será preciso apenas aplicar a regra dos 3% para 97% de chances de êxito. E os números são ainda melhores se estiver disposto a aceitar alguém entre os 25% mais bem colocados. Depois de fazer esse jogo com números que vão de 100 a milhares, tudo se reduz a uma regra simples: tente 12 (Cresswell apelidou isto de "a regra das 12 *bonk*", sendo que *bonk* é uma gíria para.... bem, tenho certeza que todos nós sabemos o que *bonk* significa)[2]. Todd e Miller acharam que esse número dá excelentes resultados não importando o tamanho da amostra. Como bem disseram, "uma pequena pesquisa demora bastante tempo". Nós podemos até escolher a pessoa errada, mas a regra "tente uma dúzia" mostra que nossos erros não são provavelmente devidos à falta de tentativas.

Embora eu ainda não tenha conhecido ninguém que tenha usado a regra dos 12 *bonk* para escolher um parceiro, a evidência anedótica sugere que alguns de nós seguimos de modo inconsciente um método grosseiramente análogo a este. Por exemplo, uma grande quantidade de pessoas disse enxergar o ato de procurar a pessoa certa como simplesmente um jogo de números. Elas precisavam apenas assegurar-se de terem conhecido uma quantidade suficiente de pessoas para poder encontrar o ajuste perfeito. Eu acredito que isso contradiz de certa maneira aquilo

---

2. *Bonk* é uma gíria inglesa para "transar". (N. do T.)

que coloquei antes, sobre escolhas demais, mas é muito diferente sair com várias dúzias de pessoas ao longo de vários anos do que esquadrinhar centenas ou milhares de perfis *on-line* em algumas poucas horas. O que é surpreendente é a frequência com que os números se correlacionam com aqueles previstos na regra dos 12 *bonk*. Uma mulher decidiu levar a sério a questão de conhecer alguém e teve 38 encontros em dois anos, antes de encontrar a pessoa perfeita, o que é muito perto da média prevista pela regra dos "tente uma dúzia". Outra mulher realizou, sem querer, sua versão modificada do jogo do dote, embora sem as consequências fatais. Ela se envolveu em uma centena de encontros, separando implacavelmente 10 homens daquela lista para um segundo encontro, fazendo outra seleção implacável e tendo um terceiro encontro com 3 homens. Ela acabou mantendo uma relação duradoura com dois deles, e se casou com um. Eu também conheci muitas outras pessoas que usaram métodos análogos à teoria dos jogos. Um engenheiro de sistemas até descreveu seu casamento como "uma implantação de sistemas", uma declaração que evidentemente está "encharcada" de conotações românticas...

É claro que a vida nunca é tão simples. Existem inúmeras formas pelas quais o jogo do dote não reflete a vida real, embora fosse muito legal ficar deitado em almofadas de plumas, comendo uvas e esperando que pessoas maravilhosas fossem trazidas para nós. Vamos agora focar em uma dessas formas mais importantes: a escolha mútua. O jogo do dote assume que você simplesmente tem de escolher qualquer mulher (ou homem) que quiser. O que o jogo deixa de reconhecer é que, em nossa sociedade, tanto os homens quanto as mulheres exercem seu próprio direito de escolha. As mulheres são perfeitamente livres para olhar para a sua bunda preguiçosa enquanto você come uvas e decidir se casar com aquele rude e lindo negociante de camelos de sua cidade natal.

Miller e Todd praticaram o jogo de novo com cem homens e cem mulheres e descobriram que quanto mais possíveis parceiros de ambos os sexos eles checassem, mais baixa seria a classificação das pessoas que terminaram em um relacionamento. O motivo para isso foi que as pessoas colocavam as suas aspirações em níveis muito altos. Você pode mirar uma mulher colocada entre as 10% melhores, mas se você estiver entre os 25 piores, vai continuar solteiro. Para que as pessoas encontrem o seu caminho em um relacionamento, um novo elemento precisou ser adicionado: as pessoas tinham de ajustar o seu nível de aspiração baseadas no retorno recebido. Muita matemática teve de ser envolvida, e Miller e Todd tentaram uma variedade de situações para determinar o valor de um companheiro. Para colocar tudo isso em termos mais simples, se você usar a regra dos 12 *bonk*, é provável que suas expectativas fiquem muito altas.

E há também outra coisa importante para se lembrar: muitos aspectos dos namoros não são suscetíveis às análises matemáticas. Por exemplo, as mulheres achariam muito útil saber a proporção de homens que são propensos a serem parceiros fiéis contra aqueles que poderiam trai-las. Infelizmente, não existe uma resposta definitiva para essa questão, pelo simples motivo de que a proporção muda de acordo com o ambiente social. A melhor estratégia para os homens é mesclada. Em outras palavras, dependendo do contexto, pode fazer mais sentido para um homem ser fiel, ou pode ser mais oportuno ir ao encalço do sexo eventual. A própria teoria dos jogos prediz que os jogadores dedicarão seu tempo à imprevisibilidade como forma de evitar ser facilmente manipulado dentro do jogo.

Pior ainda, é bem possível que os jogadores nem mesmo estejam conscientes do uso que fazem de métodos eticamente duvidosos para vencer. Nosso velho amigo Trivers, da teoria do investimento parental, chamou isso de "autoenganação adaptável". Se você se identificar com esta teoria – e qualquer um que já tenha ouvido um amigo justificar um curso de ação completamente irracional comprará a ideia –, nós somos tão bons em autoenganação que frequentemente nos enganamos. Tal autoenganação é muito útil para nós, do ponto de vista evolutivo, porque mascarar nossas intenções com êxito torna mais provável que também enganemos as pessoas à nossa volta. E você pode ver os benefícios disso em uma infinidade de situações. Basta pensar em um homem feio, à espreita de um encontro fortuito. É possível que ele conheça uma mulher em um bar e fique imediatamente convencido de que ela é o amor de sua vida. Ele a corteja intensamente e é até capaz de olhá-la bem no fundo dos olhos e dizer com muita sinceridade que ela é muito mais do que apenas uma conquista sexual casual. Por conta disso, ele a convence a passar a noite com ele. E quando acorda, na manhã seguinte, o homem percebe que se enganou durante todo o tempo. Sob a luz fria do dia, ele reconhece que não tem nenhum interesse em uma ligação duradoura com aquela mulher, mas seu autoengano já serviu ao propósito que a evolução planejou– propagar o material genético.

O FIM DO JOGO

Embora seja divertido investigar o mundo do namoro usando a teoria dos jogos e a economia, essas abordagens são limitadas pela falha em considerar a irracionalidade que comanda muito de nosso comportamento, particularmente ao que se refere ao amor. Para entendermos isto, vamos jogar um jogo chamado "Quanto você pagaria por um dólar?". Acho que não precisa ser um gênio matemático para decidir que não se deve pagar mais do que 99 centavos, mas e se uma manha fosse acrescentada e o segundo mais alto comprador também pagasse esse mesmo lance, mesmo que ele perdesse o leilão? Agora, o quanto você deveria pagar?

É exatamente assim o jogo que Martin Shubik, um economista, jogou diversas vezes com vários grupos de amigos. Como ele escreveu em seu artigo, este jogo deve ser idealmente praticado sob condições confusas: "O ideal é que haja um grande grupo de pessoas. Além disso, a experiência demonstrou que o momento mais propício é durante uma festa, quando as pessoas estão animadas e a propensão para fazer cálculos não se instala até que pelo menos dois lances tenham sido feitos". Shubik identificou três pontos cruciais. O primeiro é quando duas pessoas estão dispostas a fazer um lance. O segundo momento crucial surge aos 50 centavos, quando as pessoas que procuram fazer o arremate percebem que qualquer lance mais alto representa lucro para o leiloeiro. E o terceiro ponto crucial surge aos 100 centavos, quando alguém na verdade acaba oferecendo um dólar para arrematar um dólar. Neste ponto, seu oponente já terá se comprometido a pagar seu próprio lance, que normalmente é de 1,01 dólar. Mesmo que ele estivesse dando mais do que o dólar valia, ele pelo menos receberia o dólar e só gastaria 1 centavo, que é melhor do que perder o valor inteiro de seu lance. Uma vez que um jogador dá um lance de mais de um dólar para poder receber um dólar, os lances tendem a subir rapidamente. Shubik rastreou os resultados e descobriu que, na média, aquela nota de um dólar é vendida por 3,40. Uma vez que Shubik também teve um lance perdedor, ele conseguiu mais de seis dólares e teve de pagar apenas 1 dólar. Alguns dos jogos foram até mais exagerados do que este. Um dos "vencedores" acabou pagando 20 dólares pela nota de 1 dólar. E só teve êxito com esse lance porque seu oponente ficou sem dinheiro. Em outra ocasião, marido e mulher competiram entre si e ficaram tão irritados com experiência que foram para casa em táxis separados.

Desde então, o mesmo jogo tem sido praticado em diversos laboratórios de pesquisa, com o mesmo resultado. Em um dos testes, foram estudados mais de 40 grupos, e em todos eles os lances ultrapassaram a marca de um dólar. E na metade deles, os lances só pararam quando um dos jogadores já havia oferecido todo o seu dinheiro e não podia mais dar novos lances. Os pesquisadores também descobriram que as pessoas raramente aprendem com seus erros, e que mesmo os jogadores que já haviam participado antes terminariam fazendo lances mais altos do que um dólar. O que chama especialmente a atenção é que o item leiloado – um dólar – tem valor definido. Não pode haver nenhum tipo de confusão sobre o quanto ele vale. Mesmo os jogadores mais desatentos percebem que dar um lance mais alto do que um dólar, para obter dólar, não faz nenhum sentido. E quando os pesquisadores tentaram compreender o motivo de as pessoas continuarem a dar lances, descobriram que não se tratava de uma questão econômica, mas sim emocional. Certamente, quando começavam a jogar, elas diziam que faziam lances para conseguir dinheiro. Mas à medida que cada lance se tornava mais alto, elas mudavam sua resposta, afirmando que faziam isto para provar um ponto, deixando óbvio que a autoenganação comentava: "Eu não serei feito de bobo". Embora todos nós estejamos provavelmente rindo em silêncio daqueles tontos que pagaram 20 dólares, as evidências sugerem que nós também agiríamos de forma tão ridícula.

O jogo de Shubik não é simplesmente uma brincadeira, mas oferece uma excelente oportunidade de olharmos para o problema do incremento gradativo das coisas. Por exemplo, a retórica de Lyndon Johnson sobre a guerra do Vietnã mudou de forma dramática entre 1964 e 1968. No começo, Johnson enfatizava a democracia, a liberdade e a justiça. Mais tarde, porém, passou a falas sobre a honra nacional e sobre evitar a aparência de fraqueza, o que notou o teórico dos jogos Laszlo Mero em sua excelente discussão sobre o leilão do dólar: "Isso foi estranhamente similar à mudança de motivação que se tornou explícita no jogo do leilão do dólar".

Esta charada é também muito útil para a compreensão de nosso cotidiano. Se você alguma vez já teve pressa para chegar a um lugar e estava esperando um ônibus, provavelmente passou pela experiência desse leilão de um dólar. Você talvez refletiria se pagaria ou não um táxi. E se, na verdade, caminhasse até o ponto de ônibus e não visse um ônibus, você pularia em um táxi. E quanto mais você espera, é maior a probabilidade de que continue esperando, porque acha que já dedicou muito tempo esperando por um ônibus. Embora não percebamos, nós nos ocupamos com esse leilão autoenganador de dólar o tempo todo. Mero escreve: "O princípio desse leilão mantém muitas pessoas em empregos insatisfatórios e em casamentos infelizes".

E o que tudo isso tem que ver com os namoros? Muito, na verdade. Veja o caso do reino animal. Existem situações constantes em que dois machos entram em conflito por causa de uma fêmea ou para dominar um bom território de acasalamento. Algumas espécies entram em luta, enquanto outras decidem não fazê-lo por uma série de motivos. Por exemplo, eles podem possuir algumas armas perigosas, e uma luta poderia ser fatal. Nesses casos, os animais usam o recurso que alguns chamam de "fazer pose". Basicamente, eles ficam lá e encaram seu oponente, cada um medindo se o outro vai esperar mais tempo. Em outras palavras, uma situação clássica do leilão do dólar. E como eles resolvem isto? Como já vimos, os seres humanos não conseguem escapar muito bem desses leilões. Nossa tendência é esvaziar os bolsos e jogar tudo o que temos na tentativa de ganhar o leilão. De acordo com os matemáticos, os animais estabelecem um valor por aquilo que lutam, e então decidem ficar posando por uma quantidade aleatória de tempo, baseada no valor atribuído. Por exemplo, se um dos machos decide que a fêmea vale 20 minutos de seu tempo, ele ficará fazendo pose por um período, digamos, de 12 a

28 minutos. Se ele vencer, ótimo. Se não, ele simplesmente vai embora quando atingir seu limite. Quando os animais na selva foram estudados, revelou-se que eles seguiam precisamente essa lógica. Em outros mundos, a maioria dos animais age de forma mais racional quando se vê nesse tipo de situação a não ser uma espécie em especial: o ser humano.

Se mantivermos isso em mente, podemos nos poupar de muito sofrimento e tristeza, embora signifique que sejamos obrigados a desistir de algumas noções românticas que apreciamos muito, e que levam as pessoas às situações equivalentes a um leilão de um dólar. Por exemplo, pegue a ideia de um amor não correspondido. O enredo romântico nos diz que a persistência do amante, no fim das contas, será recompensada quando a pessoa amada finalmente reconhecer o seu valor. Mas é exatamente este tipo de pensamento que nos conduziu ao tal leilão. Quanto mais tempo passa, mais o amante insiste que deve existir algum tipo de recompensa para todo o seu esforço. E estar em um relacionamento também não é um tipo de proteção contra os infrutíferos leilões de dólar. Quando você se envolve com alguém por bastante tempo, você pode evitar querer romper este relacionamento – mesmo que ele seja insatisfatório – por causa de todo o tempo que já investiu nele. Na verdade, parece ser bastante seguro dizer que ninguém que tenha bastante experiência em namoros se colocou inadvertidamente em um desses leilões. Se eu pudesse deixar um pequeno conselho neste capítulo, seria para evitar o leilão de dólar enquanto estiver namorando. E se não puder evitá-lo, pelo menos defina o preço que você está disposto a pagar antecipadamente, de forma que saiba quando cair fora. Eu sei que é mais fácil falar do que fazer, mas nunca ninguém prometeu que amar seria fácil.

Capítulo 5
A DANÇA DO NAMORO

O QUE APRENDI COM MEUS AMIGOS

Finalmente alcançamos o ponto de enfrentar o momento da verdade, aquele instante de eletricidade quando alguém cruza o olhar com o nosso, em uma sala lotada, e aí sabemos que vamos passar o resto da vida juntos. Pelo menos é isso que nos diz o enredo romântico. Na verdade, considerando tudo que vimos nos capítulos anteriores, você pode fazer uma série de coisas para aumentar ou diminuir seu apelo durante o primeiro encontro como Romeu ou Julieta.

Parte deste capítulo cai naquela categoria que poderia ser rotulada de "truques", porque contém variados métodos para manipular a atenção de alguém sobre você. E eu ofereço esses "truques" com certa hesitação. Não é que eu não acredite que eles funcionem – na verdade, acho que eles podem funcionar bem demais. A minha intenção ao longo deste livro é tentar compreender as origens secretas das atrações românticas, e não oferecer um saco de surpresas cheio de técnicas para conseguir o que queremos à custa dos outros. Só porque a teoria da mente maquiavélica sugere que temos a tendência de enganar os outros, não quer dizer que não deveríamos lutar para nos erguer acima de nossos instintos mais básicos e adotar aquilo que James Madison chamou de "os melhores anjos de nossa natureza".

DEIXE-ME OUVIR SEU CORPO

Vamos voltar à sala cheia de pessoas e ver o que acontece em uma noite encantada. A primeira coisa importante a perceber é que apenas pequena parte do que você comunica vem das próprias palavras que pronuncia. Existem três formas pelas quais enviamos constantemente nossas mensagens para as pessoas: a linguagem corporal, o tom da voz e as próprias palavras. É claro que se você explicar um complexo problema matemático, a parte principal de sua comunicação será levada por suas palavras, mas a maioria de nossas mensagens não é assim, especialmente quando se trata de namorar. Na maioria das conversas casuais, aquilo que dizemos é o menos importante entre os três aspectos da comunicação. Eu li diversas estimativas, mas apenas mencionando, grande parte de nossa comunicação vem da linguagem corporal e do tom de voz, e menos de 10% daquilo que comunicamos é representado por palavras. Então, aquilo que você diz é muito menos importante que como você o diz. Em um estudo, alguns estudantes universitários foram conectados a gravadores portáteis que registraram amostras aleatórias de suas conversas durante o dia. Quando os pesquisadores analisaram os dados, descobriram que os menores fragmentos estavam "saturados de mensagens involuntárias". Podemos nem perceber, mas durante praticamente todos os nossos encontros, um enorme oceano de mensagens não ditas está flutuando ao nosso redor, normalmente abaixo de nossa consciência.

E tudo isso é duplamente verdade em relação ao mundo dos namoros, em que quase tudo é feito por meio de sinais oblíquos em vez de conversas diretas. Se você não acredita em mim, imagine algumas situações. O que aconteceria se um sujeito se aproximasse de uma mulher, dissesse que a achava maravilhosa e que gostaria de dormir com ela? Se ele fosse o Brad Pitt, poderia dar certo. Mas para a maioria de nós, esse tipo de abordagem seria um completo desastre. Ou pense como os homens responderiam à mulher cuja primeira pergunta fosse "quanto dinheiro você ganha?". Isso ocorre, em parte, porque essas abordagens só defendem superficialmente o tal enredo romântico, o que nos adestra para a ideia de que deve existir algum tipo de atração inata e profunda que não pode ser explicada por fatores externos superficiais, como um salário. Esse mito controlador revela por que o namoro envolve enviar e receber mensagens indiretas verbais e não verbais. Por exemplo, se você é homem e quer mostrar a todos seu sucesso financeiro, não se gabe do tamanho de sua conta bancária. Mostre seu sucesso em sua maestria para escolher o melhor vinho do cardápio, ou em algum outro campo que informe de maneira mais sutil que você é um cara bem-sucedido. As sinalizações indiretas são tão importantes que a forma mais fácil de melhorar sua vida amorosa é tornar-se cada vez melhor na leitura dos sinais que as outras pessoas enviam, e também melhorar seu controle sobre os seus sinais. Este capítulo, espero, irá ajudá-lo a descobrir como fazer isto.

Se você não acredita em mim, basta dar uma olhada no recente estudo sobre *Pole dance*, realizado pelo psicólogo evolucionista Geoffrey Miller e seu assistente, e entenderá como nossas ações estão encharcadas de mensagens das quais estamos completamente desavisados. Acho que é seguro assumir que uma dançarina de *Pole dance* esteja tentando parecer o mais *sexy* e atraente possível, porque isso terá um grande efeito nas gorjetas que receberá. O que o estudo de Miller descobriu foi que o valor das gorjetas que as mulheres recebiam variava amplamente. E essa variação não era aleatória. Estava ligada diretamente ao período fértil das mulheres. Uma dançarina que estivesse menstruada recebia em média 35 dólares por hora, e aquela que não estivesse no período de ovulação e nem menstruada recebia em média 50 dólares. Durante os períodos férteis, no entanto, as dançarinas se comportavam como Betsabá, recebendo a média de 70 dólares a hora, o dobro das mulheres menstruadas. Os pesquisadores especularam que os homens estavam respondendo a uma grande variedade de sugestões sutis, como o odor corporal e a proporção quadril-cintura, mas independentemente do motivo, é uma evidência assombrosa do poder dos sinais involuntários.

A maioria das mulheres que está lendo este livro não é dançarina, mas os pesquisadores descobriram que a fertilidade exerce uma quantidade de efeitos similares nas mulheres em geral. Por exemplo, os homens olharam fotos das mesmas mulheres quando estavam ovulando e quando não estavam, e as classificaram como mais atraentes durante a ovulação. Assim como o estudo de Miller, os pesquisadores não estão muito certos sobre a causa disso. Eles acham que os homens respondem a sugestões sutis relacionadas a detalhes como a cor dos lábios, a dilatação da pupila e o tom da pele. O período fértil da mulher parece também alterar o seu comportamento. Por exemplo, os pesquisadores descobriram que, durante a ovulação, as mulheres vestem roupas mais provocantes e usam mais joias. Outro estudo revelou que as mulheres que estão ovulando enviam mais sinais para atrair os homens do que aquelas que não estão. E a ovulação aparentemente influencia a voz da mulher. Em um estudo recente, um grupo de homens e mulheres ouviu as gravações de vozes de mulheres em diferentes períodos de seu ciclo e revelou-se que as mulheres no pico da fertilidade foram apontadas como tendo vozes mais atrativas. Assim, percebe-se que as mulheres que querem ficar grávidas não são as únicas que deveriam prestar atenção no ciclo ovulatório. Qualquer mulher que pretenda conhecer um homem deveria fazer o mesmo e, pelo menos, procurar marcar seus encontros durante seus dias de pico de fertilidade. Outro pequeno conselho, caso você seja uma dançarina de *Pole dance* ou esteja tentando conhecer alguém: usar a pílula é algo que tem um custo. De acordo com estudo, as dançarinas que usavam pílula receberam em média apenas 37 dólares por hora (bem diferente das mulheres menstruadas), enquanto as que não usavam pílula recebiam 53 dólares. Com esta diferença, podemos ter certeza de que a pílula exerce um efeito similar na atração das mulheres em geral.

A NOITE DAS DAMAS

Mesmo que muitos de nós não sejamos dançarinos de *Pole dance*, praticamente todos nós passamos algum tempo na barriga da baleia: o bar, que tem sido o maior campo de pesquisas que alguém possa imaginar. Isso mesmo. Até o mais humilde bar é um terreno de interesse científico – o viveiro de cantadas malfeitas, romances passageiros, bêbados e até mesmo amores duradouros. Mas ele não está muito longe dos primeiros capítulos deste livro. Volte algumas páginas até a seção que fala dos óvulos preciosos e espermatozoides baratos. A lógica é ainda a mesma para todos os astutos psicólogos evolucionistas por aí, ou seja, as mulheres exercem mais controle nesta arena do que pode parecer. Então, você pode atirar ao mar todos aqueles estereótipos culturais que afirmam que os homens são os agressores e que as mulheres são seus passivos brinquedos. Porque, de acordo com uma pesquisa, as damas têm preferência, ou como chamaram os biólogos, é a proceptividade feminina.

Entretanto, as mulheres não podem simplesmente caminhar até um homem, dar-lhe um tapinha nas costas e pagar-lhe uma bebida. Os estudos mostram que as mulheres que tomam a iniciativa são vistas de modo negativo. O que parece um paradoxo. Mas lembre-se de que a dança do acasalamento não é uma questão simples e direta de perguntas e respostas. Envolve sinais e pistas sutis e normalmente não verbais. Vamos começar com uma demonstração bem simples desse princípio aplicado ao trabalho. Muitas mulheres, em uma ocasião ou outra, sentiram-se atraídas por um homem, mas não estavam muito certas de como fazê-lo aproximar-se delas. A resposta é bem simples: contato visual, especialmente acompanhado de um sorriso. Tudo bem, você pode dizer, mas quanto contato visual? Mais uma vez, a resposta é bem simples: muito – e provavelmente muito mais do que as mulheres estão acostumadas a fazer! Em um estudo de 1985, os pesquisadores montaram um teste muito simples. Eles fizeram uma mulher atraente escolher um homem que estava mais ou menos a três metros, e então avaliaram o que faltava para que ele a abordasse em 10 minutos. Eles tentaram diversas variações: o contato visual uma vez, ou diversas vezes, acompanhado ou não de um sorriso. Para aquelas mulheres que cresceram acreditando no mito de que são os homens que devem fazer o primeiro movimento, eu tenho notícias alarmantes: os homens não precisam simplesmente de encorajamento. Eles precisam de *muito* encorajamento. Múltiplas vezes e de inúmeras maneiras. Mesmo fazendo um contato visual muitas vezes – se não for acompanhado por um sorriso – o índice de sucesso será modesto, menos de 20%. Para que a mulher seja mais bem-sucedida, ela precisa fazer isso muitas vezes, e sempre com um sorriso. Quando isso aconteceu, 60% dos homens se aproximaram e iniciaram uma conversa.

Mas essa é apenas uma das armas do arsenal feminino. Além do contato visual e do sorriso, o que mais pode fazer uma mulher? A psicóloga Monica Moore passou milhares de horas observando mulheres flertando com homens e catalogou 52 sinais não verbais que as mulheres usam para chamar atenção dos homens. A seguir uma breve amostra de suas descobertas: enfeitar-se, sorrir, acenar com a cabeça, inclinar-se para frente, umedecer os lábios, atirar o cabelo para o ar, acariciar um objeto. Existe ainda o olhar de relance (brusco ou fixo). Há também as risadinhas, o levantar de saias e o acariciar dos seios. A dança solitária. E vamos agora para as técnicas mais elaboradas, como a apresentação do pescoço (que é um sinal de submissão no reino animal) e o desfile, que é provavelmente autoexplicativo. A psicóloga até mesmo os classificou baseada na forma como eram utilizados. "Sorrir para ele generosamente" era de longe o vencedor, com "jogar a ele um olhar de relance súbito" e "dançar sozinha uma música" empatadas em um distante segundo lugar. Para aqueles que desejam conhecer o arsenal completo, recomendo o seu artigo "Nonverbal Courtship Patterns in Women" que apareceu na edição de julho de 1985 da *Ethology and Sociobiology*. E eu tenho mais algumas boas novas para aquelas mulheres preocupadas por não se considerarem atraentes o bastante para ter êxito nestas circunstâncias. A quantidade de sinais que você envia conta mais que a sua aparência pessoal. De acordo com Moore, as mulheres mais procuradas eram com frequência aquelas que sinalizavam mais vezes, e não as bonitas e atraentes – as mulheres que enviavam mais de 35 sinais por hora tinham em média mais de quatro abordagens por hora. Não há nenhuma dúvida de que fazer 35 movimentos em uma hora é um monte de envio de sinais, especialmente para aquelas que são mais tímidas, mas – isto já está se tornando um refrão –, este livro nunca prometeu que a dança do acasalamento seria fácil.

O MACHO RELUTANTE

Algumas mulheres provavelmente estão lendo isto e se perguntando por que esta carga foi colocada sobre elas. De acordo com todos os estereótipos dos gêneros, supostamente são os homens que devem fazer o primeiro movimento, mas parece que este pequeno item da sabedoria convencional está completamente errado. Moore também concluiu que as sugestões não verbais enviadas pelas mulheres foram responsáveis pelo início de 2/3 dos encontros, entre homens e mulheres no bar.

Longe de ser um conquistador charmoso, a maioria dos homens fica relutante em iniciar um contato (tanto que os pesquisadores os apelidaram de "machos relutantes"). Isso deveria fornecer algum consolo para as mulheres que se encontram eternamente à espera de homens se aproximarem. O pior é que, na maior parte das vezes, os homens nem percebem os sinais que as mulheres enviam. Isso ajuda a explicar por que as mulheres são obrigadas a enviar tantos sinais antes que os homens respondam. Na verdade, as mulheres normalmente estão mais conscientes dos sinais que enviam do que os homens. Para aqueles homens leem isto com algum desagrado, por esta ideia de tentar atrair a atenção masculina Mae West sabiamente aconselhou: "É melhor ser examinado superficialmente do que ser ignorado". A propósito, a lógica oposta não é verdadeira. Os homens que estão lendo isto não devem começar a emitir sinais de forma indiscriminada. Isso seria um tiro pela culatra e os faria parecer menos atrativos.

Não seria muito exagerado dizer que as mulheres deveriam tratar a situação como lidassem com uma pessoa de raciocínio mais lento. Quanto mais lento? Os pesquisadores relatam que mesmo quando uma mulher deu o primeiro passo para o encontro, só mais tarde os homens percebem que ela tomou a iniciativa. O fato triste é que a maioria dos homens ignora mais os sinais não verbais do que as mulheres. Isso não quer dizer que não respondam a eles ou mesmo que não os enviem. Mas eles realmente têm menos consciência, tanto dos sinais enviados quanto dos recebidos. Por serem obtusos, os homens têm uma tendência maior de desprezar os sinais não verbais, portanto até os sinais de rejeição têm de ser mais fortes. Se você olhar a maneira como homens e mulheres descrevem a arte da sedução, poderá rapidamente perceber o quão distraídos os homens podem ser. Em estudo realizado pelo biólogo Timothy Perper, homens e mulheres foram solicitados a escrever um ensaio descrevendo como seduziriam alguém. As mulheres se provaram ser verdadeiras Cleópatras na arte da sedução e detalharam estratégias de como seduzir um homem. Essas estratégias iam da sugestão de que fossem até sua casa, passando por elogios do ponto de vista físico, ofertas de massagens nas costas, música suave, toques sutis e assim por diante. Os homens, por sua vez, eram enlouquecedoramente vagos sobre o assunto. Um deles escreveu: "Eu provavelmente tentaria dar a impressão de que se ela quiser fazer sexo, para mim tudo bem", uma resposta que não apenas deixa o peso sobre os ombros da mulher, mas também não informa o que ele faria para causar a impressão mencionada. Outro escreveu: "Eu adoraria tentar de alguma forma seduzi-la". Esta é uma resposta que se desvia da pergunta. E como outro escreveu, de uma forma que poderia servir como uma descrição para a maioria dos homens: "sedução é um conceito muito vago para mim". Lendo as respostas, parece possível que nossa espécie deixasse de existir se as mulheres não dessem o primeiro passo – o que elas estão mais desejosas de fazer do que sugerem os mitos culturais. De acordo com Perper, mais de 87% das mulheres disseram que gostariam de começar um encontro. E em minhas próprias entrevistas, muitas mulheres admitiram que, com frequência, começavam as coisas.

Entretanto, quando se trata de sexo, são as mulheres que dão respostas vagas, enquanto que os homens se tornam muito mais explícitos, discutindo tudo, de beijar os lóbulos da orelha a acariciar partes do corpo. Isso sugere que os homens assumem o controle quando a sedução se torna algo físico, enquanto as mulheres tomam para si o papel principal nos estágios iniciais. Perper chama a isso de "uma divisão dos esforços amorosos".

Depois de fazer a pesquisa para este capítulo, percebo agora que minha própria falta de consciência sobre os sinais está no limite da imbecilidade. Eu ainda me lembro da primeira vez em que beijei uma garota. Apesar dos amplos sinais que vinham dela, permaneci em sua porta conversando desesperadamente, na vã esperança de que o meu próximo movimento se materializasse como passe de mágica. Por sorte, ela finalmente nos tirou daquela tristeza ao me perguntar se eu gostaria de beijá-la. Ao colocar esta questão na forma de uma pergunta, eu acho que ela burlou com sucesso a proibição de não ser tão direta. Essa atitude mais ou menos definiu o tom da maior parte de minha carreira romântica, de modo que hoje me vejo imaginando como foi que eu consegui sair com mais alguém. E minhas entrevistas com os homens mostraram que esta não era uma reação incomum. Depois que eu descrevi algumas pesquisas para este capítulo, muitos dos homens quiseram receber lições de como aperfeiçoar os modos de decifrar a comunicação não verbal.

VAMOS DANÇAR?

Embora eu tenha usado jocosamente o termo "dança do acasalamento", ele é inteiramente apropriado. O encontro em um bar, entre uma mulher e um homem, é coreografado de modo muito aproximado a qualquer dança de salão. Então, vamos examinar os passos. Uma grande quantidade de pesquisadores – pessoas como David Givens e Timothy Perper – despendeu muito tempo em bares mapeando tudo isso, de forma que a gente não precise fazer o mesmo. Eles reduziram a dança do acasalamento a uma ciência, ou no mínimo a uma dança muito bem coreografada e com passos precisos, que devem ser realizados para o êxito de um namoro. De acordo com Perper, em seu excelente livro *Sexy Signals* [Sinais sexuais], existem cinco estágios:

1. aproximação;
2. conversa;
3. rotação – Perper se refere à forma que o casal gradualmente se move para seus corpos ficarem de frente um para o outro;

4. toque – usualmente iniciado pela mulher – sim, garotas, vocês ainda estão no comando;
5. sincronia – refere-se à nossa tendência de espelhar os movimentos físicos uns dos outros quando sentimos uma conexão (estudos recentes demonstram que a sincronia pode tomar um grande numero de formas para além de espelhar os movimentos, incluindo a cadência vocal e duração do contato visual).

(Givens também detalhou o ato de fazer a corte em cinco fases básicas mais amplas, mas ainda assim análogas às de Perper: atrair atenção, reconhecimento, conversação, ato de se tocar e fazer amor).

Essa sequência pode levar de minutos a horas, mas existem certas regras que devem ser seguidas se há intenção de avançar no encontro, de acordo com Perper. Cada estágio é aquilo que ele chama de um ponto de escalada, e a resposta de cada pessoa para cada um desses estágios é crucial para o resultado. Se uma pessoa toca a outra, mas não vê reciprocidade, o encontro será arruinado e a escalada será detida. Além disso, os sinais que as duas pessoas enviam uma para a outra devem ir do menos intenso ao mais intenso, para que o casal se mova pelos cinco estágios. Um breve exemplo explica. Se um homem expressa grande admiração pela mulher durante uma conversa, dizendo algo como: "você é linda" (um sinal forte), mas ela responde de forma morna ("hum, bem, não está muito escuro aqui?"), o homem irá ajustar seu grau de entusiasmo ao mesmo nível da mulher, e o encontro vai começar a tornar-se menos intenso. Perper também descobriu que as mulheres são normalmente as primeiras a incrementar a escalada.

Antes que você corra para o bar mais próximo e tente aplicar tudo isso, preciso fazer uma advertência: tudo normalmente ocorre de forma subconsciente. A tentativa de manipular o processo representa um risco muito alto. Se a outra pessoa percebe que você faz isso, pode dar adeus as suas chances. Então, como deve-se fazer para espelhar alguém? Os estudos demonstram que é melhor fazer isso de modo imperfeito e esperar alguns segundos antes de espelhar um movimento. Meu próprio conselho seria permitir que essa dança seguisse seu curso natural e você simplesmente usasse as "regras" como uma maneira de avaliar se ambos sentem o mesmo um pelo outro.

E aqui vai um pensamento final para homens e mulheres que estão desesperados para conhecer alguém quando chegam a um bar: fique até o final. Um grupo de pesquisadores foi ao bar de uma faculdade e pediu a alguns indivíduos que classificassem a atratividade do sexo oposto naquela noite. Eles repetiram isso três vezes. Às 21h, às 22h 30min e à meia-noite. O que eles descobriram foi que tanto homens quanto mulheres aumentavam suas notas à medida que ficava mais tarde. Esse efeito era mais pronunciado nos homens do que nas mulheres. Embora tentados a repudiar o dado como um caso claro do efeito da cerveja, os pesquisadores determinaram que o aumento das notas não era relacionado ao consumo do álcool, o que significa que aqueles olhos esbugalhados eram inteiramente autoinduzidos. Então, se você puder esperar até o bar fechar, poderá ter sorte.

MAIS ALGUMAS PALAVRAS INDELICADAS PARA SEXO

Voltemos ao sexo. Não quero chutar cachorro morto, mas vou repetir meu conselho para as mulheres: sejam muito cuidadosas com quem vocês dormem e com que rapidez vocês dormem com a pessoa. Analisando uma série de estudos, fica bem claro que algumas mulheres usam o sexo como forma de atrair um homem para um relacionamento de longo prazo. Mas essa estratégia é, no mínimo, arriscada. Com toda probabilidade, as mulheres vão se tornar vítimas daquilo que alguns pesquisadores chamam de "substituição afetiva". De acordo com um estudo, os sentimentos dos homens e das mulheres sobre seus parceiros mudam depois do primeiro encontro sexual, e os resultados deveriam ser um motivo de hesitação para toda mulher interessada em relacionamentos duradouros. Para as mulheres, existe uma mudança claramente positiva depois do primeiro sexo. Em outras palavras, elas se importam mais com aquele homem depois de dormir com ele. Existem óbvias razões evolutivas para isto: as mulheres precisam ficar interessadas em descobrir alguém para ajudar a criar seus filhos, então elas são biologicamente projetadas para tentar empurrar os relacionamentos em direção a um compromisso mais duradouro. E esta é ainda outra razão pela qual as mulheres precisam ser cuidadosas na escolha de seus parceiros sexuais. Embora a mulher pense que só quer ter uma experiência, ela poderá descobrir ao acordar na manhã seguinte que acabou criando uma ligação mais forte do que esperava com aquele homem.

Os homens – pelo menos alguns deles – reagem de forma totalmente diferente. Para aquele que tem inúmeras parceiras sexuais, fazer sexo pela primeira vez com uma mulher leva a um decréscimo de sua atração física e sexual por ela. Novamente, faz muito sentido do ponto de vista evolutivo. Tendo êxito em seduzir uma mulher, ele agora pode procurar uma nova parceira para poder aumentar suas chances de sucesso genético. Por outro lado, o homem que não dormiu com muitas mulheres não demonstra a mesma diminuição de atração sexual, o que também faz muito sentido. Por não ter tido muito êxito com a sedução, esses homens maximizam suas chances de sucesso genético ao investir sua energia em uma mulher. Mas as mulheres não seguem a mesma separação. Aquelas que tiveram numerosos parceiros sexuais reagiram do mesmo modo ao primeiro encontro sexual como aquelas que só tiveram alguns parceiros, revelando uma inclinação consistente das mulheres em direção a um relacionamento duradouro. Então, as mulheres que usam o sexo para tentar seduzir os homens a embarcar em um relacionamento duradouro têm maior probabilidade de conseguirem menos do que esperavam.

COMO EU TE AMO?

É claro que isso só é útil quando você sabe quem tenta atrair. Será que a ciência pode nos levar um passo adiante para quebrar o código romântico e identificar não apenas como devemos fazer para ir em busca de alguém, mas quem nós deveríamos procurar? A resposta é um sim muito limitado, e a surpreendente guinada é que, embora boa parte deste livro tenha enfatizado a diferença entre homens e mulheres, ambos os sexos são surpreendentemente semelhantes quando se trata daquilo que os dois procuram em uma relação de longo prazo. E isso não é tão espantoso quanto pode parecer de início. Boa parte do conflito entre homens e mulheres é devida a diferentes estratégias para curto e longo prazo. E quando se trata do parceiro do casamento, as qualidades de um bom marido não são tão diferentes daquelas que fazem uma boa esposa.

E o que procuramos em uma pessoa, além da sua boa aparência física? Todos nós queremos alguém que nos ame, que seja confiável e que tenha boa disposição. É claro que as características procuradas por homens e mulheres não são eternamente fixas. De acordo com um artigo publicado em 2001 no *Journal of Marriage and Family*, que comparou estudos desde 1930 até 1990, tem havido mudanças, bem como constâncias. O amor mútuo e a atração tornaram-se importantes para homens e mulheres, testemunhando a dominância crescente do enredo romântico. Os homens se interessam muito menos pelas habilidades domésticas do que antes. E as boas perspectivas financeiras se tornaram cada vez mais importantes. Acima de tudo, porém, tem havido uma convergência nas qualidades desejáveis em um parceiro, tanto nos homens quanto nas mulheres.

Então, que tipo de parceiro você deveria procurar? Uma fascinante variedade de testes e perfis tem sido desenvolvida para analisar personalidades e responder a essa pergunta. Como já discutimos, a maioria dos testes tem sido moldada para servir, de uma forma ou de outra, aos *sites* de namoro na internet, para ajudá-los a prever com algum grau de exatidão que tipo de pessoa seria adequada para outra. Vamos analisar os prós e contras complicados dessas teorias, pela simples razão de que envolvem algumas boas e más notícias. Primeiro, as más. Nenhuma fórmula ainda foi capaz de resolver o mistério de por que duas pessoas ficam juntas. É exatamente o que a maioria das pessoas poderia prever, embora os serviços de namoro *on-line* gostem de declarar exatamente o contrário. Agora, as boas notícias. Se você desistir de encontrar a fórmula perfeita para descobrir seu amor, a experiência de entender que tipo de personalidade pode ser atrativa para você será algo bastante simples e direto. Eu posso lhe dar algumas ideias úteis que, se não podem identificar com precisão o par perfeito, pelo menos podem colocá-lo na direção correta.

Como eu disse, todos nós procuramos a mesma coisa, uma busca que pode ser reduzida a três áreas. A importância que cada pessoa dá a cada uma dessas áreas varia bastante. Mas quando se trata de um parceiro a longo prazo, há categorias consideradas alicerces. São elas:

1. cordialidade/lealdade;
2. vitalidade/atratividade;
3. posição social/recursos;

Há uma longa lista de possibilidades, mas existe uma forma pela qual podemos restringi-las. Os estudos descobriram uma forte correlação entre nossa autopercepção e nosso ideal de companheiro. Se você se vê como alguém que preza a lealdade acima de tudo, desejará uma pessoa que tenha esta mesma qualidade. Ou se para você sensibilidade é essencial, deveria procurar quem compartilhasse do mesmo sentimento – na verdade, de acordo com um estudo recente, queremos alguém que seja um pouco melhor que nós, então provavelmente você gostaria de alguém mais leal ou mais sensível. Isso é especialmente verdadeiro para as mulheres que são, repetindo o que eu já comentei, o sexo mais exigente. Então, o primeiro passo para descobrir um parceiro é identificar quais são as qualidades em si que você mais valoriza.

Como é previsível, ambos os sexos compartilham das mesmas sensações sobre quais são as qualidades mais importantes. Em um estudo de 1990, tanto os homens quanto as mulheres consideraram o respeito e a cordialidade as qualidades mais importantes. Quando se trata da inteligência, os dois sexos desejam pelo menos uma inteligência na média, embora, quando questionados se fariam ou não sexo com alguém, os homens se mostraram mais propensos a dormir com uma mulher de inteligência abaixo da média, enquanto as mulheres procurariam alguém de inteligência acima da média. As mulheres também dão grande ênfase à sinceridade, o que David Buss argumenta ser a palavra-chave que avalia o compromisso de um homem. As mulheres também dão muita importância ao senso de humor.

FAÇA-OS RIR

O humor merece um tratamento especial. Como qualquer pessoa que passa os olhos pelos anúncios pessoais nos jornais sabe, o senso de humor é uma qualidade absolutamente essencial. Todo mundo deseja que seu parceiro ou parceira tenha senso de humor, e ninguém admite que isso lhe falte. Todas as vezes que perguntei aos homens e às mulheres que qualidades procuravam, o senso de humor estava no topo da lista ou próximo disto. Mas por que acontece isso? Os pesquisadores realizaram um estudo muito interessante que ajuda a fornecer algumas respostas. Eles pediram a um grupo de mulheres que lessem algumas vinhetas sobre vários homens. A chave que mudava de história para história era o senso de humor do homem. Em algumas dessas histórias, aquele sujeito ficcional tinha um excelente senso de humor. Em outras, ele tinha um humor na média. E nas restantes, seu senso de humor era insatisfatório. O estudo descobriu que os homens com o melhor senso de humor foram avaliados pelas mulheres com todo o tipo de qualidade positivas. As mulheres os viam como mais sensíveis, adaptáveis, felizes, inteligentes, viris e até mais altos. E todos esses atributos adicionais não foram calculados por nada que estivesse na vinheta. Foram resultado inteiramente do senso de humor do homem. Em outras palavras, as mulheres usam inconscientemente o senso de humor como substituto para muitos outros traços, como a inteligência e a criatividade. E isso ajuda a explicar por que o humor está sempre colocado no topo da lista das qualidades desejáveis. Não é por causa da qualidade em si, mas porque ela age como um sinal de tantas outras qualidades que são procuradas.

Para que possamos ver como isso está profundamente embutido em nossa *psique*, basta olhar para os resultados das pesquisas realizadas levando em conta a fertilidade feminina. Quando uma mulher está no seu pico de fertilidade e está à procura por uma relação breve, sua atração por um homem com grande senso de humor fica fortemente ampliada. Os homens com senso de humor na média ou abaixo da média veem que sua classificação não muda, o que confirma que o humor age como um substituto para bons genes. O humor pode até mesmo me-

193

recer toda a importância que tantos lhe concedemos. Um estudo revelou que a avaliação que as mulheres faziam sobre seus parceiros predizia de modo significativo a satisfação com aquele relacionamento. Mas aqui reside uma diferença importante entre os sexos. Os estudos mostram que os homens se inclinam a ser aqueles que fazem as piadas, e as mulheres têm a tendências de ser aquelas que riem dessas piadas.

Infelizmente, nada disso é o Santo Graal dos namoros. No máximo, pode levá-o um pouco mais adiante na tentativa de descobrir o que procurar em um parceiro. E quando se trata da personalidade, a ciência ainda tem uma compreensão rudimentar do motivo que leva uma pessoa a sentir-se atraída por outra.

O CÉREBRO VICIADO EM AMOR

Muitos de vocês, leitores, provavelmente têm uma pergunta que lhes importuna, sobre aquelas provocantes dançarinas de *Pole dance*, mencionadas no começo do capítulo. Você deve estar pensando que tudo isso é muito bom para nos dar conselho sobre coisas que devemos procurar e como atrair um parceiro, mas parece que nada disso pode estar sob nosso controle. Afinal, se a atração está ligada a coisas como o ciclo de fertilidade feminino, que importância tem saber quem está piscando para quem? E vocês estariam certos em apresentar esta objeção. Embora não negue as páginas anteriores, ela deixa uma área inexplorada, que talvez seja a mais poderosa de todas: nossa química corporal, aqueles sinais que vão do odor do corpo à ovulação, passando pelos hormônios, sobre os quais não temos nenhum controle.

Existem muitas novas evidências científicas afirmando que a paixão provoca coisas estranhas no cérebro. De acordo com exames de ressonância magnética, ficar "cego" de paixão ativa os mesmos circuitos cerebrais que a obsessão e intoxicação. Um estudo descobriu que a áreas do cérebro ativadas pela cocaína são as mesmas que se tornam ativas quando se mostram fotos de seus parceiros aos namorados. As pessoas apaixonadas também possuem altos níveis de feniletilamina, uma anfetamina natural encontrada no chocolate. Talvez seja isso que ajude a estimular uma súbita capacidade de ficar sem dormir quando se passa a noite com a pessoa amada. A neuropsiquiatra Louann Brizendine comparou a atividade cerebral de uma pessoa apaixonada com a de um viciado em drogas ansiando pela próxima dose. E quando as pessoas falam sobre a dor do coração partido, expressam-se de modo mais literal do que você pensaria. A rejeição ativa os mesmos circuitos cerebrais de uma dor física. De fato, estar apaixonado literalmente religa o cérebro. Um dos produtos químicos liberados é a oxitocina. Além de causar sensações de euforia, ela também parece derreter as velhas conexões neurais para que mudanças em grande escala no cérebro possam ocorrer. E isso facilita o processo de aprender coisas novas, como substituir os sentimentos de amor por um antigo parceiro pelos sentimentos de amor por um novo.

Essas manifestações físicas podem parecer apenas descrições metafóricas de alguma coisa, mas deixam de ser surpreendentes quando você começa a explorar o tamanho do espaço físico que nossos órgãos sexuais monopolizam no cérebro. Stefan Klein escreveu: "Se o tamanho dos órgãos de um indivíduo fosse medido pelo espaço reservado a ele no cérebro, o pênis e a vagina iriam facilmente exceder o corpo inteiro". De fato, não seria exagero dizer que o cérebro em si é o órgão sexual mais importante do corpo, e que, como disse Helen Fischer, a busca pelo amor é uma motivação tão essencial quanto a sede e a fome.

Quando nos apaixonamos ou até mesmo quando sentimos desejo, um novo fluxo de elementos e produtos químicos produzidos pelo organismo ocorre – dopamina, norepinefrina, feniletilamina, oxitocina e vasopressina, só para mencionar alguns. É claro que aquilo que acontece no cérebro dos homens e nos cérebros das mulheres é bastante diferente. Por exemplo, as mulheres apaixonadas mostram atividade em diferentes regiões do cérebro, quando comparadas aos homens apaixonados. Tal diferença também pode ser vista em grande número de áreas relacionadas. Veja, por exemplo, a questão da sexualidade feminina. Ela é um fenômeno muito mais indefinível do que a sexualidade masculina. Aquelas pistas físicas, como estar úmida, não indicam necessariamente excitação, e de acordo com um estudo, enquanto homens ficavam previsivelmente excitados assistindo a filmes eróticos com mulheres, o oposto não é verdadeiro. Vídeos com homens nus nem sempre causam mais excitação nas mulheres que filmes sobre montanhas nevadas. O que realmente desperta as mulheres é o nível de sensualidade. Quando a sensualidade estava presente, as mulheres superavam os homens com a natureza polimórfica de seus desejos. Elas não apenas respondiam aos filmes com homens nus, como também respondiam a filmes com mulheres nuas. Em outro estudo, as mulheres ficavam excitadas ao assistir filmes dos bonobos acasalando (sem nenhuma resposta dos homens), embora estivessem inconscientes disso.

    Estudos sobre nossa neuroquímica também podem dizer muito sobre a essência de nossa atração sexual. Por exemplo, o declínio do desejo é um problema comum a todos os casais – e não apenas entre seres humanos. Os pesquisadores chamaram esse fenômeno de efeito Coolidge, pelo famoso incidente que envolveu o ex-presidente americano e a primeira-dama. De acordo com a história, o casal Coolidge viajava separadamente por uma fazenda do governo. A senhora Coolidge notou um galo copulando com uma galinha e perguntou qual era a frequência com que um galo copulava. A resposta foi que ele fazia isso dúzias de vezes ao dia, e a primeira-dama replicou: "Por favor, diga isto ao presidente". Quando Coolidge foi informado sobre essa conversa, perguntou se o galo sempre acasalava com a mesma galinha, e foi informado que ele copulava com diversas delas. Então o presidente sorriu divertidamente e disse: "Por favor, diga isso à primeira-dama".

Os cientistas podem atualmente fornecer evidências concretas do efeito Coolidge ao monitorar os níveis de dopamina nos animais antes e depois da cópula (a dopamina tem sido chamada de "molécula do desejo", porque é sua química que nos motiva a alcançar nossos objetivos). Veja um recente estudo sobre ratos. Quando uma nova fêmea foi mostrada a um rato macho, sua dopamina subiu 44%, índice que continuou a crescer antes do sexo, mas que caiu drasticamente depois do clímax. Na segunda vez em que ele copulou com a mesma fêmea, o pico da dopamina foi menor, e depois de várias vezes, os níveis raramente subiam acima do normal. Mas quando se colocou uma nova fêmea, a dopamina do rato subiu 34%. Na atual era de sexo casual, tudo isso exerce grandes implicações em nossos relacionamentos, e uma forte argumentação poderia ser apresentada, a de que as pessoas que procuram por parceiros duradouros estariam mais bem servidas se prolongassem o período de namoro. Infelizmente, para aqueles mais ativos, parece que o antigo conselho de nossos avós, de que as pessoas não compram vacas quando podem ter leite de graça, tem uma base científica.

O nosso cérebro tem uma engraçada peculiaridade, que aumenta esse efeito. Ele floresce quando enfrenta um desafio, enquanto esse desafio não for difícil o suficiente que pareça impossível. É a expectativa da recompensa, em vez da recompensa em si, que aparentemente estimula a produção de dopamina. Todos nós passamos por isso uma vez ou outra. Basta pensar na última vez que você ansiava por alguma coisa e, quando a conseguiu, pareceu-lhe menos empolgante do que o fato de pensar nela. O fato é que até os objetivos menos expressivos, como ultrapassar um nível no *videogame*, podem ativar nossos neurônios e fazer o coração bater mais rápido. O significado disso para as mulheres é que a melhor estratégia para alavancar os níveis de dopamina de um homem e tornarem-se mais irresistíveis a ele é fazer que o sexo seja o objetivo mais desafiador. Porque assim que o sexo acontecer, os níveis de dopamina masculinos, como o desejo, irão inevitavelmente cair, embora uma mulher possa provavelmente manter esses níveis altos se o sexo não for algo garantido, mas sim algo que o homem tenha de fazer por merecer constantemente.

O AROMA DA ATRAÇÃO

Quando os cientistas começaram a refletir a respeito da base química do amor, perceberam que na atração, o que funciona não são pessoas na noite trocando olhares, mas pessoas trocando odores. Durante muito tempo, os cientistas puseram de lado a ideia considerada ridícula de que os seres humanos poderiam ser atraídos pelo cheiro de cada um. Mas, recentemente, descobriram que o cheiro pode, e frequentemente consegue, desempenhar um papel crucial, o que me leva a um de meus experimentos favoritos: o teste da camiseta fedida.

Podia ter sido pior. Os cientistas podiam ter nos pedido para cheirar o xixi um do outro. As primeiras ideias que os odores podiam exercer algum papel na atração humana veio dos ratos, especificamente de um segmento do DNA chamado complexo principal de histocompatibilidade ou MHC (do inglês *Major Histocompatibility Complex),* uma sequência de mais de 50 genes localizados em um único cromossomo, que é diferente para cada indivíduo. A razão desta quase infinita diversidade é que um MHC age como um sistema de alerta para o corpo, detectando doenças e alertando as defesas do organismo para os ataques, e também precisa lidar com uma desconcertante multidão de atacantes.

Um dos aspectos incomuns do MHC é que ele é codominante em vez de dominante. Com um traço controlado pelo gene dominante, como a cor dos olhos, somente a versão de um dos pais será expressa. Mas com os genes codominantes, as duas versões continuarão funcionando na descendência. E essa é uma grande vantagem no combate às doenças. Se os genes do pai contiverem imunidade para uma variante da doença e os genes da mãe tiverem imunidade para outra variante da mesma doença, a descendência terá imunidade para as duas versões.

Agora, vamos voltar aos ratos. Descobriu-se que quando uma fêmea era oferecida a dois diferentes machos para acasalar, ela sempre escolhia aquele cujos genes MHC fossem muito diferentes dos dela. E isso faz muito sentido, porque irá aumentar a imunidade de sua cria. E qual era o método de seleção utilizado? Ela cheirava a urina dos machos. Esse dado levou os pesquisadores a abandonar a ideia de avaliar o cheiro, porque os seres humanos não têm o hábito de cheirar o xixi dos outros. Mas então eles tropeçaram em uma descoberta muito interessante – os seres humanos podem perceber as diferenças dos odores sem precisar da urina. Então, um biólogo suíço chamado Claus Wedekind preparou um experimento para verificar se poderia descobrir uma habilidade semelhante nas mulheres, percebendo o aroma do MHC nos homens (as mulheres têm maior sensibilidade olfativa em aromas do que os homens), e assim nasceu a experiência da camiseta fedida. Embora as descobertas de Wedekind sejam muito conhecidas, muito mais que a maioria dos estudos que eu discuto, elas ainda merecem grande atenção porque o elemento-chave que impele as preferências em relação aos cheiros nem sempre é explicado, e os resultados espantosos relacionados à contracepção são frequentemente deixados de lado.

Mais de 80 estudantes universitários participaram do estudo. Aos homens foram entregues camisetas de algodão para que dormissem com elas por duas noites consecutivas. Para que nenhum tipo de odor imprevisível surgisse, eles foram orientados a não comer alimentos apimentados, não fumar e não consumir bebida alcoólica. Também precisaram evitar usar desodorantes, águas de colônia ou sabonetes perfumados. E claro, nada de sexo. Durante o dia, as camisetas eram mantidas em sacos plásticos fechados.

As mulheres também foram instruídas antes do experimento. Durante duas semanas antes, elas usaram *sprays* nasais para proteger a mucosa do nariz. Durante o período de ovulação, quando o odor aumentava, elas foram colocadas em teste: uma fileira de caixas, com um furo em cima, cada uma contendo uma das camisetas dos rapazes. Depois que inalassem profundamente cada caixa, as mulheres deveriam classificar as camisetas pelo seu caráter sexual, satisfação e intensidade do odor. O que os pesquisadores descobriram demoliu qualquer dúvida que ainda existia sobre o papel dos odores na atração entre as pessoas.

Wedekind e sua equipe descobriram que a forma como uma mulher classificava o odor de um homem dependia inteiramente da quantidade do MHC de ambos que se superpunha. Como o perfil pessoal é incrivelmente idiossincrático, aquele cheiro que parece agradável a uma mulher não será necessariamente agradável a outra, e se o teste genético não estiver disponível, não há nenhuma maneira fácil de prever o que uma mulher achará atraente. Por exemplo, a raça não exerce muita influência nesse campo. E tudo isso tornou o estudo ainda mais espantoso. Quanto maior a diferença do perfil masculino de MHC, mais a mulher classificava o cheiro como agradável e sensual (um estudo posterior descobriu que elas eram muito diferentes – se não houver genes MHC em comum, a mulher não será atraída pelo cheiro do homem).

As evidências também sugeriram que essa atração não estava confinada ao laboratório. As mulheres disseram que os cheiros que elas preferiram as lembravam dos namorados atuais ou antigos, quase duas vezes mais que os homens com perfis de MHC similares, então o cheiro teve provavelmente um papel importante em sua seleção de companheiros na vida real. Não importa qual fosse o perfil de MHC, porém, um forte cheiro corporal causou rejeição. Os pesquisadores teorizaram que um forte cheiro corporal é quase sempre um indicador de doenças, então as mulheres podem ter desenvolvido uma aversão a esses odores como forma de evitar um companheiro geneticamente impróprio. Além disso, os odores parecem ser outro indicador de aptidão genética. Em um estudo diferente, as mulheres avaliaram que homens simétricos cheiravam melhor que homens assimétricos.

Houve ainda outra descoberta surpreendente: as mulheres que usavam contraceptivos orais tinham preferências opostas àquelas que não faziam uso de pílulas. Elas escolheram homens com perfis de MHC similares. Para lhes dar uma ideia do potencial perturbador dessa reversão, as mulheres geralmente descreviam o cheiro dos homens com perfil similar de MHC como parecido com o cheiro do pai ou do irmão. Tradicionalmente, deve ter feito sentido para uma mulher permanecer perto da família durante a gravidez, para assegurar cuidados e proteção. Mas o desenvolvimento evolutivo está claramente sendo obscurecido pelos contraceptivos cientificamente projetados, que enganam o organismo e o fazem achar que a mulher está grávida. E como se isso não fosse o suficiente, outro estudo mostrou que as mulheres em uso de pílulas anticoncepcionais enxergam o mundo sob uma luz mais platônica, o que é algo claramente contraproducente para uma mulher solteira que procura um parceiro, uma vez que não a deixa ver as possibilidades amorosas à sua volta.

Os genes MHC similares também foram creditados como responsáveis por uma infinidade de problemas para os casais. De acordo com um estudo, os parceiros que apresentam mais dificuldade em conceber uma criança compartilham uma porção mais significativa de seus genes MHC. Os médicos também descobriram que os casais com perfis MHC mais parecidos sofriam com altos índices de abortos. E isso ainda causa um efeito na fidelidade sexual. À medida que aumenta a similaridade entre esses perfis de MHC, os pesquisadores descobriram que a receptividade sexual da mulher com o parceiro diminui. Ela se vê mais atraída por outros homens e, na média, a mulher é infiel com um grande número de homens. Com 50% do perfil em comum, a mulher tem 50% de chances de dormir com outro homem. Os estudos sugerem claramente que toda mulher que leva a sério a busca por um parceiro duradouro deve evitar contraceptivos orais. Ao tentar enganar a natureza, talvez tenhamos nos enganado e arruinado um importante elemento da seleção de parceiros – o cheiro.

Quando uma mulher usa preservativos, ela não terá mais os benefícios medicinais do sêmen. Isso pode soar ainda mais ridículo que o estudo das camisetas fedidas, mas é verdade. Por mais inverossímil que pareça, o sêmen contém substâncias químicas poderosas, que aumentam o bem-estar geral e que são absorvidas pelas paredes vaginais (a digestão é outro assunto, por isso não se aplica à felação). De acordo com recente estudo, as mulheres que não usam preservativos e fazem sexo regularmente são menos deprimidas que aquelas que usam os preservativos, ou que não fazem sexo.

É claro que as mulheres provavelmente devem ter intuído o poder dos cheiros. Um número surpreendente de mulheres que entrevistei disse que o cheiro desempenhava um papel fundamental em seus encontros, e algumas até afirmaram que poderiam imediatamente "cheirar" se aquele homem servia para elas ou não. Uma delas me disse que gostava de sentir o cheiro das axilas de seu namorado – e não logo depois de ele ter saído do chuveiro. Desde Walt Whitman, eu não ouvi um endosso tão retumbante do doce aroma das axilas. Nossa sociedade obcecada pela higiene torna mais difícil para as mulheres usar o olfato para perceber se o parceiro tão protetor tem "a coisa certa" para ela, e talvez seja esta a razão pela qual o beijo é tão importante nos relacionamentos. Nossa saliva também contém traços de nosso MHC, por isso o beijo pode revelar aquilo que nosso banho diário esconde. Mas você deve manter certa cautela quando decidir confiar em seu nariz. As fragrâncias podem enganar até a mais perita das cheiradoras, então você precisa ter certeza de estar cheirando o aroma original, e não um adulterado.

VOLUBILIDADE, SEU NOME É CICLO MENSTRUAL

É possível que a química do corpo, particularmente os hormônios, possa explicar a volubilidade atribuída às mulheres. Por exemplo, o ciclo ovulatório feminino pode exercer um tremendo efeito na escolha do homem que ela acha atraente. Os estudos têm demonstrado que, durante a ovulação, as mulheres acham os rostos masculinos mais atraentes, mas no resto do tempo elas acham os rostos femininos os mais atraentes (outras características, como a voz, por exemplo, seguem o mesmo padrão). Nesse período, elas também demonstram mais preferência pelo cheiro de homens simétricos. Os rostos masculinos e a simetria corporal são sinais de saúde, então existem razões evolutivas consistentes para que elas tenham desenvolvido essa preferência inconsciente por marcos de superioridade genética. Curiosamente, as mulheres não demonstram essa preferência pelo cheiro de homens simétricos quando não estão ovulando. Isso talvez se deva à percepção inconsciente de que os homens com os melhores genes nem sempre se mostram os parceiros mais fiéis, o que sugere o quão sutis podem ser nossas tendências evolutivas. E mesmo o cheiro de outras mulheres pode influenciar o comportamento feminino. Em um estudo, as mulheres que foram expostas ao odor de outras mulheres – que estavam amamentando – descobriram que seu desejo sexual deu picos de 17 a 24%. Uma mulher verdadeiramente corajosa pode tentar atrair um arrojado galanteador com suas copulinas, que são ácidos graxos encontrados na secreção vaginal. Em um estudo, embora os homens não achassem o odor das copulinas muito agradável, ele exerceu um efeito intenso na forma como os homens viam as mulheres. Depois de serem expostos ao cheiro, os homens deram notas altas à atratividade de mulheres em fotografias, e seus níveis de testosterona foram às alturas. Se os homens quiserem repetir a proeza, podem tentar colocar seu suor sob as narinas femininas. Em um estudo, as mulheres avaliaram rostos masculinos e depois foram expostas a uma pequena quantidade do suor das axilas; depois tiveram de avaliar os rostos novamente. Após sentirem o cheiro do suor, elas aumentaram suas notas sensivelmente.

Não apenas a forma como julgamos a aparência pode ser afetada por fatores como o cheiro e a ovulação – estes fatores podem também alterar que tipo de personalidade uma mulher acha atraente. Em estudo conduzido por Geoffrey Miller e Martie Haselton, as mulheres leram histórias sobre um homem pobre e criativo e sobre um homem rico e pouco criativo. Quando elas estavam perto de seu pico de fertilidade, as mulheres preferiam a criatividade à riqueza, quando se tratava de uma relação de curto prazo, evidenciando que a ovulação pode afetar de forma definitiva a escolha de um parceiro, ao impulsioná-las a escolher bons genes em vez de um bom pai, especialmente quando não tomam uma decisão duradoura. O casamento em si influencia as preferências femininas. Em outra investigação sobre a influência dos aromas e cheiros na escolha feminina, uma mulher com um parceiro preferiu o cheiro de homens mais dominantes, enquanto as mulheres solteiras não demonstraram nenhuma preferência. Os pesquisadores sugeriram, então, que as mulheres solteiras estavam mais interessadas em assegurar um parceiro, mas uma vez que isso tivesse sido resolvido, elas voltariam a procurar os melhores genes. A ovulação pode até mesmo fornecer uma explicação para a reclamação feminina de que os melhores homens já foram reservados. De acordo com estudo de 2008, mulheres com parceiros achavam que homens envolvidos em um relacionamento eram mais atraentes durante o período não fértil, mas elas prefeririam homens solteiros (caso exibissem traços masculinos) durante os períodos de alta fertilidade. Mais uma vez, essa mudança na preferência parece corresponder à divisão entre bons genes e bom pai: a ovulação ajuda a aumentar a atração da mulher por homens solteiros e másculos por causa de seus genes, e com a baixa fertilidade dirigindo sua atenção para homens que mostram inclinação para se comprometer em relacionamentos duradouros (isto é, um homem já envolvido em um relacionamento). Então, quando uma mulher se encontrar de novo lamentando a falta de homens disponíveis, ela talvez possa culpar seu ciclo menstrual por isso.

OS HOMENS TAMBÉM FICAM MAL-HUMORADOS

Não se preocupem, senhoras. O homem também é governado pela própria química do corpo, embora isso não funcione da mesma forma como na mulher. Vamos voltar àquele aromático objeto de estudo, a camiseta suada. Os pesquisadores decidiram realizar um teste semelhante com os homens. Eles deram a um grupo de mulheres camisetas de algodão, que deveriam ser usadas em diferentes fases de seu ciclo menstrual, e então pediram aos homens que as cheirassem. O que os homens identificaram não foi o perfil do MHC da mulher, mas sim seu ciclo ovulatório. Quando avaliaram as camisetas em relação ao caráter sexual e ao prazer, os homens deram notas mais altas às mulheres que estavam ovulando ou prestes a ovular do que àquelas que ainda se aproximavam da menstruação. De acordo com outro estudo, as mulheres relataram que seus parceiros ficavam mais amorosos e atenciosos durante a ovulação, assim como mais ciumentos em relação a outros homens. Em outras palavras, os homens não ficam particularmente focados em descobrir uma mulher com um perfil diferente, mas possuem uma fantástica capacidade de descobrir mulheres que estão no pico da fertilidade. Isso parece ser verdadeiro no mundo real, assim como no mundo dos laboratórios. Em estudo realizado em bares, os homens começavam a tocar as mulheres que estavam ovulando muito mais do que aquelas não ovulando. Tudo isso faz sentido, do ponto de vista evolutivo. Em geral, os homens querem fazer sexo com o maior número possível de mulheres férteis, independente de a mulher ser geneticamente apta ou não. Para as mulheres, no entanto, cada gravidez representa um grande investimento, então faz muito sentido que ela devote muito mais atenção em garantir que o bebê tenha a melhor chance de sucesso genético.

Os homens também têm flutuações hormonais com que se preocupar. Seus níveis de testosterona vagueiam por uma série de picos e vales ao longo do dia, mas isso ainda pode servir como um indicador de características mais significantes, como o humor e o grau de agressividade. Alguns homens naturalmente têm baixos índices de testosterona, o que é bom para a sociedade porque, se todos se todos fossem homens alfa, as brigas seriam incessantes. Nós nos veríamos presos na pergunta-padrão de Travis Bickle: "Você está me olhando?"; "Não, mas *você* está me olhando?".[3] Mudanças importantes na vida de um homem também podem influenciar a testosterona. Quando ele está em uma relação estável, seu nível de

---

3. Personagem de Robert de Niro no clássico *Taxi Driver,* filme de 1976. (N. do T.)

referência de testosterona diminui. Por exemplo, os homens casados têm menos testosterona, em média, do que os solteiros, e os casados com filhos apresentam níveis ainda mais baixos do que os casados sem filhos. Mas esses níveis serão alavancados para cima se a relação se tornar instável. E um homem com muita testosterona se comportará de modo muito agressivo em relação aos encontros e namoros. Foi realizado um estudo no qual diferentes homens competiam pela atenção da mesma mulher. Os homens com testosterona mais alta gozariam dos outros, criticariam os outros e não ririam de suas piadas. As mulheres que têm interesse em um relacionamento duradouro deveriam procurar se afastar de homens que manifestem tais características – eles mostram menor tendência de se casar, têm muitos mais casos, maltratam mais suas esposas e se divorciam com muita frequência.

O ÉDIPO SONHADOR

Em um resultado que vai deliciar os freudianos, parece que os homens não querem dormir com suas mães, eles preferem as mulheres que tenham *semelhança* com elas - pelo menos é o que vemos no reino animal. Em um estudo, as mães de ratos machos foram impregnadas com aroma de limão. Mais tarde, os machos foram colocados ao lado de algumas fêmeas que estavam perfumadas com a essência de limão e com outras que não estavam. Não houve discussão. Os machos primeiro copularam com as fêmeas perfumadas e ejacularam mais rapidamente. Um dos homens que entrevistei admitiu que estava em um sério relacionamento com uma mulher e se descobriu atraído por seu perfume, apenas para receber depois a perturbadora notícia de que o perfume era o mesmo que sua mãe usava. Por sorte, parece que desenvolvemos mecanismos para nos proteger de nossos dramas edipianos pessoais. Um pesquisador decidiu dar uma espiada nos casamentos de um *kibutz* em Israel. Em função da maneira como o *kibutz* é estruturado, os meninos e as meninas são criados de forma bastante próxima, quase como irmãos de uma mesma família. E quando os pesquisadores avaliaram seus padrões de casamento, revelou-se que mesmo não violando nenhum tabu sobre incesto, as crianças do mesmo *kibutz* quase nunca se casavam entre si. Dos 2.769 casamentos, apenas 13 eram entre crianças que cresceram juntas, e mesmo nesses casos, no mínimo uma delas havia se mudado de lá com seis anos. Então, parece que o antiafrodisíaco supremo é crescer desde a mais tenra idade muito próximo de seu possível parceiro.

É claro que se você deseja maximizar a quantidade de filhos, existe um poderoso incentivo em escolher alguém dentro da mesma família: maior fecundidade. De acordo com um estudo realizado na população da Islândia, o grau ideal de parentesco para produzir um número máximo de filhos e de netos é a união de primos de terceiro ou quarto graus. Qualquer parentesco mais próximo e o casal corre o risco de procriação cossanguínea. E mais distante disso, o casal corre o risco de enfrentar problemas de incompatibilidade genética. Quem diria que as reuniões de família poderiam ser um local potencial de namoros?

SEU GENE FRAUDULENTO

Aparentemente também existe um componente genético que determina a probabilidade de um homem trair, o que alguns pesquisadores chamaram de "gene da promiscuidade". Eles descobriram que existe uma variação em alguns genes do receptor D4, o receptor da dopamina. Como a dopamina é a substância química que nos estimula a querer as coisas e deixa sob a superfície todo o resto, da atração sexual ao vício no jogo, uma mudança na recepção da dopamina pode ter uma enorme influência em nosso comportamento. Os homens com a versão promíscua do receptor D4 possuem um desejo ampliado por aventuras eróticas e costumam ter 20% mais parceiras sexuais do que o homem comum. Os pesquisadores estimam que cerca de 30% dos homens carregam esse gene, mas antes que as mulheres saiam numa caçada para extirpar esses infames namoradores, elas deveriam saber que – embora uma pesquisa similar não tenha sido realizada com mulheres – é muito provável que algumas mulheres apresentem uma variação genética semelhante. Lembrem-se, todas aquelas crianças que não são fruto da ligação legítima dos pais nasceram com um pai e uma mãe.

Para que possamos ter uma visão mais precisa da capacidade de um homem de ser fiel – ou da incapacidade, se você for do tipo de garota que só enxerga um copo meio vazio – precisamos dar uma olhada naquele rato de pradaria, monogâmico e pouco cativante. Quando alcança a maturidade, o macho se relaciona com praticamente a primeira fêmea que estiver disponível. Um casal passa um dia inteiro copulando e depois vive o resto da vida junto. Até mesmo a separação não rompe essa ligação, e quando um dos parceiros morre, o outro não arranja um novo companheiro, em uma notável demonstração de fidelidade. Entretanto, existe outro tipo de toupeira, das montanhas, que é polígama.

Então, o que se deve considerar na monogamia generosa e admirável do ratinho da pradaria e na poligamia promíscua de seu primo? Provavelmente tudo se resume a uma pequena fatia de DNA que age como cópia de um tipo particular de receptor de vasopressina no cérebro, e o motivo pelo qual esse receptor é tão importante é que o hormônio vasopressina, liberado durante o sexo, exerce um papel central nos machos ao formar os laços monógamos. O rato da pradaria tem essa fatia de código genético, o que significa que ele tem mais receptores de vasopressina no cérebro que seus primos da montanha. Isso os torna mais suscetíveis ao poder de criação de vínculos da vasopressina. Quando os cientistas inseriram esse código genético nos ratos da montanha, eles imediatamente se tornaram tão monógamos quanto seus primos da pradaria. A vasopressina é tão poderosa que os ratinhos nem precisavam de sexo para criar um vinculo monogâmico. Precisam apenas da vasopressina – se a injetarmos neles, eles formarão um laço pela vida toda com a primeira fêmea disponível, mesmo que não tivessem copulado antes com ela. Quando a vasopressina é bloqueada, o macho age como se nunca tivesse visto a fêmea antes, esquecendo de ter copulado com ela repetidas vezes. Quantas mulheres conhecem essa sensação? A vasopressina (e a oxitocina, para as fêmeas) também foi usada para criar a monogamia entre os ratos domésticos, que são polígamos. O que se revelou é que nem todos os ratos de pradaria são criados da mesma forma no que diz respeito à vasopressina. Estudos posteriores revelaram que alguns machos possuem mais extensões do gene e que estes também são os parceiros mais confiáveis.

Então, com que tipo de vasopressina os homens são providos? A resposta é bem mais complicada que se pensa. Os pesquisadores já descobriram que a versão humana deste gene apresenta pelo menos 17 variações diferentes, um número que provavelmente deve crescer quanto mais se pesquisar (um trabalho semelhante também deve ser realizado em relação às mulheres e a oxitocina). O que isso significa é que existe um amplo espectro de possibilidades quando se pensa na questão da predisposição genética individual para que o homem seja monogâmico. E mais, essa talvez seja a chave para se compreenderem os laços duradouros entre homens e mulheres. Para lhe dar uma ideia do quão importante esse gene pode ser em relação ao comportamento masculino, uma versão mais simples do gene foi descoberta em pessoas com autismo, uma doença caracterizada pela dificuldade em criar relacionamentos com outras pessoas.

Como os homens entendem o possível poder sedutor de sua receptividade à vasopressina, quem sabe um dia possamos descobrir que os homens pararam de se gabar sobre o tamanho de seus membros e agora só falam do tamanho de seus receptores de vasopressina, o que seria um pequeno passo adiante.

É claro que qualquer resposta definitiva sobre a natureza química do amor ainda é uma esperança distante, mas os cientistas tem feito progressos. Como acabamos de ver, os pesquisadores têm descoberto ao menos algumas pequenas pistas sobre a natureza ardilosa da atração entre homens e mulheres. E se durante sua busca pelo amor tudo o mais falhar, lembre-se de que sempre poderá simplesmente seguir sua intuição.

CONSELHOS PRÁTICOS

A verdadeira pergunta é: será que a ciência pode fornecer conselhos práticos para todos nós, namoradores ansiosos? A surpreendente resposta é *sim*. Alguns desses conselhos são apenas o senso comum, outros são inesperados. Antes de avançarmos em qualquer um deles, porém, desejo fazer um alerta. Eu li muito mais livros sobre namoros e encontros amorosos do que qualquer ser humano deveria, e todos me convenceram de uma coisa: desconfie de qualquer um que se sinta seguro em oferecer dicas infalíveis. A maioria desses livros baseia-se em um pouco mais do que uma apanhado cômico de anedotas. Eu posso prometer que as informações desse capítulo estão baseadas nos mesmos estudos científicos e pesquisas do restante do livro. Então, por favor, aja diante do que está prestes a ler do mesmo modo casual que faria em um bufê de dicas sobre encontros, escolhendo e pegando somente o que desejar.

Eu dividi esta parte em três:

1. Para ambos;
2. Para ele;
3. Para ela.

PARA AMBOS

Aprenda a amar a si mesmo. Eu sei que isso soa incrivelmente pouco científico e emotivo demais – eu posso até ouvir os acordes de uma música melosa ao fundo –, mas inúmeras pesquisas sustentam essa afirmação. De forma mais simples: quanto mais tiver uma visão positiva de si mesmo, maior será a probabilidade de se apaixonar. E será mais provável também que esse amor seja saudável e não destrutivo.

Embora gostemos de acreditar que não somos pessoas superficiais e que julgam o livro pela capa, as pesquisas mostram que a primeira impressão é muito importante. De acordo com um estudo de 1993, as pessoas que assistiam a um vídeo de um professor eram capazes de, com apenas 30 segundos de filme, prever como aquele professor seria avaliado por seus alunos. E aqui está o importante: aqueles 30 segundos continham apenas interações não verbais e atratividade física. Se você não tem certeza como conseguir uma notável primeira impressão, existem muitos livros que foram escritos sobre o assunto, embora eu tenha uma sugestão: focalize sua atenção na outra pessoa. Para que se cause uma boa impressão, é mais importante mostrar interesse em alguém do que ficar se mostrando.

O desejo seletivo é melhor do que o desejo generalizado – em outras palavras, não aborde todos que você considerar adequados como se fosse o coelhinho das pilhas Duracell paquerando as coelhinhas. Em um estudo recente, as pessoas que eram avaliadas como donas de um desejo generalizado eram consideradas menos desejáveis, enquanto as que demonstravam seu desejo por apenas uma pessoa eram vistas de forma muito mais positiva. E também, em um estudo sobre o "*Speed Dating*" os pesquisadores concluíram que quanto mais exigente fosse a pessoa, mais alta seria avaliada a sua atração.

Tente se encontrar com seu objeto de desejo o mais frequentemente possível. A familiaridade exerce um efeito poderoso na atratividade. Em um estudo, mostraram uma quantidade de fotos para homens e mulheres e depois eles foram solicitados a selecionar a fotografia da pessoa com quem eles imaginavam que poderiam se casar. Mais tarde, algumas dessas fotos foram projetadas diversas vezes na tela, e então os participantes foram solicitados a novamente selecionar uma delas. Em grande quantidade, tanto homens como mulheres mudaram sua seleção inicial, trocando-a por uma das fotos que havia sido projetada diversas vezes. O outro benefício disso é que para as pessoas menos atraentes, atração física se torna menos importante com o tempo, no momento em que o "efeito da familiaridade" – que é como os pesquisadores chamam – toma lugar.

Mantenha seu rosto alegre e animado, mas não tanto que os outros possam pensar que ficou maluco. As pesquisas mostram que um rosto alegre e divertido é considerado mais atraente do que aquele desprovido de emoções. É por isso que as pessoas inexpressivas têm problemas em conseguir marcar encontros.

Faça contato visual. Nós já discutimos isso, mas nunca é demais enfatizar o quão poderosa pode ser esta ferramenta. O contato olho no olho pode dar um tremendo impulso na atratividade, independente do sexo. Em estudo realizado pelo psicólogo Arthur Aron, pessoas totalmente estranhas entre si formaram pares e foram solicitadas a conversar durante uma hora e meia, tempo em que deviam compartilhar detalhes pessoais. Então, deviam ficar se olhando, olhos nos olhos, durante 4 minutos. Mais tarde, os pesquisadores perguntaram-lhes sobre seus sentimentos pela outra pessoa, e muitos dos participantes admitiram que se sentiram fortemente atraídos. Mas o quanto? Alguns dos casais até mesmo *se casaram*! Não é tão mau assim, para 4 minutos de contato visual, não é?

Não fique obcecado por sua aparência. Preste atenção, sim, em sua atitude. Um estudo recente revelou que atratividade, expressividade emocional e habilidades no trato social contribuem para a simpatia e aceitação de uma pessoa, mas a atratividade era a menos importante dessas três qualidades.

Se você não for uma pessoa atraente, pelo menos tente sair com pessoas bonitas. Um estudo mostrou que as pessoas que estão próximas de pessoas bonitas e atraentes também são avaliadas como tal, pela proximidade.

Mostre à pessoa que você gosta dela. Os pesquisadores descobriram que saber o quanto alguém gosta de nós exerce um poderoso efeito na intensidade com que gostamos dessa pessoa. Eu acho que é um pouco desanimador saber disso, porque mostra que evoluímos quase nada desde a escola secundária, quando paquerar seriamente alguém era mandar um bilhete para ele ou ela, dizendo que estava a fim e pedindo para marcar o quadradinho se ele ou ela gostasse de você – mas infelizmente isso tudo é verdade. Os estudos mostraram, por exemplo, que atitudes similares têm menos influência que a reciprocidade (o sentimento de que as pessoas se gostam), sobre o quanto as pessoas apreciam você. E se duas pessoas estão convencidas de que os demais gostam delas, isso acaba criando um retorno positivo que se repete, aumentando os sentimentos positivos. Na verdade, ser amado ou não tende a ser uma profecia autocumprida, porque termina afetando o comportamento do indivíduo e, assim, molda a percepção alheia. Nós agimos como se fôssemos ou não amados, e as pessoas nos tratam de uma forma que se ajuste ao nosso comportamento.

A semelhança entre os valores ainda conta, então não negligencie este ponto. Em um estudo, pessoas que não se conheciam foram informadas, de forma aleatória, que tinham ou não atitudes semelhantes perante a vida. Adivinhe quais foram os casais que acabaram se gostando mais? Aqueles que foram informados sobre suas similaridades. Apesar da premissa das comédias românticas, de que os opostos se atraem, atitudes muito diferentes podem afastar possíveis pretendentes. De acordo com um estudo de 1986, as pessoas que não disseram nada foram avaliadas com mais simpatia do que as que expressaram atitudes não semelhantes.

Se você sente atração por alguém com atitudes diferentes, procure rir de suas brincadeiras e piadas, porque o humor é muito poderoso nas questões de atração. Os pesquisadores apresentaram a estudantes um estranho que era 90% parecido ou nada parecido com eles. Esses estudantes leram para o estranho uma piada através de um interfone, e o estranho ria ou não tinha nenhuma reação. O resultado? As gargalhadas se mostraram mais importantes que a semelhança. E quando a atração dos estudantes por aquele estranho foi mensurada, 90% das pessoas não semelhantes que riram da piada foram percebidas como mais encantadoras do que 90% pessoas semelhantes.

Seja exigente, mas não tanto. Deixe-me ser um pouco mais preciso. Você deve emitir sinais de que é alguém exigente, mas não em direção à pessoa que está tentando atrair. Muitos estudos foram incapazes de encontrar evidências para apoiar a ideia de que jogar duro é uma estratégia bem-sucedida. Embora as pessoas gostem de parceiros exigentes, os estudos demonstram que elas só gostam deles quando os parceiros são exigentes com outras pessoas, e não com elas. Um estudo apresentou a homens e mulheres uma escolha entre pessoas que eram "muito exigentes", "exigentes", "pouco exigentes" e "não exigentes". Ambos os sexos se mostraram mais atraídos por aquelas pessoas descritas como "exigentes", e não foram atraídas pelas "muito exigentes", e as mulheres apresentaram maior rejeição nesta categoria do que os homens.

Tente evitar namorar alguém que não seja muito do seu tipo. Os estudos têm demonstrado que namorar alguém com um nível semelhante de atratividade leva a maior satisfação, o que possibilita maior sucesso no relacionamento.

Tente se casar com alguém que tenha tido mais ou menos a mesma quantidade de parceiros que você. As pesquisas descobriram que, na média, esses casais sentem maior comprometimento e satisfação em seu relacionamento, e também se sentem mais apaixonados um pelo outro.

Deixe de lado os filmes pornôs. Os estudos mostraram que os homens e as mulheres que assistem a filmes pornôs estão menos satisfeitos com seus parceiros e dão menos incentivo ao casamento.

Os obstáculos podem aumentar a atração — se eles vierem de fora do relacionamento. Os pesquisadores documentaram o "efeito Romeu e Julieta", descobrindo que tanto os casais casados quanto os não casados exibiam uma forte correlação entre o amor que eles sentiam um pelo outro e o grau de interferência dos pais. Maior interferência levava a mais amor.

Leve seu namorado para assistir a *Ligeiramente grávidos* e não para assistir a *Sangue negro* e, como prolongamento da noitada, procure outras maneiras de melhorar o humor daquele encontro. Os estudos mostram que o bom humor aumenta a atração, enquanto o mau humor a afasta.

Dê um prolongado abraço na pessoa — desde que, é claro, este abraço não fique esquisito. Depois de um abraço de 20 segundos, o cérebro libera oxitocina, o que aumenta a sensação da confiança.

Se você estiver conversando com alguém e quiser verificar como as coisas estão caminhando, tente observar se vocês dois desenvolveram alguma sincronia. Quando você virou o rosto para ele, ele se virou para você? Quando ele se inclinou para frente você logo fez a mesma coisa? Mas não comece simplesmente a espelhar os movimentos da outra pessoa — senão ela pode pensar que você é algum tipo de mímico.

Quando você namora alguém, trate-o como se ele (ou ela) já possuísse as qualidades que você busca. Os estudos demonstram que as pessoas tentam corresponder às expectativas e à opinião positiva que seus pais têm sobre elas.

PARA ELE

No fim das contas, esta não é uma ciência aeroespacial. As qualidades que atraem as mulheres são aquelas que qualquer mulher gostaria de achar em um parceiro duradouro. De acordo com um estudo, as mulheres declararam que os melhores métodos para atrair os homens eram mostrar boa educação, ser carinhosa e útil. Como era de se esperar, outro estudo revelou que essas eram também as qualidades com as quais os homens frequentemente desapontavam as mulheres. Alguns homens admitem que eles levam o cachorrinho da amiga para dar uma volta porque essa atitude envia sinais poderosos que induzem a pensar que ele é um sujeito cuidadoso e carinhoso. Você pode levar isso ao extremo lógico e se perguntar qual o efeito que exerceria numa mulher se você cuidasse de seu bebê, e foi exatamente isso o que os pesquisadores investigaram. Eles mostraram a algumas mulheres as fotos do mesmo homem sozinho, interagindo de forma positiva com um bebê ou ignorando quando o bebê chorava. Como se previa, as mulheres se mostraram mais atraídas pelo homem quando ele estava brincando com o bebê. Aliás, o mesmo sinal não funcionará para as mulheres – um estudo similar que mostrava uma mulher nessas situações não demonstrou nenhuma mudança de opinião por parte dos homens quanto à atratividade da mulher, não importando o que ela fizesse com o bebê. É claro que, se a oportunidade de sexo casual estiver em jogo, a exibição masculina de destreza e perícia ampliará em muito as suas chances de sucesso.

Esqueça os grandes discursos. Você não precisa de uma frase especial para conhecer uma mulher. De acordo com uma pesquisa realizada por uma revista, apenas dizer "oi" funciona 71% das vezes para os homens. (E 100% das vezes para as mulheres, mas nós já sabemos que as mulheres fazem parte do sexo exigente.)

Você é do tipo que fica cutucando as pessoas quando está conversando animadamente? Pare de fazer isso e outros gestos que possam ser percebidos como ameaçadores. Você deveria tratar a sua abordagem física com o mesmo cuidado de um observador de pássaros, que tenta não assustar o alvo de sua atenção. De acordo com o antropólogo David Givens mostrar a palma da mão é um movimento bom e não ameaçador. Quanto aos toques, ele recomenda que quando a estiver a ajudando coloque a mão suavemente nas costas, como uma maneira de comunicar segurança e com sugestão de toque de sensualidade.

Você não precisa de esteroides. As mulheres preferem um torso masculino de tamanho médio e consideram pouco atraente um corpo extremamente musculoso.

Embora as calças de moletom sejam confortáveis, procure vestir algo um pouquinho mais bonito. Quando as mulheres viram fotos de homens, quanto mais bem vestido o indivíduo estava, mais inclinadas elas ficaram em classificá-lo em diversas categorias, incluindo a possibilidade de passar uma noite com ele.

Deixe de usar água de colônia. De acordo com um recente estudo, esse perfume afasta as mulheres. E como os pesquisadores sabem disso? A secreção vaginal diminuía. Em vez disso, tente comer algumas balinhas de menta e de licor. Por alguma razão, esse perfume aumenta o fluxo da secreção vaginal.

O conselho que seu pai lhe deu sobre o aperto de mão estava absolutamente certo: quanto mais firme, melhor. De acordo com uma nova pesquisa, a força do aperto de mão em homens está diretamente relacionada com a capacidade reprodutiva. Os pesquisadores descobriram que homens com aperto de mão mais forte são mais saudáveis e dominadores, têm um tipo mais másculo, começaram a fazer sexo muito jovem e têm mais relações sexuais. Infelizmente, você não pode simplesmente fingir um aperto de mão – isto está ligado à genética e à produção de testosterona.

Para aqueles que vivem guinchando por aí, tentem falar num tom de voz mais grave. As mulheres preferem uma voz mais grave e percebem-na como algo atraente, saudável e mais masculino. Parece ser provavelmente um sinal evolutivo de aptidão genética. Em um estudo sobre uma sociedade de caçadores-coletores, revelou-se que homens com voz mais grave tinham mais filhos.

Saia com mulheres atraentes. Um estudo revelou que os homens eram avaliados como mais atraentes quando estavam com mulheres também atraentes, bem mais do que quando estavam sozinhos (o inverso também era verdadeiro – os homens com mulheres pouco atraentes também era considerados menos atraentes).

Torne-se um feminista, e não porque isso seja a coisa certa a se fazer, mas, pelas garotas! Como se revelou em um estudo, se um homem acredita na igualdade entre os sexos, vai exercer mais influência tanto na atração platônica da mulher quanto em sua atração romântica.

Se você levar uma mulher para sua casa, coloque música, mas não *jazz* e sim *rock*. Um estudo mostrou que as mulheres que estavam ouvindo *rock* avaliaram alguns homens em fotos como muito mais atraentes do que aquelas mulheres que estavam avaliando fotos sem ouvir música ou ouvindo *jazz*.

Não tenha medo de alugar um filme da Bette Midler e entrar em contato com seu lado feminino. Em um estudo, quando se ofereceu às mulheres a escolha entre um homem interessado naquelas estereotipadas atividades masculinas e um homem que estava interessado em atividades tanto masculinas quanto femininas, as mulheres avaliaram o segundo homem como mais agradável, inteligente e honesto. Outro estudo mostrou que a atitude dominadora em um homem só tem apelo para as mulheres se ele também for alguém cooperativo e prestativo.

Embora talvez você raramente se levante do sofá, a não ser para pegar a *pizza* que acabou de chegar, enfatize sua vontade e pretensão de trabalhar duro. Os homens sempre subestimam a importância que essas qualidades representam para as mulheres.

Se você não é um homem alto, avalie a possibilidade de colocar uma camada de sola adicional no salto do sapato. Naqueles anúncios pessoais no jornal, os homens que disseram que eram altos receberam mais respostas do que aqueles que não mencionaram sua altura.

PARA ELA

Você não é um fantoche desamparado do amor, e os homens não são aqueles sujeitos cínicos de coração frio. Os estudos mostram que os homens na verdade se apaixonam muito mais rápido, se apaixonam num segundo. Além disso, os pesquisadores descobriram que as mulheres tendem a ser mais pragmáticas e realistas quando se trata do amor.

Antes de começar a reclamar que não há nenhum candidato a ser o amor de sua vida, dê mais uma olhada entre seus amigos masculinos e veja se nenhum deles é de seu agrado. De acordo com uma pesquisa, os homens se sentem duplamente atraídos sexualmente para suas amigas do que mulheres em relação a seus amigos.

Você deveria seguir o exemplo de São Tomé: ver para crer! Em outras palavras, duvide das promessas que os homens fazem. É verdade que você consegue captar os sinais muito melhor do que os homens. Você também é mais competente em avaliar as expressões faciais e consegue ler melhor a mente da outra pessoa. Na verdade, as mulheres são muito melhores em uma ampla quantidade de habilidades – ler lábios, decifrar a linguagem corporal – e isso deveria facilitar muito mais a decodificação dos sinais, sexuais ou não, que os homens enviam. Infelizmente, todas essas vantagens são uma clássica situação da Rainha Vermelha, nas quais os homens também aprimoraram a habilidade em enganar as mulheres, e então nada mais foi conseguido além do desconfortável empate forçado.

E não fique muito convencida por causa de sua maior habilidade verbal, porque isso também é um calcanhar de Aquiles. É mais provável que as mulheres fiquem matutando uma conversa com os homens, tentando perceber as nuances do que eles disseram. Elas também têm mais tendência a manter conversas compridas e detalhadas com suas amigas sobre o homem em questão. Esta não é necessariamente uma boa ideia, e também ajuda a explicar o sucesso do livro *Ele simplesmente não está a fim de você*. Em vez de tentar fazer uma análise apurada, mantenha aquela atitude cética, e observe se suas ações demonstram o mesmo nível de comprometimento de suas palavras.

Você não precisa ser uma garota feminina demais. Assim como as mulheres gostam de homens que possuem qualidades masculinas e femininas, os homens também gostam de mulheres que mostrem as mesmas qualidades.

Se você não consegue se decidir entre um tratamento facial ou mais tempo na academia, decida-se pela academia. Diversos estudos mostram que os homens se importam muito mais com um belo corpo do que um belo rosto. Uma mulher com um corpo pouco atraente recebe uma nota menor em relação à sua atratividade do que uma mulher com um rosto pouco atraente.

Deixe de lado os biscoitos água e sal, e se delicie com *cheeseburguers*. Apesar da magreza inumana das modelos de passarela, estudos mostram que homens preferem mulheres com peso normal que aquelas demasiadamente magras, e mostram também que as mulheres superestimam a magreza feminina, que supostamente seria atrativa para os homens. Essas e outras pesquisas também mostraram que mulheres pensam que a higiene e a limpeza são muito importantes para os homens, mais do que realmente são; então, se você for realmente corajosa, poderá relaxar um pouco o seu regime de banhos.

Se você estiver preocupada com seu peso, mas não quer entrar em uma dieta, use um perfume floral forte. Em um estudo, as mulheres que usaram um perfume nesta linha foram avaliadas pelos homens como tendo cerca de 5 quilos menos. Nenhum outro aroma teve o mesmo efeito.

Imite Rapunzel e deixe crescer seus cabelos. De acordo com um estudo bem recente, os homens classificaram os rostos mais bonitos como aqueles envolvidos por cabelos longos ou médios, e os maiores ganhos foram para as mulheres menos atraentes. Você pode também usar seu corte de cabelo como sinal de sua personalidade. Os homens viam as mulheres com cabelos compridos como pessoas saudáveis, maduras e inteligentes, enquanto as mulheres com cabelos mais curtos eram vistas como mais jovens, honestas e afetivas.

Fale com uma voz mais aguda. Os homens acham isso mais atraente. Bem faça isso dentro do razoável. Você não precisa sair por aí estilhaçando copos de cristal.

Use batons. Em um estudo, percebeu-se que a primeira impressão sobre a atratividade de uma mulher era muito mais intensa se ela estivesse usando batom.

Você não precisa se preocupar muito com aquilo que vai vestir, porque os homens certamente não se preocupam. Quando se mostraram fotos de mulheres muito atraentes, moderadamente atraentes e sem atrativos, os homens sempre mostraram interesse em fazer sexo com as mulheres muito atraentes e moderadamente atraentes, sem se importar com o que elas estavam vestindo, e nenhuma roupa mais bonita mudou o seu nível de interesse para com as mulheres sem atrativos.

Esqueça todos aqueles enormes seios que aparecem nas revistas masculinas. Os seus seios são provavelmente muito bons do jeito que são. Os homens preferem as mulheres com busto de tamanho médio, apesar de tudo o que os estereótipos culturais sugerem.

Sinta-se à vontade para se mostrar confusa quando estiver usando algum equipamento complicado, como um grampeador de mesa. De acordo com diversos estudos, os homens desejam ajudar as mulheres ao resolver problemas técnicos.

Não é uma má ideia reduzir um pouco seu amor por Heidegger e mostrar sua inclinação pela Hello Kity. Os homens valorizam a inteligência e a ambição, mas apenas se não excederem sua própria inteligência e ambição. Em um estudo sobre o "*Speed Dating*", por exemplo, revelou-se que os homens tinham muito menos inclinação a escolher uma mulher que fosse muito mais ambiciosa do que eles.

Embora você possa ter uma conta bancária extraordinária, não coloque os holofotes em cima disso. Os estudos mostram que os homens preferem ser o provedor da família e desejam que as mulheres ganhem menos do que eles, com um *status* profissional mais baixo.

Não tenha medo de se aproximar e tocar em alguém. Em um estudo, um voluntário fingia estar fazendo uma pesquisa e parava uma pessoa na rua. O voluntário então deixava cair a prancheta e observava se alguém o ajudava a pegá-la. Qual foi o maior efeito? Quando uma voluntária mulher tocava alguém no braço. Esse simples e único gesto criava de longe o maior encorajamento nas pessoas que se ofereciam para ajudar a apanhar a prancheta. Isso funciona também com as mulheres no local de trabalho. Os pesquisadores estudavam o que acontecia quando ocorriam toques nas mãos em uma situação profissional. Embora o efeito fosse ambivalente quando os homens tocavam as mãos das mulheres, os resultados foram uniformemente positivos para as mulheres que tocavam as mãos dos homens.

NEM PARA ELE
NEM PARA ELA

Eu não estaria fazendo meu trabalho direito se não lhe oferecesse uma lista de coisas que estimulam, assim como as coisas que não. Um serviço de namoros chamado "It's Just Lunch" fez uma pesquisa sobre as maiores manias entre os casais, o que forneceu uma visão muito útil sobre coisas que devem ser evitadas. Grande parte delas são coisas das quais qualquer pessoa com mínimo de bom senso se manteria afastada, mas o fato de que todas aparecem nesta lista significa que o bom senso não exerce muita influência no comportamento das pessoas, ao contrário do que gostaríamos:

46% citaram "atender ao celular durante a refeição".

41% citaram "ser grosseiro com os garçons".

26% dos homens e 37% das mulheres reclamaram do parceiro falar demais sobre si mesmo durante o encontro.

30% mencionoram "falar sobre o ex".

45% dos homens fizeram objeção às mulheres que falam do peso ou de sua nova dieta.

56% das mulheres reclamaram dos homens que mostram mais interesse na garçonete do que nelas.

A boa notícia para as mulheres é que os homens continuam menos exigentes, mesmo quando se trata de hábitos irritantes. Apenas 42% das mulheres dissem que sairiam com um homem que tivesse um desses hábitos ou manias, comparado a 71% dos homens.

Capítulo 6
O FIM DO NAMORO

O QUE APRENDI SOBRE CASAMENTO

Se existe algo não declarado em minha abordagem é minha esperança de que você tenha um relacionamento duradouro. É por isso que termino um livro sobre namoro e atração sexual com um capítulo que fala de casamento. E não parece correto parar no altar. Estar muito feliz ao se casar não é algo muito útil se você não conseguir manter-se feliz depois de casado. E continuar casado é o problema.

Eu me casei há poucos anos, e certamente não posso declarar que sou um perito no assunto pela minha experiência pessoal. O mais engraçado é que mesmo aqueles casais juntos há muito tempo não têm a mínima ideia do segredo do sucesso. Quando perguntei-lhes por que tinham sido bem-sucedidos no casamento, muitos riram e responderam algo como: "Quem sabe?". A boa notícia é que os pesquisadores passaram muito tempo investigando casamentos e vieram com algumas respostas surpreendentes e explicam por que um casamento pode ou não dar certo.

POR QUE VOCÊ DEVE APERTAR O NÓ

Para aquelas pessoas que ainda estão em cima do muro em relação ao casamento, e acham que o mais saudável é simplesmente evitar esta instituição, existem evidências abundantes de que você ficará melhor a longo prazo se for parte de um casal. E o mais importante é que provavelmente você terá uma vida muito feliz por isso. Em uma pesquisa recente, 40% dos adultos casados disseram estar muito satisfeitos comparados apenas a 25% de pessoas que nunca se casaram (resultado duplicado em muitos outros estudos). As pessoas solteiras também apresentam índices mais altos de depressão. O casamento mostrou-se mais importante como forma de prever a felicidade, mais do que o trabalho, as finanças ou a comunidade. E por quê? É que as pessoas casadas recebem todo o tipo de benefícios embutidos nessa condição.

Vamos começar com sexo. Embora a cama de casal tenha sido por muito tempo uma fonte de piadas, os casais estão fazendo mais e melhor sexo do que os animados solteiros. De acordo com uma pesquisa americana, 42% das mulheres casadas disseram que suas vidas sexuais eram extremamente mais satisfatórias, física e emocionalmente, quando comparadas a 31% de mulheres solteiras que tinham parceiros sexuais. E qual é a importância do sexo para a felicidade? Se eu fosse escrever o mais curto livro de autoajuda do mundo, ele seria assim: faça mais sexo! Uma grande quantidade de estudos descobriu conexões entre uma vida sexual saudável e a longevidade. Em outro estudo, o índice de mortes no grupo menos sexualmente ativo foi o dobro do encontrado no grupo mais ativo. E os economistas até mesmo quantificaram os benefícios em dólares. Como já mencionei no capítulo sobre economia, o aumento da frequência do intercurso sexual de uma vez por mês a uma vez por semana gera o mesmo aumento de felicidade quanto um ganho adicional de 50 mil dólares por ano. Os economistas até mesmo atribuíram um valor para o próprio casamento. Um casamento duradouro equivale a ganhar um extra anual de 115 mil dólares.

Os cientistas descobriram todo o tipo de benefícios atrelados ao sexo regular – melhor circulação sanguínea, incremento do sistema imunológico, precaução contra infecções e resfriados, menor suscetibilidade à depressão. Uma pesquisa realizada com 16 mil americanos descobriu que aqueles que faziam mais sexo eram também os mais felizes. E o que tudo isso tem a ver com o casamento? As pessoas casadas têm grande vantagem inerente quando se trata de fazer sexo regularmente, pela simples razão de terem um parceiro sexual para vida toda. Isso não que dizer que não enfrentem seus próprios desafios, como manter a paixão com o passar dos anos, mas eles fazem mais sexo – 30% mais na média.

Também existem outros benefícios. Deixando o sexo de lado, o casamento melhora a sua saúde. Como vimos no capítulo 3½, os índices de mortalidade entre as pessoas solteiras é significativamente mais alto (50% mais para as mulheres e impressionantes 250% mais para os homens), e o fato de não estar casado reduz a vida média de um homem mais que uma doença cardíaca. E esse é um fator de redução da expectativa de vida para a mulher solteira, maior que o câncer ou que a pobreza. Existe uma infinidade de razões para isso. Os homens têm probabilidade de cortar uma porção de atividades pouco saudáveis, como beber, quando estão casados. E o casamento também traz importantes vantagens financeiras. Os homens e as mulheres casados desfrutam de uma renda familiar mais elevada. Em 1997, os casais americanos tinham uma renda média de 47.129 dólares, comparada aos 26.203 dólares dos homens solteiros e 15.892 dólares das mulheres solteiras.

Talvez o mais importante disso tudo sejam aquele benefícios sutis e menos quantificáveis. Que valor você aplica ao companheirismo? É muito difícil quantificá-lo, mas os estudos demonstraram que a solidão causa estresse e enfraquece o sistema imunológico. Nós todos somos seres sociais, e o casamento é o grande baluarte contra a nossa solidão. Por sorte, muita gente percebeu isso. Quando se pergunta às pessoas quais são seus objetivos principais, o casamento feliz sempre encabeça a lista. Para aqueles que precisam de mais indícios sobre os benefícios do matrimônio, convido à leitura do livro *The Case For Marriage*, de Maggie

Gallagher e Linda Waite, que expõe sistematicamente todas essas vantagens e numerosas outras para os casais felizes. Mas esses números chegam com uma grande advertência – um casamento infeliz pode reordenar estas róseas estatísticas em outra direção. De acordo com um estudo, um casamento infeliz aumenta em 35% suas chances de ficar doente e encurta a sua vida em 4 anos, em média. E os economistas calcularam que o divórcio equivale a perder 66 mil dólares por ano.

O CASAMENTO E SEUS DESCONTENTES

É claro que se o casamento feliz fosse algo fácil de conseguir, teríamos muito menos divórcios e muito menos casos extraconjugais. Infelizmente, é muito mais fácil se apaixonar do que permanecer apaixonado. Do mesmo modo, como podemos usar a química do corpo para mapear os efeitos da paixão passageira, podemos também utilizá-la para compreender que o declínio do desejo é parte natural de qualquer relacionamento de longo prazo. Como disse Oscar Wilde: "A essência do amor é a incerteza", mas a incerteza é precisamente aquilo que você abre mão quando se casa. É deplorável, mas descobrimos que a pessoa certa não pode ser reduzida apenas a simplesmente cheirar camisetas suadas, por mais atraente que isso possa parecer. Como os estudos têm demonstrado, esse elemento químico do amor se reduz com o tempo. Um pesquisador descobriu que a química alterada do cérebro da pessoa apaixonada dura de 6 a 8 semanas. Outros descobriram que leva de 2 a 3 anos para que a paixão se esvaneça em um sentimento de neutralidade – nem mesmo uma atração suave, nem mesmo uma leve atração, mas a neutralidade!

O problema em confiarmos em nossa paixão para nos guiar é que o casamento precisa passar pelo teste do tempo para ter êxito. Algumas pessoas podem se sentir aliviadas quando se divorciam, mas eu não acho que ninguém tenha jamais considerado isso um sucesso. E o fato de basear uma relação a longo prazo naquela química de curto prazo é mais ou menos como comprar um carro com base em seu funcionamento pelos próximos 200 quilômetros.

Este não é um problema do casamento, é um problema dos seres humanos. Todos nós já experimentamos esse decréscimo do desejo de incontáveis maneiras. A excitação da antecipação dá lugar à estagnação da rotina. Se você alguma vez já comprou um carro novo ou começou em um novo emprego, com certeza passou por essa sensação. E esse não é um grande problema quando se trata da compra de um carro. Se você tiver dinheiro, comprar um carro novo será relativamente simples. Mas é um grande problema quando se trata de casamento. E a coisa engraçada sobre o esvanecimento de nossos desejos é que apesar de termos passado por isso inúmeras vezes, os estudos mostram que sempre nos esquecemos disso. E nós também não conseguimos prever como nos sentiremos no futuro, sempre esperando que o futuro seja mais parecido com o presente do que realmente é. Você pode imaginar o quanto esses hábitos da mente são potencialmente destrutivos para um casal que se casa ainda na fase da paixão?

Se você é uma dessas pessoas que simplesmente se recusa a aceitar tudo isso e deseja que sua paixão arda tão forte depois de 40 anos, existe uma solução possível: mais sexo. De acordo com diversos experimentos, os animais se acostumam menos às sensações positivas quando recebem oxitocina, que é liberada durante o sexo. Não se sabe ainda o quanto de atividade sexual será necessário para que se mantenha a acomodação distante, então convido meus leitores com mais energia que tentem o melhor possível. Para os outros, agora é a hora de chegar a um acordo sobre a questão do custo do enredo romântico.

CUIDADO COM AS EXPECTATIVAS

Talvez o maior problema para a maioria dos casais hoje em dia seja a enorme expectativa que vem sendo rotineiramente colocada sobre o casamento, tanto pela cultura social quanto pelos próprios casais. Basta avaliar os vários papéis sociais que têm sido fundidos à relação conjugal – melhores amigos, relacionamentos estreitamente aparentados, companheiro sexual, sócio financeiro, apenas para citar alguns. Tantas esperanças extravagantes estão agora embutidas no casamento, que alguns pesquisadores passaram a chamar de "o culto do casal" – um culto que pode se provar fatal. De acordo com as pesquisas, os homens que matam as esposas acreditam firmemente na ideia de terem encontrado uma alma gêmea e de praticar uma rígida monogamia. Tradicionalmente, porém, não era o caso. Sua esposa ou seu marido eram apenas isto: esposa e marido; ninguém esperava que seus parceiros representassem tantos outros papéis, por exemplo, de melhor amigo.

Tradicionalmente, o casamento em si era baseado em diversas considerações, e o amor era uma delas. Uma grande quantidade de forças – econômicas, religiosas e sociais – sustentava o compromisso entre um homem e uma mulher, mas isso mudou. Hoje, por exemplo, poucas mulheres têm filhos, e muitas delas são financeiramente independentes, mais do que jamais foram. É uma evolução maravilhosa e de muitas maneiras. Mas também significa que os vínculos parentais e financeiros que costumavam ligar marido e esposa estão desaparecendo. E como esses laços tradicionais desaparecem, a única coisa que resta para sustentar a relação é o amor, que é uma rede muito frágil para sustentar tanto peso. Com todos os outros vínculos afastados, o casamento depende apenas da satisfação pessoal, ou – para colocar a cereja no bolo – do amor. O problema é que essa alteração apenas piorou o problema. Quanto mais nos apegarmos à ideia estreita de que o casamento deveria ser a fonte da maior parte de nossa felicidade, mais insatisfeitos inevitavelmente ficaremos com o próprio relacionamento. No começo dos anos 1970, a porcentagem de homens que descreviam seu casamento como "muito feliz" era 70%. Na metade dos anos 1990, esse índice caiu para 64%. A mesma queda aconteceu com as mulheres, com a quantidade das "muito felizes" caindo de 67% para 62%. Não foi nenhum acidente isso ter ocorrido exatamente na mesma época em que o amor foi coroado como a chave para o casamento.

No mínimo, devemos reconhecer que o casamento não é a solução para todos os problemas da vida. No livro *General Theory of Love*, os autores declaram: "Quando finalmente se relacionam, os americanos descobrem que foram treinados durante anos na arte errada. Em um encantador voto de confiança à forma em detrimento do conteúdo, nossa cultura corteja a efemeridade de estar apaixonado enquanto não leva em conta a importância do amar". Na verdade, o próprio relacionamento, em função de todos os seus benefícios, já cria uma grande quantidade de problemas, tanto que o psicólogo chamou o casamento de "uma máquina de discórdia". E a psicologia evolucionária provê um pequeno conforto para aqueles que gostariam de acreditar que um casamento feliz é um conquista simples e natural. Como percebeu David Buss: "Os seres humanos não foram projetados pela seleção natural para coexistir em um matrimônio cheio de alegria e beleza. Nós fomos desenhados para a sobrevivência individual e para a reprodução genética. Os mecanismos psicológicos modelados por esses critérios implacáveis são frequentemente egoístas".

Embora o êxito do casamento traga benefícios maravilhosos, todos teríamos mais chances de atingir esse objetivo se baixássemos nossas expectativas em relação àquilo que o casamento fará por nós. Na verdade, você poderia argumentar que nos daríamos melhor se reduzirmos nossas expectativas em relação a tudo. Quando se trata de satisfação com a vida, os dinamarqueses sobrepujam com facilidade todos os competidores, segundo uma pesquisa internacional. Os motivos é que eles têm baixas expectativas quanto ao futuro. Mas, voltando à questão do amor, não é que não devêssemos incluí-lo como uma das considerações que fazemos quando nos casamos. Porém, só o amor não é suficiente. Talvez a questão não seja por que a metade de nossos casamentos acabe em divórcio, mas sim, tendo em vista nossas elevadas expectativas, por que metade dos casamentos dá certo. Eu espero que este capítulo ofereça algumas respostas para esta pergunta.

POR QUE É MELHOR NÃO SE APAIXONAR TANTO

Um lugar onde podemos procurar por respostas é onde existem casamentos arranjados. No início desse livro, citei um estudo sobre casamentos arranjados na Índia em que se descobriu que esses casamentos tornavam-se mais felizes com o passar tempo que casamentos no Ocidente. Os judeus ortodoxos, que se utilizam de casamenteiros, relataram experiência similar com o amor que continuava a crescer depois da cerimônia de casamento. Se desejamos afrouxar nossa fascinação sobre o enredo romântico, podemos acabar descobrindo que nossas ideias sobre o amor e sobre o casamento estão confusas. Neste momento, nossa imagem ideal do casamento se parece um pouco com isto:

Supostamente, devemos estar em êxtase no dia do casamento e vivermos felizes para sempre. Isso parece remotamente realista para alguém? Entretanto, é o esboço da maioria das representações da cultura popular em relação ao enredo romântico. Agora, vamos dar uma olhada em um gráfico que representa como é a aparência do amor nos casamentos arranjados:

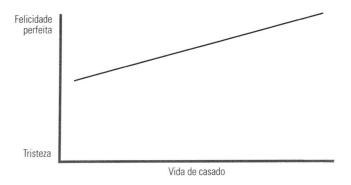

Esta perspectiva não parece mais realista e mais saudável para a felicidade de longo prazo? É o que toca o centro do enredo romântico e alguns de nossos mitos mais apreciados sobre amor e casamento. Mas as pesquisas estão aí para nos apoiar. Veja, por exemplo, o PAIR Project, dirigido por Ted Huston na Universidade do Texas, em Austin. Lançado em 1981, o projeto acompanhou 168 recém-casados, estudando tudo, do namoro inicial aos possíveis sucessos ou fracassos dos relacionamentos. Seu trabalho é surpreendentemente revelador porque ele enfoca os casais bem cedo em seus relacionamentos, e enfoca também durante muito mais tempo do que praticamente qualquer outro estudo. E aquilo que Huston e seus pesquisadores descobriram desafia a maioria dos elementos centrais do enredo romântico. Vamos começar com a ideia de que você deveria se casar com alguém por quem

235

esteja perdidamente apaixonado. Quem nunca compareceu a um casamento em que o casal parecia completamente enamorado e pensou: "Espero que eu encontre um amor assim". O que se revelou é que nossa inveja desses bem-aventurados casais é inteiramente inapropriada. Esses casais têm maior probabilidade de se divorciar porque tais sentimentos que levam ao êxtase romântico são impossíveis de se manter (e o que é menos inesperado, o PAIR Project também descobriu que aqueles casais que namoraram por muito pouco tempo são mais vulneráveis ao divórcio).

Esta é apenas uma das numerosas e surpreendentes descobertas. Por exemplo, o que se viu é que mesmo as grandes diferenças em gostos e inclinações não são tão importantes para o sucesso do casamento – a menos que você não se preocupe demais com elas. O que eles descobriram é que pensar demais sobre elas pode levar ao divórcio. Mesmo os conflitos em si não são um sinal de problemas: na verdade, são a chave para os casais preservarem os sentimentos positivos em relação a si mesmos. A perda do afeto, e não o conflito, é um prognóstico de divórcio. E mesmo a longevidade não é necessariamente um indicador de sucesso. Huston descobriu que alguns casais que viviam relações sem brilho não se divorciavam. Basicamente aceitavam a vida de casado como uma fonte de descontentamento moderado.

O PAIR Project não apoia algumas daquelas sabedorias folclóricas, como de que as mulheres deveriam confiar em sua intuição. As mulheres que temiam que seu casamento pudesse vir a ter problemas futuros descobriam, geralmente, que seus medos tinham fundamento. Você também não precisa levar anos para ver se o casamento vai melhorar. De acordo com Huston, os primeiros dois anos em geral revelam se você será feliz ou não. E abandone a ideia de que ter um bebê vai resolver os problemas. O nascimento de uma criança não muda o que o casal sente em relação a eles dois. O projeto também confirma aquilo que numerosos outros estudos já haviam sugerido – os homens com características femininas tornam-se bons maridos.

Eu sei o que você está pensando. Você nunca vai cair em nenhuma dessas armadilhas. Você é uma pessoa esperta. E provavelmente acha que é capaz de dar uma espiada em um casal e predizer num instante e com muita precisão se eles vão ou não continuar juntos. Bem, estou aqui para lhe dizer que está completamente enganado, de acordo com estudo realizado por Rachel Ebling e Robert Levenson. Os dois pesquisadores mostraram aos participantes alguns filmes de três minutos sobre cinco casais que continuavam casados e cinco outros casais que haviam se divorciado, e então pediram aos participantes que fizessem algumas previsões sobre os casais. Muitas pessoas se deram muito mal ao predizer quais casais iriam se divorciar, e só acertaram 4% dos palpites. Nesta situação, a intuição feminina não foi de nenhuma utilidade. E o estudo também descobriu que as mulheres não faziam previsões melhores do que os homens. E, numa impressionante confirmação do poder da linguagem corporal sobre a linguagem falada, os pesquisadores descobriram que o fato de ouvirem o conteúdo das conversas ajudou a fazer previsões ainda menos exatas. Porém, a parte mais assustadora da pesquisa foi aquilo que Ebling e Levenson descobriram quando aplicaram o mesmo teste em profissionais treinados, como terapeutas. O que se viu é que os profissionais foram tão mal em avaliar o que aconteceria com os casais como aquelas pessoas comuns, e não fizeram uma pontuação melhor se eles tivessem adivinhado aleatoriamente.

As pessoas casadas e satisfeitas, achando que conhecem muito bem seus parceiros, também deveriam reavaliar suas opiniões. De acordo com outro estudo, quanto mais tempo continuam casados, pior se tornam na capacidade de perceber o que passa pela cabeça do parceiro. E também ficam mais confiantes com o tempo em relação à sua capacidade de adivinhar o que o parceiro estava pensando. Em outras palavras, tornam-se mais confiantes em suas previsões ao mesmo tempo que essas previsões tornam-se cada vez menos exatas. O motivo para essa falha na comunicação matrimonial é que quanto mais tempo o casal continua casado, junto, menos atenção dá um ao outro. Para qualquer teoria que se baseie numa boa comunicação para um bom casamento, este estudo revela que tal tarefa pode ser extremamente assustadora.

LABORATÓRIO DO AMOR

Embora você ou eu não sejamos muito bons em predizer se um casal tem ou não aquilo que é preciso, ou até mesmo prever o que nosso parceiro está pensando, existe alguém que faz isso muito bem: John Gottman, psicólogo da Universidade de Washington. Ele dirige o Gottman Institute, que foi afetuosamente apelidado de "Laboratório do Amor."

Gottman estuda casais desde os anos 1970 e procura compreender por que eles tiveram sucesso ou falharam. Para fazer isso, ele propôs um método de análise que é provavelmente a mais rigorosa tentativa de decifrar as interações conjugais já inventada. Normalmente, ele grava um casal enquanto estão discutindo algo sobre o qual não concordam. Isso não é nada especial. O que diferencia Gottman é seu método de análise. Com seus pesquisadores, ele classifica o vídeo tanto em relação ao conteúdo quanto em relação aos efeitos. Ele desenvolveu um sistema elaborado de classificação que praticamente cobre todas as emoções que um casal poderia expressar. Cada tique emocional passageiro é pontuado, então alguns segundos de discussão irão resultar em diversas anotações para cada pessoa. O Laboratório do Amor também adiciona outra camada de dados – os casais são conectados a monitores cardíacos e a outros equipamentos de *biofeedback* para medir os níveis de estresse durante a conversa. Para dar uma ideia do quanto o método é exaustivo e rigoroso, Gottman avalia que eles demoram 28 horas para analisar uma única hora de vídeo.

O que essa análise esmerada oferece é um grau de precisão não igualado por nenhum outro estudo sobre os casamentos. O método de Gottman é incrivelmente bom em determinar quais casais serão bem-sucedidos e quais irão falhar. Mas, o quanto é bom? Se ele analisa uma conversa de uma hora, pode prever com 95% de exatidão se um casal continuará junto depois de 15 anos. É desnecessário dizer que depois de tantos anos de prática, Gottman se tornou muito bom em perceber aquilo que a maioria de nós não percebe, não vê. Ele compreende os relacionamentos da mesma forma que Tiger Woods joga golfe – com uma espécie de entendimento sem esforço, que deixa todos nós parecendo incapazes.

Nem todos podem ser John Gottman, mas podemos usar seu entendimento, podemos usar as deduções que ele desenvolveu. Para aqueles que estão em um relacionamento e desejam saber agora se essa parceria vai ser bem-sucedida, Gottman esboçou diversos padrões que podem ajudar a revelar se os recém-casados irão se divorciar, coisa que ele pode identificar assistindo ao casal por apenas 3 minutos. O primeiro elemento crucial é como a discussão começa. São as mulheres que normalmente iniciam a conversação (o motivo pelo qual as palavras mais temidas por um homem são: "a gente precisa conversar") e elas estabelecem o tom da conversa. A questão é, será que a mulher começou de forma áspera ou suave? Isso irá determinar muito daquilo que vai se seguir. Em segundo lugar, avalia se a mulher reclama de algo específico (eu queria que você levasse o lixo para fora) ou se a queixa é ligada de forma global à personalidade (você é muito preguiçoso, nem se preocupa em levar o lixo para fora). Se o casal consegue controlar a abertura suave e a reclamação específica, está a caminho de um casamento feliz. E a reação do parceiro para tudo isso também é crucial. Será que ele está aberto às opiniões da esposa? Sim, é verdade – ouvir a esposa é incrivelmente importante para um casamento feliz. Será que a resposta do marido se intensifica com o tempo (em outras palavras, ele fica calmo ou fica nervoso?). Ele fica na defensiva, o que o fará rejeitar a opinião da esposa e provavelmente se tornar mais zangado? Se o marido tende a ficar na defensiva, o casal também tem uma chance maior de se divorciar. Aí está – o sucesso ou o fracasso em três minutos ou menos.

Infelizmente, mesmo em respeito a uma investigação científica, os casais relutam em colocar suas disputas na mesa para um autor importuno como eu, por isso tive de me voltar para outras fontes em busca das brigas conjugais. Em contraste com outros capítulos, meus exemplos aqui não foram extraídos da vida real, e sim da literatura, e eu acredito ter descoberto um casal exemplar quando procurei ilustrar os princípios de comunicação de Gottman em um casamento feliz: Jeeves e Wooster, de P.G. Wodehouses[4]. Vamos pegar um exemplo, extraído de *Jeeves and the Unbidden Guest*.

Jeeves: Perdoe-me, senhor, mas esta gravata não.
Wooster: O quê?
Jeeves: Esta gravata colorida não combina com o traje de passeio, senhor.

Perceba como Jeeves abriu a conversa de forma suave.

Wooster: O que há de errado com esta gravata? Eu percebi que você deu um olhar desagradável para ela antes. Fale como homem! Qual é o problema com ela?

....

[4]. *Jeeves e Wooster* é uma série de TV humorística britânica, produzida entre 1990 e 1993, baseada em uma série de livros de Wodehouse. Um dos astros era Hugh Laurie, que hoje estrela *House*, outra série de TV. (N. do T.)

Wooster responde exatamente na defensiva, do jeito que Gottman alertou.

Jeeves: Ela é enfeitada demais, senhor.

Novamente, Jeeves é um exemplo de alguém que se contém. Sua crítica à gravata é específica, mas sua desaprovação nunca se torna uma crítica geral à personalidade de Wooster.

Jeeves: Bobagem! É rosa e alegre. Nada mais que isso.

Ainda na defensiva, mas dificilmente ampliando o conflito.

Jeeves: É inadequada, senhor.
Wooster: Jeeves, esta é a gravata que eu vou usar!

Wooster continua impenetrável em relação à opinião de sua esposa, digo, de seu criado.

Jeeves: Muito bem, senhor.

Jeeves é inteligente o suficiente para não forçar a discussão até um ponto de ruptura. Depois de algumas páginas de piadinhas da parte de Wooster e de bastante perspicácia da parte de Jeeves, nós voltamos novamente à gravata.

Wooster: Jeeves!
Jeeves: Senhor?
Wooster: Aquela gravata rosa.
Jeeves: Sim, senhor?
Wooster: Queime-a.

No final, Wooster supera sua defensividade, e aceita a opinião de Jeeves em relação àquele importante assunto quanto ao traje apropriado para um cavalheiro, um modelo de comunicação conjugal que apoia sua parceria vigorosa em muitas situações difíceis.

Além de ajudar a explicar o sucesso de algumas parcerias literárias, Gottman também consegue lhe informar sobre uma projeção de tempo aproximada sobre quando você pode se divorciar. Se um casal apresenta muito daquilo que ele chama de efeitos negativos (por exemplo, ser desagradável em relação ao outro), eles provavelmente irão se divorciar nos primeiros sete anos de casados. Mas Gottman descobriu que usar apenas essa medida errou em muitos casos, em que o divórcio ocorreu mais tarde. Então, ele voltou a estudar os vídeos e percebeu que a falta de efeitos positivos (ser gentil e agradável em relação ao outro) também enfraquece um casamento. Isso não acontece rapidamente, mas por volta do período em que o primeiro filho do casal alcança 14 anos, e os casais se tornam geralmente tão afastados emocionalmente e se divorciam.

VOCÊ CONSEGUE ME OUVIR AGORA?

Essa análise fina revolucionou nossa compreensão dos motivos pelos quais os relacionamentos dão certo ou não. Em primeiro lugar, a maioria das técnicas tradicionais de terapia conjugal mostrou-se completamente ineficiente. De fato, os casais infelizes que passaram pela terapia voltaram às suas maneiras disfuncionais em um grau tão intenso que muitos consideraram como resultado da crise da profissão. Para lhe dar um exemplo, vamos dar uma olhada naquela abordagem conhecida como "escuta ativa" (prontabilidade e disponibilidade de ouvir). Essa técnica tornou-se tão popular durante um tempo que você topava com ela durante o aconselhamento conjugal. Você provavelmente aprendeu alguma de suas versões, caso tenha participado de algum curso intensivo que tivesse a ver com resolução de conflitos. A escuta ativa implica que o ouvinte tenha de constantemente checar se entendeu corretamente aquilo que o orador falou, normalmente parafraseando ou repetindo o que foi dito. A teoria diz que você é forçado a ouvir e a entender antes de responder, o que – se a teoria estiver certa – fomentará a compreensão e a comunicação, ajudando a neutralizar a defensividade. Como se pode imaginar, isso leva a conversas afetadas. Veja só como uma troca de ideias durante a conversação ativa deveria ocorrer:

John: Estou realmente zangado porque você se atrasou ontem.
Lisa: Eu ouvi o que você está dizendo. Você está zangado comigo porque me atrasei ontem.
John: Isso, você nunca chega na hora! É como se o meu tempo não fosse importante.
Lisa: Você acha que eu não dou valor a seu tempo como faço com o meu próprio tempo.

Gottman decidiu testar a escuta ativa em seu laboratório. A primeira coisa que ele descobriu foi que casais felizes não usam nada remotamente parecido com isso. E que a grande maioria dos casais que foram treinados a usar a escuta ativa não achava que seus problemas tivessem diminuído. Um pequeno grupo conseguiu adotar a técnica com algum êxito, mas estudos posteriores mostraram que todos eles tiveram uma recaída para os velhos hábitos em um ano.
Ele também avaliou outra técnica terapêutica, que seria mais apropriadamente descrita como "método da compensação". Como se imagina, essa abordagem implica responder a seu parceiro ou parceira na base do olho por olho, dente por dente. Se ele ou ela faz alguma coisa legal para você,

supõe-se que você deva fazer algo legal em troca. Quando Gottman examinou este método, as coisas pareciam ainda piores: a técnica de compensação na verdade causava problemas no relacionamento. As pessoas geralmente se sentem bem ao fazer algo em benefício de outra pessoa, mas os casais que se utilizavam desse método descobriram que não mais sentiam prazer em dar alguma coisa, porque isso acabara se tornando parte de uma troca explícita e, portanto, não parecia mais apenas o ato de dar algo a alguém. O que se percebe é que os casais deviam seguir a sabedoria contida no discurso inaugural de John Kennedy, ou seja, não pergunte o que seu companheiro pode fazer por você, mas o que você pode fazer por ele.

POR QUE BRIGAR É TÃO GARANTIDO QUANTO A MORTE

As boas novas são que Gottman também conseguiu identificar o que dá certo em um casamento. Vamos começar deixando de lado um item que muitos casais consideram importante, mas que não é: as brigas. O mito mais comum do enredo romântico é que os casais felizes não brigam, mas Gottman descobriu que as brigas não são um prognóstico de divórcio. Os casais felizes brigam do mesmo modo que aqueles mais infelizes no casamento. Embora seja verdade que alguns casais raramente discutem, talvez este seja mais um sinal de comunicação falha do que de felicidade conjugal.

Discutir de vez em quando é mais saudável do que nunca brigar, então os casais que brigam menos também ficam menos satisfeitos com o passar do tempo. O problema com esses casais que não brigam é que eles permitem que as coisas se acumulem – se acumulem demais. Os casais que têm graves problemas esperam em média seis anos antes de procurar ajuda profissional, e seis anos é tempo demais.

Isso tudo significa que desacordos e conflitos são parte essencial do casamento. Mas não dá para escapar disso? Gottman descobriu que a maior parte dos assuntos sobre os quais os casais discordavam nunca é resolvida. Isso mesmo. NUNCA. Dos milhares de casais que ele analisou, 69% nunca resolveram os conflitos. Então, se você alguma vez pensou estar preso em uma versão bizarra de *Esperando Godot* e discutindo sempre a mesma coisa, você provavelmente está certo. A maioria dos casais briga sempre sobre as mesmas coisas (em geral sobre dinheiro, divisão de trabalho e filhos). Então estamos todos presos na mesma versão de *Esperando Godot*. A boa notícia é que a não resolução dos conflitos não é um sinal de falha conjugal.

O que importa não é se você briga, mas *como* você briga. E mais uma vez, os terapeutas conjugais estão receitando um remédio fraudulento para um público que não desconfia disso. Geralmente, no consultório do terapeuta, o conflito é lidado imediata e impiedosamente. Quando uma pessoa se sente desconfortável e pretende mudar de assunto é forçada a permanecer naquele ponto e a continuar naquele argumento, o que pode ser muito útil se você estiver dirigindo uma reunião na empresa. Mas é desastroso para um casamento. Gottman descobriu que os casais mais felizes não seguem esse método e desorganizam a discussão de muitas maneiras. Eles contam piadas, ou mudam de rumo para assuntos irrelevantes durante um tempo (eles também não aumentam o volume da discussão; "recolha suas roupas", nunca se transformou em "você é um cara perverso"). Eles fazem de tudo enquanto estão discutindo, coisas nas quais os terapeutas conjugais teriam posto um fim. Mas o que se percebe é que existem alguns bons motivos para mudar de assunto. Você se lembra de todos aqueles sensores que Gottman conectava aos casais no Laboratório do Amor? Ele media sua resposta psicológica durante a conversa, e o que ele descobriu foi que nossa capacidade de discutir depende da nossa capacidade de permanecer calmo. Quando a discussão começa a esquentar e o batimento cardíaco da pessoa sobre acima de 100, ela perde a capacidade de raciocinar de forma razoável. Com efeito, o organismo entre em parafuso e afunda a capacidade da pessoa ser racional. Então, todas aquelas evasivas durante a conversa, que os casais lançam mão quando estão em desacordo, têm um propósito muito útil: elas dão chance para que o casal recupere o fôlego e evitam que seus organismos cheguem ao ponto de ruptura fisiológica.

Gottman também descobriu algo que será uma surpresa para aqueles que consideram as mulheres mais emotivas. Durante as discussões, os homens têm mais probabilidade de serem dominados por sua resposta fisiológica, como diz Gottman, eles "transbordam". Isso ajuda a explicar os motivos pelos quais os homens tentam evitar uma discussão com suas esposas, e procuram fazer o que Gottman chama de "dificultar o procedimento" – eles simplesmente não conseguem lidar com a resposta física de seu corpo quando entram em um debate. Eles sabem que a pressão sanguínea irá subir, que o coração baterá mais rápido e que vão perder a discussão. Então, em um exemplo clássico, a escolha entre bater ou correr, eles escolhem correr. Por causa disso, o peso de levantar tais assuntos está nos ombros da mulher. Gottman descobriu que em mais de 80% dos casos, é a mulher que traz à baila os assuntos mais difíceis. E isso também é verdade nos casamentos felizes.

Talvez o mais importante de tudo, os casais felizes conseguem manter um surpreendente e elevado nível de comentários positivos diante de comentários negativos – do tipo 5 para 1 – mesmo quando estão brigando! O contraste em relação aos relacionamentos debilitados não poderia ser mais flagrante. Os casais infelizes geralmente não conseguem nem mesmo alcançar uma proporção de 1 para 1 (na média, 0,8 comentários positivos para cada comentário negativo). Isso parece impossível. Como é que os casais podem manter essa positividade durante a discussão? A chave é que casais felizes nunca chegam à ruptura quando discutem. Eles nunca se permitem chegar a uma posição em que cada parceiro esteja simplesmente tentando magoar o outro por causa de sua raiva. Uma mulher que fizesse parte de um desses casais felizes diria: "Eu reconheço o quanto você trabalha duro no escritório, mas acho que mereço um pouco mais de ajuda aqui em casa", em vez de: "Você nunca me ajuda em casa, e nem ganha tanto dinheiro assim para podermos contratar uma faxineira". Então, a chave de um casamento feliz não é evitar brigas, mas simplesmente de brigar direito, lutando uma versão conjugal das regras do Marquês de Queensbury.

Para darmos uma olhada nas maneiras erradas dos casais infelizes, vamos pegar outro exemplo representativo encontrado na literatura. Martha e George, de *Quem tem medo de Virginia Wolf?*, de Edward Albee:

Martha: Eu não sei por que você está tão cansado... Você não fez nada o dia todo; você não deu aulas, não fez nada...

Veja que forma áspera de abrir uma conversa. Ela não ignorou a reclamação anterior dele de que estava cansado. Ela argumenta que a reclamação não tem razão de ser e começa a censurar o marido por não ser uma pessoa mais ativa.

George: Bem, eu estou cansado... Se seu pai não inventasse a toda hora essas malditas orgias de sábado à noite...

George está na defensiva. Em vez de responder às observações dela, ele abre uma nova linha de ataque, falando do pai da mulher e sobre a vida que o velho o obriga a levar.

Martha: Puxa, que falta de sorte a sua, George...

Uma frase gotejando sarcasmo e cheia de desprezo pela incapacidade de George em ser mais cheio de vida.

George (enfastiado): Bem, de qualquer jeito, é assim que as coisas são.

Uma repetição na defensiva.

Martha: Você não fez nada; você nunca faz nada; você nunca se mistura. Fica só sentado, falando.

Ela alimenta o conflito, mudando para uma destruição geral de personalidade. Visto que antes havia reclamado que ele não fizera nada o dia todo, agora ela reclama que ele nunca faz nada.

George: E o que você quer que eu faça? Você quer que eu me comporte como você? Você quer que eu fique por aí a noite toda urrando para todo mundo, do jeito que você faz?

Isto leva não apenas para mais argumentos na defensiva, mas também para seu próprio sarcasmo e desprezo. Embora mais contido, sua escolha pela palavra "urrar", e com suas conotações de ser gritalhona e rude, teve a intenção de machucar.

Martha (vociferando): EU NÃO URRO!

E isso teve o efeito desejado – levando Martha a um pequeno acesso de raiva.

O QUE EVITAR E O QUE FAZER

Se você não quer procurar sinais de um divórcio, não concentre sua atenção nas brigas; ao contrário, concentre-a nas emoções dirigidas ao outro. Se ambos os parceiros expressarem emoções negativas, cheias de pré-julgamento, será um claro sinal de alerta de que o casamento está em rota de colisão com o fracasso. Gottman ainda restringe mais as coisas e argumenta que os reais culpados são quatro emoções-chave, que ele chama de "Quatro Cavaleiros do Apocalipse". A primeira é a desaprovação, a censura. Mas Gottman está interessado em um tipo especial. A concreta desaprovação e censura sobre um comportamento específico é algo positivo, porém aquelas que atacam a personalidade de alguém, não. As outras três emoções com as quais devemos ter cuidado são a defensiva, o desprezo ou desdém e a atitude de obstruir qualquer discussão. Como era de esperar, muitos dos que agem conforme a terceira descrição emotiva são os maridos – 85% deles – e este tipo de comportamento é particularmente destrutivo, porque o distanciamento emocional é o que determina se um casamento será ou não bem sucedido. Se os casais não são capazes de discutir sem esmagar o parceiro emocionalmente, então ele irá se abrigar nesse comportamento. E existe mais um matador de relacionamentos que devemos acrescentar: remendar. Durante as brigas, e depois delas, os casais felizes procuram sempre remendar os danos. Os casais infelizes também tentam fazer a mesma coisa. O problema é que eles são mal-sucedidos. Ou a outra pessoa rejeita esses esforços ou esses remendos chegam com um ferrão pendurado. Se os casais liberaram os quatro cavaleiros do apocalipse e não conseguem reparar os danos, essa é uma receita garantida para o divórcio. Se tudo isso é um pouco complicado para controlar, Gottman tem um método mais simples: pergunte a um casal como é sua história conjugal. Ele descobriu que se o casal tiver lembranças positivas de sua vida conjugal, terá maior probabilidade de viver um futuro feliz (94% de probabilidade – nada mal).

Além de evitar os "Quatro Cavaleiros do Apocalipse", há muitas outras coisas que os casais podem fazer para melhorar sua felicidade conjugal. A primeira delas é simplesmente prestar mais atenção a seu cônjuge. De acordo com Gottman, existem vários momentos-chave todos os dias quando seu parceiro pede sua atenção para alguma coisa, e você pode responder de modo positivo ou não. Embora sejam questões menores (uma pergunta sobre o que comer no jantar ou um problema no trabalho), eles podem rapidamente se tornar um padrão de comportamento. E assim, os casais podem ou demonstrar interesse um no outro ou ignorar-se mutuamente. Você ficaria surpreso em saber o quão rapidamente esse padrão pode se desenvolver em uma semana. E os maridos realmente precisam ouvir suas esposas. Os casamentos mais felizes geralmente são aqueles em que os homens estão dispostos a aceitar a opinião de suas esposas. Os casais também precisam ser aptos a acalmar um ao outro para que a discussão não saia de controle. Existe até mesmo uma divisão de trabalho nas discussões conjugais. Os maridos são normalmente aqueles que evitam a escalada de conflitos de baixa intensidade, enquanto são as mulheres que evitam a escalada de alta intensidade.

Nenhuma dessas atitudes exige grandes mudanças, e essa é uma das descobertas mais estimulantes da pesquisa de Gottman. Dar uma virada no casamento não exige uma reinvenção em larga escala. Exige várias pequenas atitudes constantes. O que causa mais problemas é o próprio cotidiano do casamento. Aquelas brigas por motivos insignificantes, e amolações menores que acabam se tornando uma espécie de tortura chinesa. Aqueles pequenos incidentes individuais não são necessariamente importantes, mas quando acumulados podem se tornar avassaladores. Se você consegue dar uma reviravolta nas interações rotineiras – como aprender a rir um pouco enquanto discutem – então as interações cotidianas começam a trabalhar para reforçar, e não corroer o casamento.

CONHEÇA A SI MESMO EXCETO SEU CASAMENTO

A coisa mais engraçada é que os casais felizes não apenas tiveram êxito em controlar essas técnicas – eles tiveram êxito porque se apegaram a uma visão imprecisamente rósea de seu parceiro e de sua vida de casado. É isso mesmo. Esses casais parecem ter se ocupado daquilo que poderia ser chamado de "autopercepção saudável". Isto é tão comum que os psicólogos até cunharam um termo: "enaltecimento conjugal". Por exemplo, um estudo revelou que alguns cônjuges assumem maior grau de similaridade, e que esse grau de similaridade assumido é melhor indicador de satisfação conjugal. Então, os casais felizes não são necessariamente mais semelhantes entre si do que os casais infelizes, o fato é que quanto mais os parceiros se perceberem semelhantes, mais felizes provavelmente serão.

Para oferecer algumas confirmações de que os maridos talvez sejam mais parecidos com Homer Simpson que poderíamos imaginar, as esposas são especialmente adeptas deste truque mental. Em um estudo, as mulheres usaram uma espécie de filtro perceptivo para avaliar o comportamento de seus maridos. Em um casamento feliz, as esposas avaliaram a interação com seus maridos como prazerosa, enquanto um observador mais objetivo a percebia como apenas neutra. Esse tipo de mudança perceptiva de forma consistente pode durar muito tempo e mantém a esposa satisfeita com o marido. Também pode funcionar ao contrário, quando num casamento infeliz as esposas julgam todas as coisas de forma mais severa.

O autoengano se torna um truque muito útil quando se trata de resmungar sobre aquelas dúvidas em relação ao relacionamento. Em um estudo que avaliava as certezas conjugais, os pesquisadores descobriram que a forte convicção do casamento dependia da não existência de dúvidas importantes, e que para se evitar essas dúvidas, o autoengano era necessário. Quanto mais satisfeito o casal tende a ser, maior a tendência dos parceiros de idealizar um ao outro, embora não se possa simplesmente mentir para si mesmo. O estudo mostrou que precisa existir um elemento de verdade naquela afirmação. E existe uma variedade de estratégias que os casais usam para inflar suas visões em relações ao outro. Uma delas é simplesmente se convencer de que as qualidades que seu parceiro possui são aquelas que você sempre quis. Outra estratégia é reduzir as falhas ao ligá-las às virtudes (o meu marido pode trabalhar mais que eu desejava, mas é porque ele é um ótimo provedor). Uma parte essencial da equação é uma saudável quantidade de autoestima. Sem ela, os pesquisadores descobriram que as pessoas têm mais dificuldade de idealizar seus parceiros, e também subestimam os sentimentos dos parceiros sobre elas, de forma que suas dúvidas sobre o relacionamento podem ser de fato dúvidas sobre si mesmo. Independente disso, quando se trata do casamento, os pesquisadores sugerem que os óculos com lentes róseas são um acessório importante.

E se você ama seu cônjuge e gostaria de mudar algo nele, tenho um conselho paradoxal: trate-o como se ele já possuísse essa qualidade desejada. Isso pode parecer uma forma estranha de conseguir o que se deseja, mas os estudos mostram que as pessoas querem viver de acordo com a imagem positiva que as pessoas têm delas, enquanto reclamar geralmente resulta em uma posição defensiva.

Além disso, temo que não haja respostas simples. Para citar Tolstói, eu costumava acreditar que todos os casamentos felizes eram felizes do mesmo jeito. Mas eu estava errado. Como se vê, existem muitas variações bem-sucedidas, e um relacionamento nunca pode ser reduzido a uma fórmula. E mesmo que fosse possível, nenhum casamento permaneceria estático a vida toda. Se você perseverar por suficiente tempo, porém, poderá até mesmo sobreviver a alguns problemas endêmicos do relacionamento. Por exemplo, na medida em que o homem envelhece, ele se importa menos com a variedade sexual, segundo alguns estudos; e outros estudos descobriram que o amor "velho" é até mais satisfatório que o amor "novo". Além disso, tudo o que eu posso dizer é: aprenda a lutar de modo justo.

Vou terminar com um estudo final que acho estranhamente confortável. Os casais realmente passam a ficar mais parecidos um com o outro com o passar do tempo, aparentemente porque apresentam a tendência de espelhar as expressões faciais dos parceiros, e assim, fazem uso dos músculos faciais semelhantes. E se nós podemos compartilhar como um casal de muitos momentos felizes, esse me parece um destino muito atraente.

EPÍLOGO

Depois de todas as minhas pesquisas, minha parte favorita de sabedoria não vem da ciência, mas das últimas falas de *Annie Hall*. Vou deixar Woody Allen contar sua própria piada:

> Depois de tudo aquilo, ficou muito tarde, e nós tínhamos de ir embora. Mas foi ótimo ver Annie novamente. Eu percebi a pessoa sensacional que ela era, e como foi divertido apenas conhecê-la. E eu me lembrei daquela velha piada, você sabe, o cara vai ao psiquiatra e diz: "Doutor, meu irmão ficou maluco. Ele acha que é uma galinha." E o médico diz: "Bem, por que você não o traz aqui?". E o cara diz: "Eu até faria isso, mas eu preciso dos ovos". Bem, eu acho que isso é muito parecido ao modo como me sinto em relação aos relacionamentos. Você sabe, eles são totalmente irracionais, loucos e absurdos, mas eu acho que continuamos neles porque precisamos dos ovos.

Mesmo com as pesquisas mais recentes, continuam a existir coisas incompreensíveis sobre o amor. Por que você escolhe uma pessoa em vez de outra? Por que duas pessoas se apaixonam? Ou continuam casadas e felizes? As respostas incompletas dos cientistas para questões fundamentais da atração nos ensinam importantes lições sobre nossas vidas amorosas. O amor é infinitamente ardiloso, não é o resultado final, mas sim uma realização que requer a tentativa diária de jogar uma corda através do abismo que nos separa uns dos outros. Talvez o máximo que toda essa pesquisa científica possa fazer é nos ajudar a compreender nossas próprias experiências, de forma que aumentem nossas chances de encontrar o amor e nos dê a serenidade necessária para suportar os desapontamentos inevitáveis que irão surgir ao longo do caminho.

Embora eu tenha tentado derrubar o enredo romântico de seu pedestal, nunca pretendi sugerir que o removêssemos totalmente de nossas vidas, porque as vidas mais felizes são aquelas que encaram a vida não como uma tragédia ou uma farsa, mas como uma história de amor. Mesmo com todas as dificuldades do romance no mundo moderno, cada um de nós pode citar histórias de amor inspiradoras que realmente conquistaram todos nós. Aquelas namoradas de infância que estavam tão apaixonadas aos 8 anos como se tivessem 18. Aqueles amores perdidos que queimam como novos quando os amantes realmente se reúnem. Eu até mesmo comentei sobre um casal que viveu um divórcio doloroso apenas para se apaixonar novamente, anos mais tarde, casando-se de novo, um testamento da possibilidade de se encontrar o amor nos lugares mais improváveis. Como E.M. Forster escreveu na epígrafe de *Retorno a Howard's End:* "Apenas junte-as". Este é não só um conselho muito útil para nossa busca pelo amor, mas também para as básicas expressões de nossa humanidade.

AGRADECIMENTOS

Escrever um livro é mais ou menos como um relacionamento duradouro que um dia termina. A história toda começa com um grande entusiasmo. Depois, lá pelo meio, você se vê perguntando o que está fazendo e começa a se preocupar por ter cometido um tremendo erro. E normalmente a história dura tempo demais. E quando tudo finalmente termina, você olha para trás e tenta se lembrar do que exatamente aconteceu.

Dito isso, preciso admitir que tenho um débito com muita gente que me ajudou a ficar por aqui e assistir ao fim. Desejo agradecer a Judith Riven, minha agente, por reagir positivamente à minha ideia inicial, embora a resposta mais comum tivesse sido uma tentativa de me fazer desistir de ir tão longe em minhas divagações. Também quero agradecer à minha editora, Lucia Watson, e à *publisher* Megan Newman, pois ambas apoiaram este projeto desde o início. Além do mais, desejo expressar minha gratidão ao restante da equipe da Avery, por realizar um trabalho tão extraordinário.

Também estou tremendamente grato à New York Public Library, especialmente ao bibliotecário David Smith. A coleção da biblioteca e a generosidade do bibliotecário em me disponibilizar espaço para trabalhar tornaram este livro possível. Também estou em dívida com aqueles diversos homens e mulheres que foram gentis o suficiente para compartilhar suas experiências comigo.

E já que os pais têm um papel decisivo ao moldar a maioria de nossas ideias sobre relacionamentos, gostaria de agradecer aos meus por plantarem as sementes deste livro, de forma direta e indireta. Minha mãe me transmitiu seu interesse pelos relacionamentos, e meu pai me ensinou a sempre questionar aquelas coisas que assumimos conhecer a fundo. E ele merece um agradecimento adicional por ter me fornecido a inspiração para este livro ao me presentear com um livro sobre economia. E me dá muito prazer pensar que este seja provavelmente o primeiro livro sobre atração e encanto que alguma vez tenha sido inspirado pela insípida ciência.

Acima de tudo, quero agradecer à minha esposa Heesun, por ter me apoiado tanto durante as inevitáveis vicissitudes que surgem quando se escreve um livro. E apesar de ela ter estado ocupada com as aflições da gravidez, foi bondosa o suficiente ao indicar qual das gestações foi a mais difícil.

BIBLIOGRAFIA

Este livro nunca teria sido escrito sem todos aqueles destacados trabalhos realizados por estudiosos em diversos campos. E para que este livro fosse escrito de forma mais amigável, evitei todo aquele aparato normalmente utilizado de notas de rodapé e bibliografia, mas é preciso agradecer alguns dos excelentes trabalhos sobre os quais me debrucei, apontando o caminho certo para aquele leitor que tiver interesse em segui-lo.

Para aqueles interessados no material encontrado no capítulo sobre "A mente que busca o encontro amoroso", um bom local para começar seria o trabalho de Timothy D. Wilson, *Strangers to Ourselves: Discovering the Adaptive Unconscious* (Cambridge: Belknap Press, 2002), que traz uma fascinante exploração das várias maneiras como nossas mentes brincam conosco. O livro de Ayala Malach Pine, *Falling in Love: Why we Choose the Lovers we Choose* (Nova York: Routledge, 1999) também oferece algumas visões interessantes. E eu recomendaria um período de imersão nos extraordinários estudos sobre a felicidade, especialmente o de Daniel Gilbert, *Tropeçar na Felicidade* (Nova York: Knopf, 2006) e o de Stefan Klein, *The Science of Happiness: How Our Brains Make Us Happy – and What We Can Do to Get Happier* (Nova York: Marlowe and Company, 2006). Para descobrir como o medo de um choque ou de uma travessia apavorante sobre uma ponte pode aumentar a atração, veja D.G. Dutton e A.P. Aron: *"Some evidence for heightened sexual attration under conditions of high anxiety"*, Journal of Personality and Social Psychology 30:4 (Outubro, 1974): 510-517. Para saber mais sobre o poder (percebido) que a masturbação em excesso pode exercer ao mudar o sentimento de uma pessoa em relação a seu relacionamento, veja N. Schwartz e B. Scheuring: "Judgments of relationship satisfaction: inter and intra-individual comparison strategies as a function of questionnaire structure", *European Journal of Social Psychology* 18:6 (Dezembro, 1988): 485-496. Sobre problemas causados por pensar muito sobre qual das pinturas escolher, veja T.D. Wilson *et al.*, "Introspecting about reasons can reduce post-choice satisfaction", *Personality and Social Psychology Bulletin* 19:3 (Junho, 1993): 331-339. Quanto às dificuldades em relação a várias geleias, veja T.D. Wilson e J.W. Schooler, "Thinking too much: Introspections can reduce the quality of preferences and decisions", *Journal of Personality and Social Psychology* 60:2 (Fevereiro, 1991): 181-192. Já em relação ao poder da introspecção para mudar nossas opiniões sobre os relacionamentos românticos, veja T.D. Wilson e D. Kraft, "Why do I Love thee?: Effects of repeated introspections about dating relationships on attitudes toward the relationships", *Personality and Social Psychology Bulletin* 19:4 (Agosto, 1993): 409-418. Sobre a capacidade das expectativas de professores alterarem os resultados escolares dos alunos, veja o trabalho de R. Rosenthal e L. Jacobson, *Pygmalion in the Classroom: Teacher Expectation And Pupil's Intellectual Development* (Williston: Crown House Publishing, 2003). Em relação ao estudo das colonoscopias e a regra de Kahneman, veja o trabalho de D.A. Redelmeier e D. Kahneman: "Patient's memories of painful medical treatments: real-time and retrospective evaluation of two minimally invasive procedures", *Pain* 66:1 (1996): 3-8. Quanto ao estudo sobre o vinho de Dakota do Norte, leia o trabalho de Brian Wansink *et al.*, "Fine as North Dakota wine: Sensory experiences and food intake", *Physiology and Behavior* 90:5 (2007): 712-716. Quanto ao poder que a foto de uma mulher bonita tem para mudar a natureza de uma conversa pelo telefone, confira o trabalho de M. Snyder *et al.*, "Social perception and impersonal behavior: On the self-fulfilling nature of social stereotypes", em *Journal of Social Psychiatry* 35 (1977): 656-666. Se quiser ler um dos muitos estudos sobre ganhadores de loteria e vítimas de acidentes, veja o trabalho de P. Brickman, D. Coates e R. Janoff-Bulman: "Lottery winners and accident victims: Is happiness relative?", *Journal of Personality and Social Psychology* 36:8 (Agosto, 1978): 917-928.

Para os interessados na perspectiva darwiniana, o livro de David Buss, *The Evolution of Desire: Strategies of Human Mating* (Nova York: Basic Books, 2003) é um relato fascinante da psicologia evolucionária e dos relacionamentos (na verdade, todos os seus livros são uma ótima opção de leitura). O livro de Matt Ridley, *The Red Queen: Sex and the Evolution of Human Nature* (Nova York: Harper Perennial, 2003) é um cativante olhar sobre a eterna batalha para simplesmente se permanecer no mesmo lugar, e o livro de Donald Symons, *The Evolution of Human Sexuality* (Oxford: Oxford University Press, 1979), apesar de infelizmente estar esgotado, surpreenderá o mais experiente leitor. Para saber mais sobre a discussão sobre chimpanzés, bonobos e seres humanos, veja a coleção de ensaios *Tree of Origin: What Primate Behavior Can Tell Us About Human Social Evolution* (Cambridge: Harvard University Press, 2001). Sobre a comparação entre a velocidade do coito entre os primatas, consulte o livro de Desmond Morris, *O Macaco Nu: Um Estudo do Animal Humano* (Rio de Janeiro: Record, 2004). Para um extenso estudo sobre a evolução da associação entre machos e fêmeas, veja o trabalho de Helen Fisher, *The Sex Contract* (Nova York: William Morrow Publishing, 1982). O famoso ensaio de R. L. Trivers pode ser encontrado em *Sexual Selection and the Descent of Man: the Darwinian Pivot* (Piscataway: Transaction Publishers, 2006), editado por B. Campbell. Sobre a questão dos homens desejarem fazer sexo com estranhas (e vice-versa em relação às mulheres), veja o trabalho de R.D. Clark e E. Hatfield, "Gender Differences in receptivity to sexual offers", *Journal of Psychiatry and Human Sexuality* 2:1 (1989): 39-55. Saiba mais sobre as diferenças entre as fantasias masculinas e femininas no trabalho, de D. Symons e B. Ellis, "Sex differences in sexual fantasy: An evolutionary psychology approach", *Journal of Sex Research* 27:4 (Novembro, 1990): 527-555. Sobre o interesse dos homens em suas amigas, veja o que dizem A.Bleske e D. Buss no trabalho "Can men and women be just friends?", publicado em *Personal Relationships* 7:2 (Junho, 2000): 131-151. Quanto ao estudo sobre a toxicidade do esperma da mosca-das-frutas, veja o que diz William Rice em "Sexually antagonistic male adaptation triggered by experimental arrest of female evolution", em *Nature* 381 (Maio, 1996): 232-234. Sobre o orgasmo e a retenção do esperma nas mulheres, veja o trabalho de R.R. Baker e M.A. Ellis, em "Human sperm competition: Ejaculate manipulation by females and a function for the female orgasm", em *Animal Behavior* 46 (1993): 887-909. Para ler um dos muitos estudos sobre nosso desejo compulsivo em sermos iludidos, veja o de B. M. De Paulo *et al.* "Lying in everyday life", *Journal of Personality and Social Psychology* 70:5 (Maio, 1996): 979:995. Sobre a teoria de que o acasalamento é a força motriz no desenvolvimento do cérebro, leia o trabalho de Geoffrey Miller, *The Mating Mind: How Sexual Choice Shaped The Evolution Of Human Nature* (Nova York: Doubleday, 2000). Para saber mais sobre as diferenças entre o cérebro dos homens e das mulheres, leia o livro de Louann Brizendine, *The Female Brain* (Broadway Publishing, 2006). Quanto aos efeitos multifacetados da atratividade humana, leia *Survival Of The Prettiest: The Science Of Beauty,* de Nancy Ectoff (Doubleday, 1999). E sobre um estudo sobre a importância da razão cintura/quadril, veja o trabalho de D. Singh, "Body Shape and Women's Attractiveness", em *Human Nature* 4:3 (Setembro, 1993): 297-321.

Para saber mais sobre o tamanho do testículo, do pênis e sobre dimorfismo, leia *The Third Chimpanzee: The Evolution And Future Of The Human Animal*, de Jared Diamond (Harper Collins, 1992). Quanto às vantagens e desvantagens da monogamia e poligamia, leia *The Moral Animal: Why We Are The Way We Are – The New Science Of Evolutionary Psychology* (Vintage Books, 1995) de Robert Wright.

Sobre os infatigáveis consumidores, o livro de Barry Schwartz *O Paradoxo da Escolha* (São Paulo: Girafa, 2007) nos mostra como o crescimento assustador do universo de escolhas tornou-se, paradoxalmente, um problema e não uma solução. Os estudos sobre felicidade que mencionei no capítulo 1 também trazem muitos esclarecimentos quanto à nossa capacidade de nos fazer infelizes. Quanto à dificuldade de escolher entre tantas geleias, veja o estudo de S. Iyengar e M. Lepper, "When Choice is Demotivating: Can one desire too much of a good thing?", *Journal of Personality and Social Psychology* 79:6 (Dezembro, 2000): 995-1006. Quanto ao estudo sobre as dificuldades dos médicos diante de múltiplos tratamentos, recomendo o trabalho de D. A. Redelmeier e E. Shafir, "Medical decision making in situations that offer multiple alternatives", *Journal of the American Medical Association* 273:4 (Janeiro, 1995): 302-305. Sobre a indecisão nas fotos dos alunos, veja o que dizem D.T. Gilbert e J.E.J. Ebert, "Decisions and Revisions: The affective forecasting of changeable outcomes", em *Journal of Personality and Social Psychology* 82:4 (Abril 2002): 503-514. Para aquele estudo sobre como as pessoas preferem uma renda familiar quando comparada aos vizinhos, veja "Is more always better: A survey of positional concepts", de S. Solnick e D. Hemenway, em *Journal of Economic Behavior and Organisation* 37 (1998): 373-383. O livro de Symon, *The Evolution of Human Sexuality* (Oxford University Press, 1981) trata daquela discussão sobre a dicotomia de santa-prostituta. Para um completo desdobramento da proporção de sexo e suas implicações na sociedade, veja o trabalho de M. Guttentag e P. Second, *Too Many Women?* The Sex Ratio Question (Thousand Oaks: Sage Publications, 1983). Se quiser um relatório completo das estatísticas de saúde associadas com o casamento, veja *The Case for Marriage: Why Married People Are Happier, Healthier And Better Financially*, de L. Waite e M. Gallagher (Doubleday, 2000).

Para os teóricos e economistas, infelizmente devo informar que a maioria dos estudos não saiu na forma de livros mais acessíveis. Talvez aqueles leitores mais empreendedores possam se inspirar a fazer isso por si mesmo, transformando meu livro em algo obsoleto. Sobre a questão sobre o que os homens e as mulheres procuram, veja o artigo de D. Waynforth e R. Dunbar, "Conditional mate choice strategies in humans: Evidence from Lonely hearts' advertisementes", *Behaviour* 132 (1995): 775-779. Sobre um dos estudos quanto às qualidades que as pessoas pagariam até o último centavo para ter, veja o que dizem N. Li *et al.* em "The necessities and luxuries of mate preference: Testing the trade-offs", *Journal of Personality and Social Psychology* 82:6 (Junho, 2002): 947-955. Sobre o quanto os homens devem ganhar para superar a desvantagem em altura, e outros dados econômicos em relação aos namoros, o artigo de G. Hitsch, A. Hortacsu e D. Ariely chamado "What makes you click: An empirical analysis of on-line dating" é bem interessante, e está disponível em <http://www.aeaweb.org/annual_mtg_papers>. Você pode ler uma excelente discussão sobre os benefícios e empecilhos de várias características físicas em *More Sex is Safer Sex: The Unconventional Wisdom Of Economics*, de Steven Landsburg (Free Press, 2007). Para saber mais sobre aquele estudo mostrando que as mulheres evitam escolher entre homens mais atraentes e homens mais financeiramente bem-sucedidos, veja "Too good to be true? The handicap of high-socioeconomic status in attractive males", de S. Chu *et al.*, em *Personality and Individual Differences*

42:7 (Maio, 2007):1291-1300. Para uma análise completa da história de olho por olho e dente por dente, leia *The Evolution of Cooperation*, de Robert Axelrod (Basic Books, 1984). Sobre o jogo dos dotes, veja o que dizem Peter F. Todd e Geoffrey F. Miller em "From *Pride and Prejudice* to *Persuasion*: Satisficing in Mate Search", em *Simple Heuristics that makes us Smart* (Oxford University Press, 1999). Quanto ao leilão de dólares, leia o texto de Martin Shubik "The Dollar Auction Game: A paradox in noncooperative behavior and escalation", *Journal of Conflict Resolution* 15:1 (Março, 1971): 109-114. Quanto à discussão de Laszlo Mero em relação aos leilões de dólares, leia seu livro *Moral Calculations: Game Theory, Logic And Human Frailty* (Springer, 1998).

Recomendo àqueles que estão vagando por aí a leitura da obra de Timothy Perper, *Sex Signals: The Biology of Love* (Isi Press, 1986) e de David Given, *Love Signals: A Practical Field Guide to the Body Language of Courtship* (St. Martin's Press, 2004). Em relação ao estudo da dança de *Pole dance*, veja o artigo de G. Miller, J.M. Tybur e B.D. Jordan, "Ovulatory cycle effects on tip earnings by lap dancers: Economic evidence for human estrus?", *Evolution and Human Behavior* 28:6 (Novembro, 2007): 375-381. Sobre o poder do contato visual, veja o que dizem D. Walsh e J. Hewitt no artigo "Giving men the come-on: The effect of eye contact and smiling in a bar environment", *Perceptual and Motor Skills* (Dezembro, 1985): 873-874. Para saber mais sobre os 52 sinais não verbais femininos usados para atrair a atenção dos homens, leia o artigo de Monica Moore, "Nonverbal courtship patterns in women: Context and consequences", *Ethology and Sociobiology* 6:4 (1985): 237-247. Sobre as diferentes abordagens na sedução, baseadas nos esforços de homens e mulheres, veja o que diz Perper, em *Sex Signals*. Quanto às mudanças que ocorrem no afetivo depois do sexo, veja o que têm a dizer sobre isso D. Buss e M. Haselton, em "The affective shift hyphotesis:

The functions of emotional change following sexual intercourse", *Personal Relationships* 8:4 (Dezembro, 2001): 1357-1369. Se quiser ter uma revisão histórica com relação à mudança de categorização quanto ao que os homens e mulheres desejam em um parceiro, veja o artigo de D. Buss *et al.*, "A half century of mate preferences: The cultural evolution of values", *Journal of Marriage and Family Life* 63:2 (Maio, 2001):491-504. Existe uma análise sobre o efeito do humor na atratividade, que se pode ser encontrada no artigo de S.B. Kaufmann *et al.*, "The role of creativity and humor in mate selection", publicado em *Mating Intelligence: Sex, Relationships And The Mind's Reproductive System*, editado por Glenn Gehr e Geoffrey Miller (Lawrence Erlbaum Associates, 2007). Se quiser saber mais detalhes sobre como os níveis de dopamina diminuem nos ratos depois de cada encontro sexual, leia o artigo de D.F. Fiorino *et al.*, "Dynamic changes in nucleus accumbens dopamine efflux during the Coolidge effect in male rats", *Journal of Neuroscience* 17 (Junho, 1997): 4849-4855. Para quem se interessa sobre o cérebro apaixonado, recomendo o livro de Helen Fisher, *Por que amamos: a natureza química do amor romântico* (Record, 2006). Mais informações sobre o estudo pioneiro sobre odores, veja o artigo de C. Wedekind *et al.*, "MHC-dependent mate preferences in humans", em *Proceedings of the Royal Society of London B*, 260 (1995): 245-249. Com relação à preferência das mulheres sobre a criatividade em detrimento da riqueza, no pico da fertilidade, veja o que dizem M. Haselton e G. Miller, em "Women's fertility across the cycle increases short-term atractiveness of creative intelligence", *Human Nature* 17:1 (Março, 2006): 50-73. Você encontra mais detalhes sobre o estudo quanto à preferência dos homens pelo cheiro das mulheres perto do pico da fertilidade em "Major histocompatibility complex genes, symmetry, body scent attractiveness in men and women", de R. Thornhill *et al.* em *Behavioral Ecology* 14:5 (Setembro, 2003):668-678. Quanto aos ratos com odor de limão, há mais em "Infantile experience with suckling odors determines adult sexual behavior in male rats", de T.J. Fillion e E.M. Blass, em *Science* 231 (1986): 729-731. Edmund Rolls fala sobre uma possível causa genética da promiscuidade em *The Brain and Emotion* (Oxford Press, 2000). Há mais sobre a vasopressina e ratos silvestres em "Physiological substrates of mammalian monogamy: The prairie vole model", de C. Sue Carter *et al.*, em *Neuroscience & Biobehavioral Reviews* 19:2 (1995):303-314.

Sobre as questões referentes às habilidades conjugais, sou um grande fã de John Gottman. Ele escreveu diversos livros muito acessíveis sobre essa questão, incluindo *Ten Lessons to Transform Your Marriage: America's Love Lab Experts Share Their Strategies for Strengthening Your Relationship* (Crown, 2006) e *Sete princípios para o casamento dar certo* (Objetiva, 2000). O projeto de Ted Huston pode ser encontrado na internet em <http://www.utexas.edu/research/pair/ourresearch/index.html>. Quanto à nossa inaptidão em avaliar a satisfação conjugal, recomendo o artigo de R. Ebling e R. Levenson "Who are the marital experts?", em *Journal of Marriage and Family* 65:1 (Fevereiro, 2003): 130-142. Quanto aos benefícios de se avaliar um parceiro melhor do que ele é, veja o que diz S. Murray em "The quest for conviction: Motivated cognition in romantic relationships", em *Psychological Inquiry* 10:1 (1999): 23-33. Sobre a importância de se olhar o marido através de uma lente cor de rosa, recomendo "Marital sentiment override: Does it influence couples' perception?" de M. Hawkins *et al.*, em *Journal of Marriage and Family* 64:1 (Fevereiro, 2002): 193-201. E quanto à tendência dos parceiros se parecerem mais um com o outro com o passar do tempo, seria bom ler o artigo de R.B. Zajonc *et al.*, "Convergence in the physical appearance of spouses", em *Motivation and Emotion*, 11:4 (Dezembro, 1987): 335-346.

Esta lista inclui apenas uma visão geral e os estudos que receberam uma análise mais profunda neste livro. Deixei de incluir uma grande quantidade de trabalhos notáveis, e muitos deles apareceram sob a forma de artigos publicados em jornais científicos. Com toda a honestidade, eu me senti um pigmeu sentado nos ombros de gigantes, e apreciei demais todo auxílio.

ÍNDICE

A

Abraço, 217

Acasalamento, acasalar, 51-2; 55; 62; 66; 72; 75; 80; 96-7; 103; 117; 119; 148; 159; 175; 181; 183; 186; 196-7; 199; 262

Adultério (v. infidelidade; traição), 45; 63; 101

Albee, Edward, 247

Allen, Woody, *Annie Hall,* 255

Altura, 92; 153-6; 204; 221; 264

Ameaça, ameaçador(a), 99; 120; 123; 133; 167; 219

Amigos, amigável, 32-3; 37; 39; 58; 61; 78; 123; 145; 148; 171-3; 177; 218; 221-2; 232; 259; 262,

Amor, amoroso(a), 9-15; 18-20; 23; 32; 40; 45; 47; 67; 85; 103-4; 107; 111; 113-4; 116-7; 126-7; 129-30; 138-40; 143-5; 147-50; 152;159-60; 162-4; 166; 168-9; 172; 176; 179; 181; 185; 187; 190-1; 194-5; 198; 201; 206; 211-2; 217; 221; 224-5; 230; 232-3; 238; 246; 253; 255-6, 266

Aptidão genética, 87-8; 156; 201; 220

Aromas (v. cheiros), 19; 199; 202-5; 207; 223

Aron, Arthur, 214; 259

Assimetria (v. tb. simetria), 86

Atitude, 22; 30-1; 56; 60; 62; 75; 90; 120; 122; 131; 138; 186; 214-5; 218; 221-2; 249-50

Atração, 9; 15; 19-22; 36-7; 40; 61; 85; 88; 113; 130; 145; 148; 150; 152; 156; 163; 179; 181; 189-90; 193-4; 196; 198; 200; 205; 208; 211; 213-7; 220; 227; 230; 255; 258-9

Atratividade (v. tb. valor de mercado), 89-92; 144-5; 188; 191; 204; 212-4; 216; 218; 223-4; 262; 266

Autoconfiança (v. tb. confiança), 37; 89

Autoengano (v. tb. enganos), 172; 252

B

Baker, Robin, 68; 262

Bebê (v. crianças; filhos), 48; 53-4; 82; 85; 90; 96; 130; 133; 159; 206; 218; 229; 236

Becker, Gary, 142; 148

Beleza, 85; 88; 91; 164; 233

Benefícios, 34; 67; 156; 172; 202; 213; 228-9; 233; 244; 264; 267

Bleske, April, 61; 262

Brigas (v. discussões), 206; 240; 244-5; 247-50

Brizendine, Louann, 84; 195; 262

Buss, David, 62-3; 92; 192; 233; 261-2; 265-6

C

Cabelos, 86-8; 160; 182; 223

Casamentos, 11; 23; 55-6; 62-3; 112-4; 119; 124; 126-30; 134; 139-40; 142; 144; 149; 158; 170; 175; 190; 204; 208; 217; 227-36; 238-40; 242; 244-7; 249-253; 264; 267

Cérebro (v. neuroquímica), 60-1; 78-85; 112; 194-7; 209; 217; 230; 262; 266

Cheiros (v. aromas), 198-204; 266

<chemistry.com>, 149-50

Chimpanzés, 45-50; 53; 78; 96-8; 261; 263

Clark, Neil, 150

Coito (v. cópula), 261

Competição, 18; 44-5; 53; 66; 69-70; 96-8; 100; 125; 148; 173; 207; 234; 262

Comportamento, 24-5; 37; 41-2; 48; 50; 56; 59; 80; 84; 117; 140; 159; 164-5; 172; 180; 203; 209-10; 215; 225; 249-51

Comprometimento, 60; 74; 84; 131; 216; 222

Comunicação, 47-8; 165; 178; 186; 219; 238; 240; 242-4

Confiança (v. tb. autoconfiança), 12; 27; 165; 217; 233

Consumidor, consumismo, consumo, 24; 26; 45; 55; 103-5; 108-9; 112-8; 158; 188; 200; 263

Contato Visual, 182; 187; 214; 265

Contraceptivos, 201-2

Cópula (v. coito), 50-1; 64; 66; 68; 70; 196-7; 207; 209-10

Cresswell, Clio, 143; 169,

Crianças (v. bebês; filhos), 23; 48-9; 53-4; 63-4; 69; 89; 95; 201; 208-9; 236

Criatividade, 193; 204; 266

Critérios, 32; 108; 113; 129; 144; 148-9; 151; 167; 233

D

Darwin, Charles, 9; 41; 43-5; 52; 56; 61; 77; 79; 86; 93; 159; 261

De Waal, Frans, 47

Decepção, 12; 41; 44; 75; 77; 109; 162

Declínio, 196; 230

Desejo, desejoso, 18; 22; 34; 42; 58-60; 62; 65; 86-7; 91; 93; 99; 116; 128; 141; 185; 195-6; 198; 204; 209; 212-3; 230-1; 257; 262

Devassa, 74, 118

Devore, Irven, 55

Dicotomia santa-prostituta, 118-9; 263

Diferenças, 36; 38; 46; 48; 52; 54; 58; 60; 62; 81-3; 85; 89; 96; 116; 122; 132; 134; 153-5; 181; 190; 194; 196; 199-200; 236; 262

Dinheiro (v. tb. riqueza; sucesso), 10; 19; 24; 42; 57; 87; 93; 106-7; 124-5; 140; 147-8; 152; 159; 173-4; 179; 231; 245; 247

271

Discussões (v. brigas), 45; 174; 207; 238-9; 241; 245-7; 249-50; 261; 263-5

Diversidade (v. variedade), 110; 198

Divórcio, 10-2; 23; 55; 113-4; 122; 130; 140; 230; 234; 236; 242; 244; 249; 256

Dopamina, 143; 195; 197-8; 208; 266

Dotes, 166-7; 170; 265

Dowd, Maureen, 135

E

Ebling, Rachel, 237; 267

Educação, 75; 92; 116; 122; 125-6; 138; 218

Efeito Coolidge, 196-7; 266

<eharmony.com>, 150-1

Ekman, Paul, 75; 77; 79

Ellis, Bruce, 60; 262

Ellis, Mark, 68; 262

Emoção, emocional, 12; 20; 60; 63; 82; 84-5; 174; 214; 228; 238; 242; 249

Encontros, 11; 13; 17; 19-20; 23; 35; 37; 41; 45; 57-8; 61; 71; 75; 77; 80; 84; 93; 103-4; 108; 115; 117; 121; 123; 125; 127; 129-30; 132-3; 137-8; 140-1; 145-6; 158-9; 162-4; 170; 172; 177-8; 180; 183-7; 189; 202; 207; 212; 214; 217; 226; 259; 266

Enganos, enganoso(a) (v. tb. autoengano), 11; 14; 23; 84; 103; 172

Escassez, escasso, 99; 124; 139; 140

Escolhas, 11; 26-9; 36; 38; 47; 52; 60; 65; 68-9; 81; 88; 92; 99-100; 104-16; 128-9; 137; 147-8; 157; 160; 162; 166-170; 179; 182; 189; 199; 201; 203-4; 208; 212; 216; 220; 224; 246; 248; 255; 260; 263-4

Esperma, espermatozoides (v. sêmen), 52-6; 64-70; 81; 96-8; 121; 159; 181; 262

Evolução, 13; 41-7; 50; 52; 55-6; 59; 61-3; 66; 69; 74-5; 78; 80; 86; 90-1; 93; 103; 117; 121-2; 124; 126-8; 160; 164; 172; 179; 181; 232-3; 242; 261

Excitação, 18-20; 22; 60-1; 90; 111; 126; 196; 231

Expectativa de vida, 55; 133; 229

Expectativas, 11; 35-6; 55; 123; 133; 171; 197; 217; 229; 232-4; 260

Expressões faciais, 75; 77; 84; 214; 222; 253

F

Familiaridade, família, 14; 54; 60; 74; 99; 104; 201; 208; 213-4; 225; 229; 263

Fantasias, 38; 45; 60; 73; 104; 262

Fecundidade, 88-9; 208

Felicidade (v. tb. infelicidade), 35; 38-9; 96; 124-5; 134; 142; 228; 232-5; 244; 250; 259; 263

Fêmea, 43; 46-7; 49-51; 55; 64; 66; 70; 83; 86; 92; 95-7; 100; 148-9; 160-1; 175; 197; 199; 207; 209-10; 261

Feminismo, 117-8; 121; 125; 129; 134

Fertilidade, fértil, 51; 66; 68-70; 89; 97; 180; 193-4; 204-6; 266

Fidelidade, 69; 73; 126; 202; 209

Filhos (v. bebês; crianças), 44; 48-9; 51; 53-4; 64-5; 71; 89-90; 99; 130; 139; 189; 207-8; 220; 232; 242; 245

Fisher, Helen, 261; 266

Flutuações hormonais, 206

Fofocas, 79; 165

G

Garanhão, 118; 121

Geher, Glenn, 74

Genes, genética, 10; 41-3; 49; 54; 56; 62; 64; 65-71; 75; 83;

86-9; 103; 121-2; 124; 135; 141; 153; 155-6; 172; 189; 193; 198-206; 208-10; 220; 233; 266-7

Gengis Khan, 53

Givens, David, 186-7; 219

Gordura (v. tb. peso), 88-9

Gorilas, 50; 95-8

Gottlieb, Lori, 150

Gottman, John, 238-46; 249-50; 267

Guthrie, Edwin, 36

Guttentag, Marcia, 132-3; 264

H

Haselton, Martie, 204; 265-6

Humor, 38; 54; 73; 90; 124; 143; 148; 151; 192-3; 205-6; 215; 217; 240; 266

Huston, Ted, 235-6; 267

I

Idade, 48; 74; 81; 88; 125; 127; 129-30; 133; 159; 164; 208

Imprevisibilidade, imprevisível, 139; 171; 200

Inclinação, 55; 95; 190; 205; 224

Indicadores, 60; 67; 86; 88; 92; 95-96; 153; 201; 206; 236; 251

Infelicidade (v. tb. felicidade), 38; 113

Infidelidade (v. adultério; traição), 41; 62; 68

Insatisfação, insatisfeito (v. tb. satisfação), 25; 28; 109-11; 175-6; 193; 233

Inteligência, 38; 78; 80-1; 90; 92; 126; 147-8; 152; 154-5; 192-3; 224

Intuição, 32; 37; 211; 236-7

Inveja, 115; 236
Investimento parental, 52-3; 57; 171
Ismael, o sanguinário, 53-4

J

Jeeves and the Unbidden Guest, 240
Jogos, 70; 127; 137; 139-41; 144; 159-74; 208; 218; 265
Jovem, juventude, 21; 53; 60; 81; 87-8; 90-3; 100-1; 109; 126; 128; 129; 135; 220; 223

K

Klein, Stefan, 195; 259

L

Lábios, 51; 87; 180; 182; 222
Levenson, Robert, 237; 267
Liberação sexual, 119
Linguagem, 18; 25; 48; 78-9; 82; 84; 142; 178; 222; 237
Linguagem Corporal, 178; 222; 237

M

Macho, 43; 46-7; 53; 55; 64; 66; 68; 70; 83; 86-7; 92; 95-8; 148-9; 162; 175; 183-4; 197; 199; 207; 209-10; 261
Manipulação, 22; 25-6; 35; 77; 79; 158; 162; 171; 177; 187; 262
<match.com>, 150
Matemática, 82; 139; 142-3; 150-1; 159-60; 167; 171
Mead, Margaret, 101
Medo, 20-2; 58; 61; 72; 74; 127; 135; 220; 225; 236; 247; 259
Memória, 34-5; 82; 143

275

Mentiras, 72-4; 109

Mero, Laszlo, 174-5; 265

Métodos de reprodução, 49

MHC, 198-203; 205; 266

Miller, Geoffrey, 80; 84; 167; 179; 204; 262; 265-6

Miller, George, 143; 265-6

Monogamia (v. tb. poligamia), 62-64; 92; 94-97; 99-101; 160; 209-10; 232; 263

Moore, Monica, 182-3; 265

Morris, Desmond, 51; 261

Música, 183; 185; 212; 220

N

Namoro, 26; 32; 41; 43; 55-6; 72; 74-5; 77; 80; 93; 103; 105; 108-9; 113; 115-7; 122-3; 125-7; 129-32; 137-41; 144-6; 148; 150; 152-3; 155-60; 162-3; 165; 171-2; 175-9; 186; 191; 194; 197; 207-8; 212; 225; 227; 235; 264

Nash, John, 159

Neuroquímica (v. cérebro), 196

O

Orgasmo, 10; 50; 66-70; 86; 143; 262,

Os homens são necessários?, 135

Ovulação, óvulos, 9; 51-6; 58; 64-70; 81; 83; 96; 103; 119; 121; 159; 179-81; 194; 200; 203-6; 265

Oxitocina, 195-6; 210; 217; 231

P

PAIR Projetc, 235-6

Paternidade, 64; 70; 73; 96; 99; 119

Pele, 78-9; 86; 180

Perper, Timothy, 184-7; 265

Personalidade, 33; 45; 89-1; 113; 149; 191; 194; 204; 223; 239; 241; 248-9

Peso (v. tb. gordura), 97; 156; 164; 185; 223; 226; 232; 246

Poligamia (v. tb. monogamia), 94-5; 99-101; 209; 263

Pornografia, 60

Pré-estímulo, 19-20; 22-4; 27

Preferências, 28-9; 31; 80; 85; 87-9; 92; 113; 128; 130; 144; 199; 201; 203-5; 266;

Proceptividade feminina, 181

Prole, 51-2; 70

Promiscuidade, 9; 70; 72; 74; 96; 119; 208; 267

Q

Quanto você pagaria por um dólar?, 172

Quem tem medo de Virginia Wolf?, 247

Química corporal, 194; 230

R

Raciocínio, 82; 184

Regra dos 12 *bonk*, 166-71

Relacionamentos, 9; 11-4; 19; 24-5; 27; 30-4; 37-9; 51-2; 55-6; 60; 72; 74; 79; 85; 94; 103; 108; 111-6; 119-25; 131; 141; 144-6; 149; 152; 157-8; 160-1; 163; 171; 176; 188-90; 194; 197; 203; 205; 207; 210; 216-7; 227; 230; 232-3; 235; 239; 242; 244; 247; 249; 252-3; 255; 257; 260-1

Rice, William, 66; 262

Ridley, Matt, 71; 160; 261

Rinaldi, Sergio, 143

Riqueza (v. tb. dinheiro; sucesso), 91-2; 104; 115-6; 141; 204; 266

S

Satisfação (v. tb. insatisfação), 110-1; 113-4; 134; 194; 200; 216; 232-3; 251; 267

Saúde, 34; 67; 86; 88; 92; 153; 203; 229; 264

Seleção sexual, 43-5; 52-3; 66; 69; 79-81; 86; 90

Seletividade, 70; 132

Sêmen (v. esperma), 68; 70; 142; 202

Sensual, sensualidade, 196; 200; 219

Sexo, 19; 25; 36; 42; 46-51; 53-4; 56-60; 62-3; 65-6; 68-9; 68-9; 71; 73-4; 81-4; 86-7; 90; 93; 96; 118; 120-1; 133-5; 141-2; 158; 160-3; 171; 185; 188-90; 192; 194; 197-8; 200; 202; 206; 209-10; 214; 216; 218; 220; 224; 228-9; 231; 261; 264-5,

Sexualidade, 66; 73; 118; 196

Shubik, Martin, 173-4; 265

Simetria (v. tb. assimetria), 10; 67; 86; 203

Similaridade, 151; 202; 215; 251

Simpatia, 38; 59; 214-5

Sinceridade, sinceros, 74; 162; 172; 192

Síndrome da Rainha Vermelha, 44-5; 50; 65; 222

Sorrisos, 75; 77; 79; 103; 182

Strauss, Neil, 141

Sucesso (v. tb. riqueza; dinheiro), 43-4; 66; 91; 122-3; 125; 137-8; 140; 150; 154-7; 168; 179; 182; 186; 189; 206; 216; 218; 222; 227; 231; 235-6; 238; 240; 242

Superioridade, 32; 54; 168; 203

Symons, Donald, 60; 261-2

T

Tamanho, 9; 78-9; 82; 88; 95-8; 132; 142; 169; 179; 195; 211; 219; 224; 263

Teoria do investimento parental, 57; 171

Teste da camiseta, 198-200; 202; 205; 230

Testosterona, 82; 87; 204; 206-7; 220

Todd, Peter, 167; 169; 171; 265

Toque, 143; 185; 187; 219; 225

Traição (v. adultério; infidelidade), 120

Trivers, Robert, 52; 54-6; 171; 261

<true.com>, 109

V

Valor de mercado (v. tb. atratividade), 140; 144-5; 147; 156-9; 161; 168

Vantagens sociais, 89; 154

Variedade (v. diversidade), 29; 42; 47; 51; 59-60; 105; 143; 155; 159-60; 171; 180; 191; 252-3

Vasopressina, 196; 209-11; 267

Vazamentos faciais, 75

Voz, 47; 113; 178; 180; 203; 220; 223

W

Wedekind, Claus, 199-200; 266

Wodehouse, P.G., 240

Z

Zahavi, Amotz, 86

Este livro foi impresso pela Prol Editora Gráfica
para a Editora Prumo Ltda.